中等职业教育国家规划教材
全国中等职业教育教材审定委员会审定

Qiche Dianqi Shebei Gouzao yu Weixiu
汽车电气设备构造与维修

（第三版）

周建平　主　编

人民交通出版社股份有限公司
China Communications Press Co.,Ltd.

内 容 提 要

本书是中等职业教育国家规划教材之一,内容包括绪论、汽车电路图的识图基础、电源系统、发动机电器、车身电器、空调系统、网络系统、娱乐和通信系统、全车电路等。

本书供中等职业学校汽车运用与维修专业教学使用,同时可供汽车维修人员学习参考。

图书在版编目(CIP)数据

汽车电气设备构造与维修/周建平主编.—3版.
—北京:人民交通出版社股份有限公司,2016.5
中等职业教育国家规划教材
ISBN 978-7-114-12903-2

Ⅰ.①汽… Ⅱ.①周… Ⅲ.①汽车–电气设备–构造–中等专业学校–教材 ②汽车–电气设备–车辆修理–中等专业学校–教材 Ⅳ.①U472.41

中国版本图书馆 CIP 数据核字(2016)第 061563 号

书　　　名：	汽车电气设备构造与维修(第三版)
著 作 者：	周建平
责任编辑：	时　旭
出版发行：	人民交通出版社股份有限公司
地　　　址：	(100011)北京市朝阳区安定门外外馆斜街 3 号
网　　　址：	http://www.ccpress.com.cn
销售电话：	(010)59757973
总 经 销：	人民交通出版社股份有限公司发行部
经　　　销：	各地新华书店
印　　　刷：	北京市密东印刷有限公司
开　　　本：	787×1092　1/16
印　　　张：	19.5
字　　　数：	453 千
版　　　次：	2002 年 7 月　第 1 版 2012 年 4 月　第 2 版 2016 年 5 月　第 3 版
印　　　次：	2020 年 7 月　第 3 版　第 5 次印刷　总第 38 次印刷
书　　　号：	ISBN 978-7-114-12903-2
定　　　价：	43.00 元

(有印刷、装订质量问题的图书由本公司负责调换)

第三版前言

本套中等职业教育国家规划教材，自2002年首次出版以来，获得师生的一致好评，被国内多所中等职业院校选为教学用书；2012年，根据教学需求本套教材进行了修订，使之在结构和内容上与教学内容更加吻合，更注重对学生实践能力的培养。

为了体现现代职业教育理念，贴近汽车运用与维修专业实际教学目标，促进"教、学、做"更好结合，突出对学生技能的培养，使之成为技能型人才，故人民交通出版社股份有限公司组织相关老师再次对本套教材进行了修订。本次教材的修订，吸收了教材使用院校教师的意见和建议，经过与编者的认真研究和讨论，确定了修订方案。

《汽车电气设备构造与维修》的修订工作，是以本书"新编版"为基础，在修订方案的指导下完成的。修订内容主要体现在以下几个方面：

（1）增加电源管理系统、无钥匙起动系统、主动安全系统、被动安全系统、FlexRay总线等内容。

（2）更新蓄电池、交流发电机、电压调节器、电源系统维护及故障诊断、汽车网络常见拓扑结构、汽车音响系统、典型全车电路等内容。

（3）删除汽车电路图的基本知识、汽车电路图的识读方法、国产起动机型号、发动机电器其他控制系统、电喇叭的调整、齿条传动式刮水器等内容。

（4）更换部分图片，并纠正原版教材中的错误。

本教材由北京交通运输职业学院周建平主编，北京交通运输职业学院姜京花、悦中原、崔淑丽、马明芳也参与了本书的编写工作。周建平编写单元一和单元六，崔淑丽编写单元二、单元三和单元九，悦中原编写单元四和单元七，姜京花编写单元五，马明芳编写单元八。周建平负责全书统稿工作。

限于编者水平，书中难免有疏漏和错误之处，恳请广大读者提出宝贵建议，以便进一步修改和完善。

编　者
2015年12月

第二版前言

为了贯彻《中共中央国务院关于深化教育改革全面推进素质教育的决定》，落实《面向21世纪教育振兴行动计划》中提出的"职业教育课程改革和教材建设规划"，教育部全面启动了中等职业教育国家规划教材建设工作。交通职业教育教学指导委员会汽车运用与维修学科委员会组织全国交通职业学校(院)的教师，根据教育部最新颁布的汽车运用与维修专业的主干课程教学基本要求，编写了中等职业教育汽车运用与维修专业国家规划教材共7册，并通过了全国中等职业教育教材审定委员会的审定。

本套教材的编写，融入了全国各交通职业学校(院)汽车运用与维修专业近20年来的教学改革成果，并结合了汽车维修企业的生产实践，具有较强的针对性。新教材较好地贯彻了素质教育的思想，力求体现以人为本的现代理念，从交通行业岗位群的知识和技能要求出发，并结合对培养学生创新能力、职业道德方面的要求，提出教学目标并组织教学内容，在教材的理论体系、组织结构、内容描述上与传统教材有了明显的区别。为使教师和学生明确教学目的，培养学生的实践能力，在教材各单元开始提出本单元的教学目标，在各单元教学内容之后，附有本单元小结、复习思考题和实训要求，便于学生复习和各教学单位组织配套的实训课程。

本教材由北京交通运输职业学院周建平主编，北京交通运输职业学院姜京花、缑庆伟、悦中原、崔淑丽、马明芳、姚键玲、魏领军参加编写，具体分工是姜京花编写单元五的第一、二、三、四、八部分，缑庆伟编写单元七，崔淑丽编写单元二、单元五的第五部分和单元九，悦中原编写单元四，马明芳编写单元三和单元五的第九部分，魏领军编写单元八，姚键玲编写单元五的第六、七部分，周建平编写单元一和单元六，并负责全书统稿。

由于时间仓促、编者水平有限，书中难免有不当之处，恳请读者批评指正。

交通职业教育教学指导委员会
汽车运用与维修学科委员会
二〇一一年五月

第一版前言

为了贯彻《中共中央国务院关于深化教育改革全面推进素质教育的决定》，落实《面向21世纪教育振兴行动计划》中提出的"职业教育课程改革和教材建设规划"，教育部全面启动了中等职业教育国家规划教材建设工作。交通职业教育教学指导委员会汽车运用与维修学科委员会组织全国交通职业学校（院）的教师，根据教育部最新颁布的汽车运用与维修专业的主干课程教学基本要求，编写了中等职业教育汽车运用与维修专业国家规划教材共7册，并通过了全国中等职业教育教材审定委员会的审定。

本套教材的编写融入了全国各交通职业学校（院）汽车运用与维修专业近20年来的教学改革成果，并结合了汽车维修企业的生产实践，具有较强的针对性。新教材较好地贯彻了素质教育的思想，力求体现以人为本的现代理念，从交通行业岗位群的知识和技能要求出发，并结合对培养学生创新能力、职业道德方面的要求，提出教学目标并组织教学内容，在教材的理论体系、组织结构、内容描述上与传统教材有了明显的区别。为使教师和学生明确教学目的，培养学生的实践能力，在教材各章开始提出本章的教学目标，在各章教学内容之后，附有本章小结、复习与思考和实训要求，便于学生复习和各教学单位组织配套的实训课程。

《汽车电气设备构造与维修》是中等职业教育汽车运用与维修专业国家规划教材之一，内容包括：绪论；汽车电源系；汽车起动系；点火系；照明、信号、仪表及警报系统；辅助电气设备；全车电路共七章。

参加本书编写工作的有：北京市交通学校周建平（编写第一、四章）、北京市交通学校姜京花（编写第二、三章）、北京市交通学校冯建新（编写第五章）、河南省交通学校解福泉（编写第六、七章），全书由北京市交通学校周建平担任主编，河北北通职业技术学院刘振楼担任责任编委。

本书由山东交通学院冯晋祥教授担任责任主审，张桂荣副教授、王慧君教授审稿。他们对书稿提出了宝贵意见，在此，表示衷心感谢。

限于编者经历及水平，教材内容很难覆盖全国各地的实际情况，希望各教学单位在积极选用和推广国家规划教材的同时，注意总结经验，及时提出修改意见和建议，以便再版修订时改正。

交通职业教育教学指导委员会
汽车运用与维修学科委员会
二〇〇二年五月

目　录

第一章　绪论 ··· 1
　　第一节　汽车电气设备的发展概况 ·· 1
　　第二节　汽车电气设备的组成 ·· 2
　　第三节　汽车电气设备的特点 ·· 3
　　第四节　《汽车电气设备构造与维修》课程概述 ··· 4
　　复习思考题 ·· 5

第二章　汽车电路图的识图基础 ·· 6
　　第一节　电路基本知识 ··· 6
　　第二节　汽车电路图的类型及特点 ·· 9
　　实训 ··· 14
　　复习思考题 ·· 14

第三章　电源系统 ·· 16
　　第一节　概述 ·· 16
　　第二节　蓄电池 ··· 17
　　第三节　交流发电机及电压调节器 ··· 21
　　第四节　电源管理系统 ·· 28
　　第五节　电源系统维护及故障诊断 ··· 32
　　实训 ··· 36
　　复习思考题 ·· 36

第四章　发动机电器 ··· 38
　　第一节　起动系统 ·· 38
　　第二节　发动机管理系统 ··· 61
　　实训 ··· 88
　　复习思考题 ·· 91

第五章　车身电器 ·· 94
　　第一节　灯系 ·· 95
　　第二节　仪表、报警系统 ··· 109

	第三节	电喇叭	114
	第四节	风窗刮水和除霜系统	114
	第五节	电动车窗、电动座椅、电动天窗、电动后视镜	120
	第六节	中控门锁和防盗系统	144
	第七节	主动安全系统	157
	第八节	被动安全系统	160
	实训		165
	复习思考题		169

第六章 空调系统 175

- 第一节 概述 175
- 第二节 空调的基本知识 177
- 第三节 制冷系统 180
- 第四节 空调系统维护 208
- 第五节 空调系统故障诊断 220
- 第六节 暖风系统 224
- 实训 226
- 复习思考题 229

第七章 网络系统 232

- 第一节 概述 233
- 第二节 汽车网络系统应用 241
- 实训 263
- 复习思考题 264

第八章 娱乐、通信系统 266

- 第一节 概述 266
- 第二节 汽车音响系统 267
- 第三节 汽车通信系统 276
- 第四节 汽车娱乐系统典型故障排除思路 279
- 实训 280
- 复习思考题 281

第九章 全车电路 282

- 第一节 典型的全车电路 282
- 第二节 利用电路图排除故障 295
- 实训 300
- 复习思考题 300

参考文献 301

第一章 绪论

1. 能正确描述汽车电气设备的组成；
2. 能正确描述汽车电气设备的特点；
3. 能简单叙述汽车电气设备的发展概况。

自汽车问世一百多年来，汽车的发展给整个世界和人类的生活带来了巨大的变化，汽车技术也取得了令人瞩目的进步。汽车电气设备是汽车的重要组成部分，随着汽车技术的进步，汽车电气设备的结构与性能也在不断的进步，特别是电子技术、微机技术和网络技术在汽车上的广泛应用，在解决汽车节能降耗、行车安全、减少排放污染等方面起着越来越重要的作用。近年来，汽车技术在朝着智能化的方向发展，为了满足环境保护的要求，电动汽车和混合动力汽车也有了很快的发展，这为汽车的电气设备增添了新的内容。

第一节 汽车电气设备的发展概况

汽车自问世以来，在很长一段时间内其技术发展主要表现在机械方面，在20世纪50年代以后随着电子技术的进步，电子技术在汽车上的应用和发展代表了汽车技术发展的主流和趋势。

20世纪50年代以前，限于电子技术的发展，汽车的发展以机械设备为主，电气设备在汽车上的应用较少，只是一些必备的电源和用电设备。

20世纪60年代以后，随着电子技术的进步，汽车上也开始采用电子设备，主要的标志是交流发电机，采用二极管整流技术，将交流电变为直流电。减少了发电机的质量和体积，提高了发电机的可靠性，之后又用电子调节器替代了传统的触点式调节器，使发电机输出的电压更加稳定，并大大减少了维护工作量。

进入20世纪70年代，电子技术应用在点火系统中，出现了电子控制高能点火系统，点火提前的电子控制系统，使点火能量大大提高，点火提前的控制更加精确，提高了汽车的动力性，降低了汽车的排放污染。为进一步降低汽车的排放污染和提高汽车的整体性能，随之又出现了电子控制燃油喷射系统（EFI）、电子控制自动变速器（ECT）、防抱死制动系统（ABS）等。

20世纪80年代以后，车用电子控制装置越来越多，诸如驾驶辅助装置、安全警报装置、通信和娱乐装置等。特别是微机技术的发展,更给汽车电子控制技术带来了一场技术革命,电控技术深入到汽车的各个部分,使汽车的整体性能得到了大幅度的提高。

进入21世纪后,随着电子技术、微机技术和网络技术的发展,以及人们对汽车的要求越来越高,汽车电子控制发展到了一个新阶段,电子控制系统已在汽车上普遍应用,并且向着网络化、智能化的方向快速发展,汽车的各个系统基本都已经实现电子控制和网络控制,使汽车的性能得到大幅度的提高。随着节能降耗的要求不断提高,电动汽车和混合动力汽车也取得了长足的发展,新型能源汽车将成为汽车发展的方向。

第二节 汽车电气设备的组成

现代汽车的电气设备种类和数量都很多,但总的来说,可以大致分为两大部分,即电源和用电设备。

一、电源

汽车电源包括蓄电池、发电机及调节器、配电系统。发动机不工作时由蓄电池供电,发动机起动后,转由发电机供电。发电机向用电设备供电的同时,也给蓄电池充电。调节器的作用是在发电机工作时保持其输出电压的稳定。目前已经有部分汽车实现了电源系统控制的智能化,使用车载计算机对发电机的输出电压进行精确控制,使发电机和蓄电池的工作效率和使用寿命得到很大提高;同时它还可以控制用电设备的使用,确保蓄电池能够在下次起动发动机时提供足够的动力。

二、用电设备

1. 起动系统

起动系统主要包括起动机及其控制电路。它用来起动发动机,目前部分汽车的起动系统还受到防盗系统的控制,防止发动机的非正常起动。近年"一键启动"也广泛应用在汽车的起动系统中,使起动发动机更加简便、易用。

2. 车辆舒适系统

车辆舒适系统主要包括车辆的电动车窗、电动后视镜、风窗刮水器、电动座椅(加热、通风)、电动天窗、中控门锁、电动车门等提高车辆舒适程度的设备。这部分设备在目前的汽车上大量采用网络化控制。

3. 照明系统

照明系统包括车外和车内的照明灯具,提供车辆夜间和特殊天气安全行驶必要的照明,很多车辆目前已经实现照明系统的智能化控制,使照明系统的工作实现随外界条件和操作情况进行自动控制。

4. 信号装置

信号装置包括音响信号和灯光信号两类,提供安全行车所必需的信号。

5. 仪表及报警装置

仪表及报警装置用来监测发动机及汽车的工作情况,使驾驶人能够通过仪表及报警装置及时得到发动机及汽车运行的各种参数及异常情况,确保汽车正常运行。它主要包括车速—里程表、发动机转速表、水温表、燃油表、电压(电流)表、机油压力表、气压表及各种报警灯、指示灯等,很多车辆在仪表内还安装了行车电脑,为驾驶人提供各种行驶的信息,如瞬时油耗、百公里油耗、续航里程等,部分车辆的仪表装置还提供部分系统的故障显示功能,还有些车辆在仪表总成内装置了网络系统的网关。

6. 空调系统

空调系统包括制冷、采暖、通风和空气净化等装置,保持车内适宜的温度和湿度,保持车内空气清新。空调系统的自动控制在很多车上已经成为标准配置。

7. 娱乐和信息系统

娱乐和信息系统包括汽车音响、导航、通信等系统。

8. 其他设备

其他设备包括防盗装置、网络、舒适、保障安全等方面的设备,诸如红外线夜视系统、车道保持系统、车道偏离预警系统、车辆变更车道辅助系统、自动泊车系统、自适应巡航系统、车辆稳定系统等。一般车辆的豪华程度越高,这些方面的电气设备就越多。由于汽车上的电控系统发展迅速,为适应这种发展,车载网络也发展很快,这使车辆系统之间的通信更加便捷,使用的线束大幅度减少,控制更加精确。

9. 全车电路及配电装置

全车电路及配电装置包括中央接线盒、保险装置、继电器、电线束及插接件、电路开关等,它使全车电路构成一个统一的整体。

10. 汽车电子控制系统

汽车电子控制系统主要指利用微机控制的各个系统,包括发动机电控系统、自动变速器电控系统、电控制动系统、电控转向系统、电控悬架系统、防盗系统、自动空调等。电控系统的采用,可以使汽车上的各个系统均处于最佳工作状态,达到提高汽车动力性、经济性、安全性、舒适性以及降低汽车排放污染等目的。

现代汽车所采用的电控系统越来越多,所占的比重越来越大,汽车电控系统往往都自成系统,将电子控制与机械装置相结合,形成了较为典型的机电一体化系统。这些电控系统又通过网络相互连接,形成了网络控制、系统控制、信号共享,这也代表了汽车今后的发展方向。

第三节　汽车电气设备的特点

汽车电气设备与普通的电气设备相比有如下特点。

一、采用直流电

由于汽车上的电源之一是蓄电池,蓄电池为直流电源,且蓄电池放电后必须用直流电源对其充电,因此车上的发电机也必须输出直流电,由于上述原因,汽车上采用直流电。

二、采用低压电源

汽车电源系统的额定电压有12V和24V两种,目前汽油车普遍采用12V电源,重型柴油车多采用24V电源。随着汽车电气设备电子化程度的提高和设备的增多,汽车电源电压有提高的趋势,以满足不断增加的用电需求,目前汽车42V电源系统正处于开发之中。

三、采用单线制

普通的电气系统必须用两根导线,一根为相线,另一根为零线,这样才能构成回路,使电设备能够正常用电。而汽车上所有的用电设备都是并联的,从理论上讲需要有一根公共的相线和一根公共的零线,而汽车的底盘及发动机是由金属制造的,具有良好的导电性能,因此用汽车的金属机体作为一条公共导线,从而达到节约导线、使电气线路简单、安装维修方便的目的,因此现代汽车基本都采用单线制。但现代汽车上也有一些部位没有与汽车的金属机体相连,这些地方则必须采用双线制。

四、负极搭铁

由于汽车采用单线制,所以电气系统的两条线路当中的一条必须用汽车的金属机体来代替,在接线时,电源的一极或用电设备的一极要与金属机体相连,这样的连接称为搭铁。对直流电系统来说,从原理的角度,电气系统的正极或者负极均可作为搭铁极。但按照国际通行的做法,汽车电气系统一定为负极搭铁。

五、电控化

随着对汽车使用要求的逐步提高,现代汽车发动机和底盘系统的主要总成基本都采用了控制精度更高的电控系统,从而提高了汽车的动力性、经济性、安全性、舒适性等,使操作更加简便。故在维修时必须了解电控系统的特点,采用合理的方法,才能达到良好的效果。

六、网络化

为了减少车载线束和传感器的数量,实现电控系统的信号共享和各个系统之间的优化控制,现代汽车已经普遍采用了车载局域网系统,通过网络传递信息。此外,随着电控技术的发展,现代汽车的智能化程度越来越高,这使操作汽车越来越简单。目前,一些世界级的大企业已经开始研究无人驾驶的汽车,它使汽车的智能化水平上升到了一个新的高度。

第四节 《汽车电气设备构造与维修》课程概述

一、课程的性质、任务及重要性

《汽车电气设备构造与维修》课程是中等职业学校汽车运用与维修专业一门重要的专业课,是一门实践性很强的专业课程,同时也是学好汽车运用与维修专业其他相关专业课程的必要基础。通过本课程的学习,学生应掌握汽车电气设备的结构、基本工作原理、使用、维修、检测、调试、故障判断与排除等基本知识和基本技能。在学习完本课程后,学生应能够读懂汽车电路图,学会用电路图分析汽车电路的基本工作情况;能根据具体电路进行故障分析、判断和排除;对常用的电气设备能够独立地完成拆装和检测;能正确使用汽车电气设备维修中常用的工具、设备、仪器和仪表。

只有在掌握了上述的基本知识和基本技能之后,学生才能比较顺利完成汽车各个电控系统内容的学习,因此在学习过程中要予以充分的重视。

二、课程的学习方法和考核方法

在课程的学习中,应本着理论与实践并重的原则,理论学习要加强系统功能的理解,提高运用所学知识分析和解决实际问题的能力。同时学生还要尽可能多地参与动手操作,在实际操作中加强操作技能的训练,掌握规范的操作方法。

对于结构复杂及实践性较强的内容,教学要充分利用实物,采取边学习、边实践的学习方式,加强对所学内容的理解。

对于理论部分的教学内容,老师应加强预习和复习,采取各种方法调动学生的学习积极性,引导学生进行自主学习,培养应用理论解决实际问题的能力,以提高学习效果。

本课程的考核采用理论考试与实践考核相结合的方法,老师在安排考核时,既可采用每单元分别考核的方法,也可采用期中、期末集中考核的方法。理论考核的知识点是每单元掌握和理解的内容,考试时应采用笔试与口试相结合的方法,以增加考试的可信度。实践考核可在实验内容中随机抽取 1/4～1/3 的项目进行考核,检验技能的掌握情况。

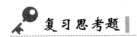

简答题

1. 汽车电气设备的发展趋势是怎样的?
2. 汽车电气设备由哪些系统组成?
3. 汽车电气设备有哪些特点?
4. 应如何学习汽车电气设备课程?

第二章 汽车电路图的识图基础

> **学习目标**
>
> 1. 能正确描述汽车电路的基本组成和工作状态；
> 2. 能正确描述汽车电路图的表示方法；
> 3. 能认识常见电器的电路符号；
> 4. 能描述电路图中的导线颜色、线径等；
> 5. 能描述电路图中插接器及相关的插头、插座；
> 6. 能确定电路中测量部位，利用万用表测量电路的基本参数；
> 7. 能利用电路图给出的信息，在车上找到电器元件的安装位置；
> 8. 能利用所学的电路图知识画出简单的系统电路图。

汽车电路图是利用各种符号和线条构成的图形，电路图清楚地表示了电路中的各组成元件、电源、保险装置、继电器、开关、继电器盒、接线盒、连接器、导线、搭铁等，有些电路图还表示出了电器零件的安装位置、连接器的形式和接线情况、导线的颜色，以及接线盒和继电器盒中继电器、保险装置的位置，线束在汽车上的布置等。

为了正确使用和维护汽车电气设备，汽车制造厂配备的维修手册都包含有相应的电路图或电路图册以备维修时使用。读懂电路图，对了解和掌握汽车电气设备间的相互联系、诊断和及时排除故障，具有十分重要的意义。

汽车电路图是检修和维护汽车电气系统的基本资料。对于汽车维修人员来说，有很多故障必须通过仔细阅读电路图，并根据其相应的功能，才能对故障进行分析，准确地查出故障的部位。

第一节 电路基本知识

一、电路的基本组成

任何电源向外供电，任何用电设备要使用电能，都必须用导线将电源与用电设备两者合理地连接起来，让电流形成回路，电流通过的路径称为电路。用图形符号表示电流的通路称为电路图。如图 2-1 所示，当合上开关时，电流流过灯泡，灯泡发亮。

由此可见，任何一个具有特定功用的电路都由电源、负载、开关、熔断器和连接导线等基本要素组成。

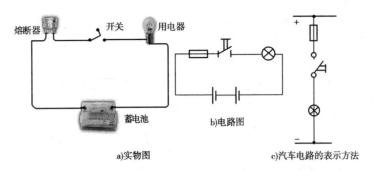

图 2-1　汽车简单电路

二、电路的状态

电路有 3 种状态,即通路、断路和短路,如图 2-2 所示。

通路是指开关闭合后,有工作电流流过的电路,又称闭合回路。此时,用电设备处于正常工作状态。

断路是指电路中某处断开没有构成回路的电路,又称开路。此时,电路中没有工作电流,电路处于非正常工作状态。

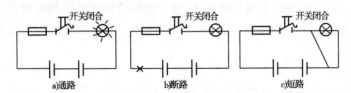

图 2-2　电路工作状态

短路是指闭合回路中的一部分被短接,使电流不通过用电设备直接与电源负极连接。此时,电源提供的电流比通路时大很多倍,所以不允许短路。当电路发生短路时,熔断器起作用,保护用电设备和导线不被烧坏。常见的短路形式如图 2-3 所示。

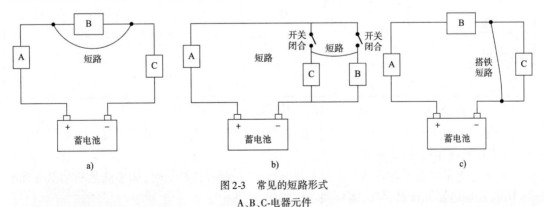

图 2-3　常见的短路形式
A、B、C—电器元件

三、直流电路基本参数的检测

直流电路基本参数包括电压、电流和电阻。

1. 电压的检测

测量直流电压时,电压表应与被测电路并联。通过对电压的检测,可判断电路是否正常。大多数汽车采用12V(或24V)的直流电源,在对电路进行检测时,选用万用表20V直流电压挡,与蓄电池并联的电压表测得的电压为12V,即蓄电池的电压,说明被测电路正常。在开关断开时,与灯泡并联的电压表测得的电压为0V,当开关闭合后,与灯泡并联的电压表测得的电压也为12V,说明控制电路正常,否则说明电路有故障。检查方法如图2-4所示。

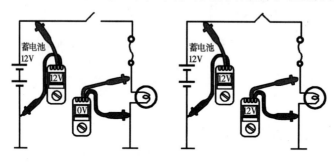

图2-4 电路的检查

2. 电阻的检测

测量电阻时,电路必须处于断开状态,通过对电阻的检测可以判断电器元件的好坏和电路的通断。由于测量时万用表内电池的电压有所变化,所以每次检测都需将万用表的两个表笔短接进行校零。

1)开关的检测

开关是常用的电器部件,可用万用表的电阻挡进行检查。检查时,使开关处于不同的挡位,按照开关的接通状态检测各端子之间的导通情况,如图2-5所示,开关有3个挡位、5个端子。开关在各挡位的导通情况见表2-1。如果检查的结果与表2-1不符,说明开关损坏。

表2-1 开关的导通状态表

开关位置\端子号	30	15	50	X	P
1	○				○
2	○	○		○	
3	○	○	○		

2)灯泡的检查

灯泡属于易损部件,可用万用表的电阻挡检查灯丝的通断,如果测得灯丝的电阻为无穷大,说明灯泡损坏,如图2-6所示。

汽车上许多电器元件在维修手册上都有标准的电阻值,检测时,如果测量的结果与标准值不符,说明电器元件已损坏,需更换。

3. 电流的测量

测量直流电流时,电流表必须与所测电路串联。有些汽车上装有电流表,它串联在发电机与蓄电池之间,监测蓄电池的充放电情况,如图2-7所示。

第二章 汽车电路图的识图基础

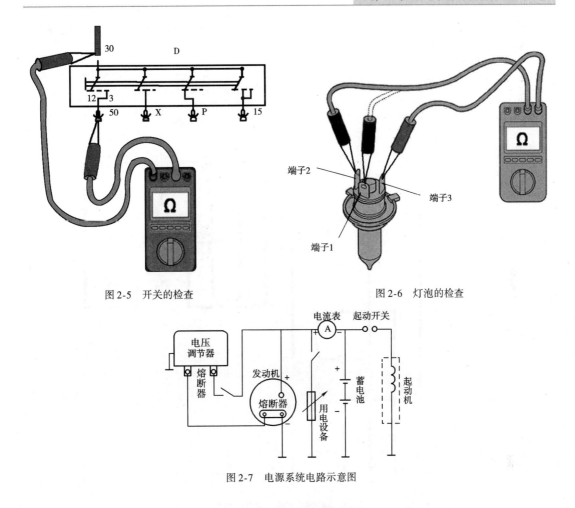

图 2-5 开关的检查　　　　图 2-6 灯泡的检查

图 2-7 电源系统电路示意图

第二节　汽车电路图的类型及特点

汽车电路图的类型多种多样,常用的分为电路原理图和汽车电路线束图两大类。

一、汽车电路原理图

汽车电路原理图(简称汽车电路图)用于表示汽车电气系统的工作原理,有全车电路图和系统的局部电路图两种。汽车电路图是用图形符号按工作顺序或功能布局绘制的,详细表示汽车电路的全部组成和连接关系,不考虑实际位置的简图,具有电路清晰、简单明了、便于理解电路原理的特点,图 2-8 所示为高尔夫/捷达的部分电路图。

由图 2-8 可见,电路图的电源线与搭铁线通常是上下布局。正极相线,电位最高,在图的最上面;负极搭铁,电位最低,在图的最下方。电流方向从上到下,方便系统电路原理的分析。电流流向从电源正极→开关→用电设备→搭铁→电源负极。

电路原理图中标有导线的颜色与规格、插接器的颜色、端子编号或代码、接线柱标记等。这些都是为了方便查找电器和线路在汽车上的实际安装位置。利用电路图进行维修作业时,首先要懂得查找图例,其次才是对比图例进行识图,这样有利于电路原理分析和故障查询。

发电机、蓄电池、起动机、点火开关

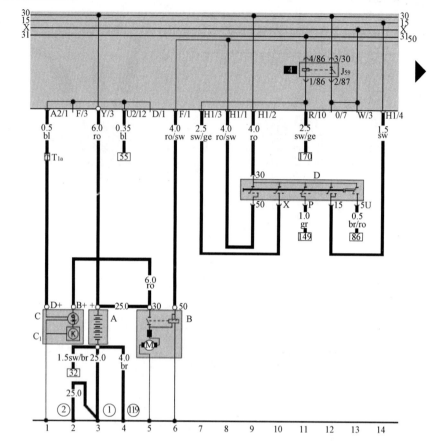

图 2-8　高尔夫/捷达的部分电路图

A-蓄电池;B-起动机;C-发电机;C_1-电压调节器;D-点火开关;J_{59}-X-触点卸荷继电器;T_{1a}-单孔接头-蓄电池附近;①-搭铁线,蓄电池-车身;②-搭铁线,变速器-车身;⑲-搭铁连接点,前照灯线束内;55、170、149、86、32-坐标位置号码

二、汽车电路线束图

汽车电路线束图用于表示汽车电气线路线束和用电器在车身上的具体布置。根据所表示侧重点的不同,汽车线束图分为线束布线图和线束定位图。

1. 线束布线图

线束布线图用于表达某个电路系统的线束及所连接电器部件的分布情况,图 2-9 所示为电动座椅的线束布线图。

2. 线束定位图

线束定位图用于表达一条或几条电路线束的走向、安装位置、搭铁点和线束插接器等信息。图 2-10 为驾驶室内的部分线束定位图,图 2-11 为与图 2-10 相对应的插接器图。

汽车线束图直观、清晰地反映了汽车电路线束的布置和线束所连接器件的具体位置。汽车线束图接近实际,但是不能详细描述线束内部的导线走向。

第二章 汽车电路图的识图基础

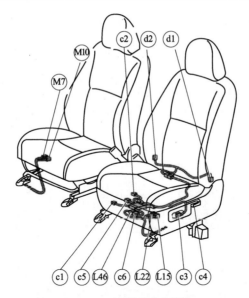

图2-9 电动座椅线束布线图

L15-左侧气囊点火管电路；L22-左前座椅内安全带总成；L46-接线连接器；M7-右侧气囊点火管电路；M10-右前座椅内安全带总成；c1-左前电动座椅滑动位置电动机总成；c2-左前电动座椅升降位置电动机总成；c3-前排电动座椅开关；c4-电动座椅开关总成；c5-左前座椅内安全带总成；c6-接线连接器；d1-左前电动座椅倾斜位置电动机总成；d2-左前腰部支撑电动机总成

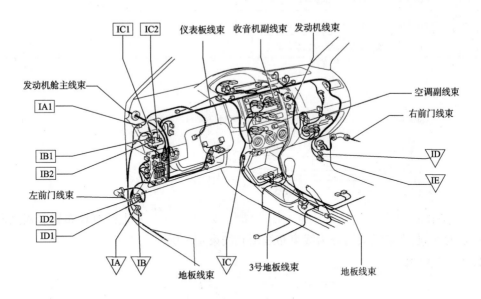

图2-10 驾驶室内线束定位图

▢-插接器；▽-搭铁点；IA～IE-仪表板插接器/搭铁点编号

汽车线束图与汽车电路图结合起来识读,具有很大的参考价值。所以,现在汽车维修手册中一般都给出电路图和汽车线束图。

另外,汽车电路图册中,还给出了电器元件位置图(图2-12)、熔断器、继电器盒安装位置图(图2-13)、线束插接器位置图、电源分配图及搭铁导线图。在维修过程中,需要将其一同识读才能准确高效地完成维修工作。

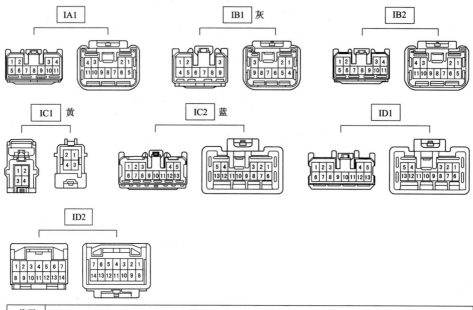

代码	线束之间连接（插接器布置）
IA1	发动机舱内主线束和地板线束（前隔壁侧板左侧）
IB1	地板线束和仪表板线束（仪表板加强板左侧）
IB2	
IC1	发动机舱内主线束和仪表板线束（仪表板加强板左侧）
IC2	
ID1	左前门线束和仪表板线束（左脚踏板）
ID2	

图 2-11　插接器图

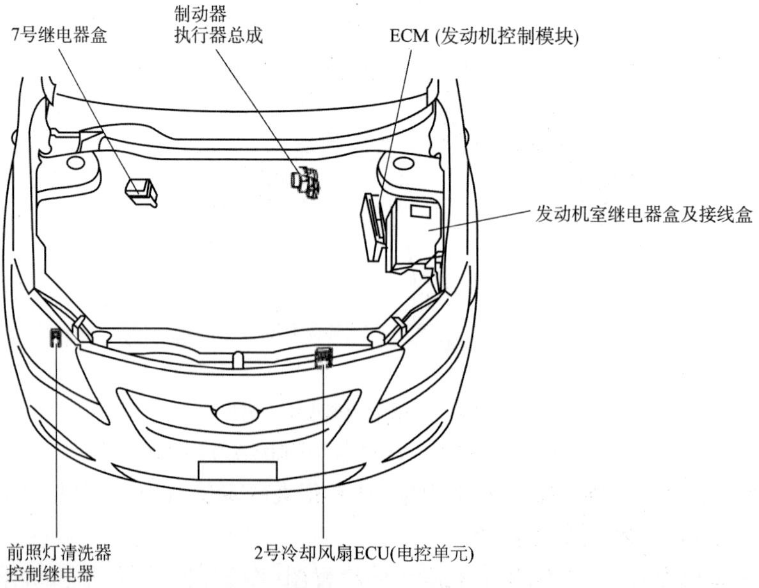

图 2-12　电器元件位置图

第二章 汽车电路图的识图基础

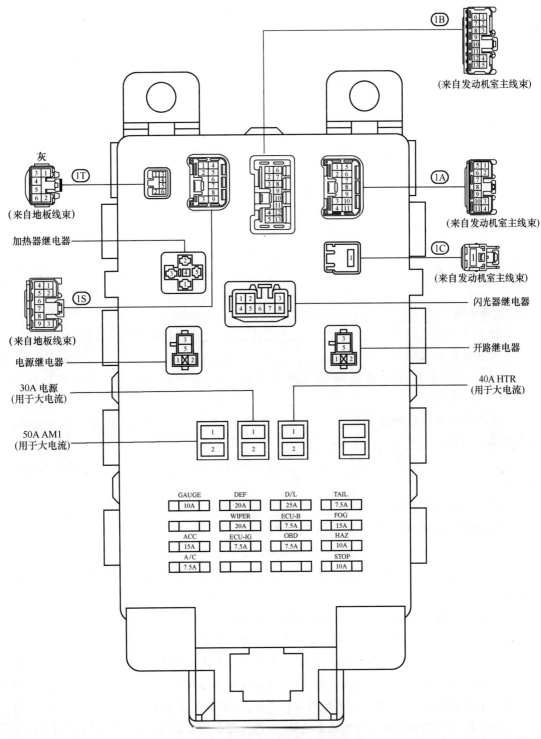

图 2-13 熔断器、继电器盒安装位置图

GAUGE-仪表熔断器；DEF-除霜熔断器；D/L-门锁熔断器；TAIL-尾灯熔断器；WIPER-雨刷器熔断器；ECU-B-发动机控制模块熔断器 B；FOG-雾灯熔断器；ACC-附件熔断器；ECU-IG-发动机控制模块熔断器点火挡；OBD-诊断接口电源熔断器；HAZ-危险警告灯熔断器；A/C-空调系统熔断器；STOP-停车灯熔断器

实训

利用实车和手册的车型,随机抽取任何一个系统中某一完整电路作为实训项目,要求学生掌握独立识图的基本要领,能够从项目涉及的内容从整体图中正确地摘抄出来,根据摘抄的电路图满足以下要求:

(1)掌握电路的组成,了解汽车常用导线、插接器、保险装置的规格和分类;

(2)掌握汽车电路的特点、识读方法,能建立电路图与实物的对应关系,在实车上逐一找到电路图中的全部元件;

(3)能用万用表测量汽车电路的工作电压及元器件的电阻,能通过检测确定简单汽车电路故障所在部位。

复习思考题

一、填空题

1. 汽车电路由_____、_____、_____和连接导线组成。
2. 微机控制系统都由相应的_____、_____和_____组成。
3. 为了防止电路或元件因搭铁或短路而烧坏线束和用电设备,电路中均设置_____装置。
4. 微机控制电路按功能分为_____电路、_____电路(执行器工作电路)及电控单元(ECU)_____电路。
5. _____之间的连接、_____之间的连接、_____之间的连接均采用插接器。
6. 汽车电路相互关联主要有_____、_____和_____3种关系。

二、判断题(正确的画"√",错误的画"×")

1. 电路原理图可以为检测、寻找和排除故障提供信息。( )
2. 汽车电路图建立了电位高低的概念,即图中上方的水平线表示电源的正极,下方的水平线表示电源的负极。( )
3. 图形符号表示的是在无电压、无外力的常规状态。( )
4. 事故、报警及备用开关应画在设备正常使用的位置上。( )
5. 图形符号的意义由其形式决定,可根据需要进行放大或缩小。( )
6. 插接器为了防止在使用过程中脱开,一般都设有闭锁机构。( )
7. 带零位的手动开关,不考虑电路的工作状态,一律画在零位上。( )
8. 导线的横截面积根据工作电流来选取,颜色应符合国家标准。( )
9. 常闭继电器是指线圈通电时触点闭合。( )
10. 对于电子控制系统,在分析电路时应重点分析电子控制单元(ECU)的内部结构。( )

三、简答题

1. 汽车电路图的共同特点是什么？
2. 识读汽车电路图的基本方法是什么？

四、看图回答问题

1. 说明图2-14用电设备的工作条件。
2. 叙述图2-15的工作原理。

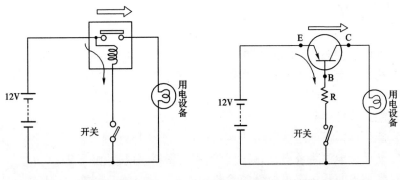

图2-14　看图回答问题1图　　　　图2-15　看图回答问题2图

3. 图2-16开关有几个挡位，说明开关在各挡位端子之间的通断情况。

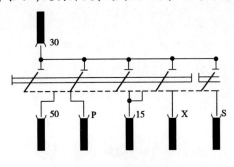

图2-16　看图回答问题3图

第三章 电源系统

学习目标

1. 掌握电源系统的组成和功用；
2. 熟悉蓄电池基本结构和型号；
3. 了解蓄电池的基本工作原理及影响蓄电池的容量因素；
4. 能正确描述硅整流发电机的基本结构及主要部件的功能；
5. 能正确描述电压调节器的功用和基本工作原理；
6. 能识读电源系统电路，通过查阅相关资料，分析故障原因；
7. 掌握电源系统常见故障的诊断方法；
8. 能正确描述能量管理系统的基本组成和功能；
9. 能对蓄电池技术状况进行检查和维护；
10. 能对蓄电池进行补充充电；
11. 会拆装发电机，能用万用表对发电机调节器进行检测；
12. 能选择正确的方法排除电源系统的常见故障；

第一节 概　述

汽车有蓄电池和发电机两个电源，它们用于向全车上的用电设备供电。蓄电池是固定电源，发电机由发动机曲轴通过传动带驱动才可以发电，两者在车上常见的安装位置如图 3-1 所示。

汽车电源系统由蓄电池、发电机、电压调节器（大都调节器可装在发电机内部）、放电警示灯、点火开关等组成，如图 3-2 所示。电压调节器限制发电机的输出电压，使其输出电压保持恒定。放电警示灯检测电源系统工作是否正常，正常状态为：蓄电池放电时，放电警示灯点亮，发动机起动后，发电机给蓄电池充电时，放电警示灯熄灭。

图 3-1　发电机、蓄电池在车上的安装位置

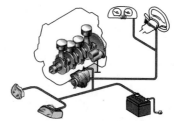

图 3-2　电源系统的组成

在发动机起动时,蓄电池向起动机、点火系统、供油系统等用电设备供电。当发动机起动后,由发电机向用电设备供电,并同时向蓄电池充电。当车上的用电设备同时启用,所需的功率超过发电机的额定功率时,蓄电池和发电机同时向用电设备供电。发电机输出的电压很低或不发电时,由蓄电池向全车用电设备供电。

第二节 蓄 电 池

汽车蓄电池是一种储存电能的装置,是一个可逆的直流电源。当外电路接通时,它便开始了能量转换过程。在放电过程中,蓄电池中的化学能转变成电能;在充电过程中,电能被转变成化学能。

对蓄电池最大的需求就是必须提供可靠电流用于起动发动机,起动机所需的起动电流可高达数百安培。

一、蓄电池的功用

蓄电池作为主要电源有三项功能:起动发动机、稳定汽车电系的电压、在发电机过载或不工作时作为替代电源。

二、蓄电池的分类

目前使用的蓄电池有普通蓄电池、干式荷电铅蓄电池、免维护蓄电池等。

1. 普通蓄电池

普通蓄电池由极板、隔板、电解液、电池盖板、加液孔塞、电池外壳、正负极柱等组成,如图3-3所示。

蓄电池电解液的密度一般为 $1.24 \sim 1.30 g/cm^3$,选用的密度应根据地区、气候条件和制造厂的要求而定。

2. 干式荷电铅蓄电池

干式荷电铅蓄电池现已大量在汽车上使用。它与普通蓄电池的区别在于极板组在干燥状态的条件下,能够较长时间地保存制造过程中所得到的电

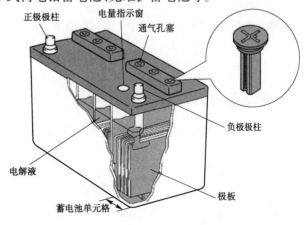

图3-3 蓄电池的基本结构

荷。所以干式荷电铅蓄电池在规定的保存期内(2年),只要加入符合规定密度的电解液,搁置15~20min,调整液面高度至规定标准后,即可使用。

3. 免维护蓄电池

免维护蓄电池在使用过程中,无需补加蒸馏水,这减少了维护的工作量。它的使用寿命约为普通蓄电池的4倍,是目前普遍使用的蓄电池。

免维护蓄电池内部装有指示蓄电池荷电状况的相对密度计,如图3-4所示。如果相对

密度计顶部的圆点呈绿色，表明蓄电池荷电充足；如果圆点模糊，表明蓄电池荷电不足，应补充充电；如果圆点呈黄色或透亮，则必须更换蓄电池。相对密度计表示蓄电池的荷电状况，在蓄电池上部一般都有明确标注。

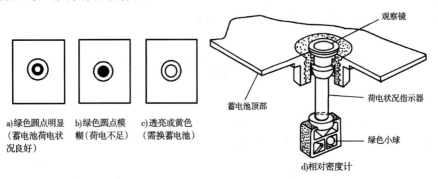

图 3-4　蓄电池内装相对密度计

三、蓄电池的型号

蓄电池的型号一般都标注在外壳上，它由三部分组成：

第一部分为串联的单格电池数，用阿拉伯数字表示；

第二部分表示蓄电池用途、结构特征代码，用大写字母表示；

第三部分表示标准规定的额定容量，单位是 Ah。

蓄电池用途举例：Q—汽车用蓄电池，M—摩托车用蓄电池，C—船用铅蓄电池，T—铁路客车用蓄电池。

蓄电池结构特征代码举例：A—干荷电，W—免维护，S—少维护，普通蓄电池不标注。

例如：6-QA-100 表示由 6 个单格组成，额定电压为 12V，额定容量为 100Ah，用于起动发动机的蓄电池。

四、蓄电池的工作原理

当外电路构成闭合回路时，蓄电池将化学能转化为电能而向外供电，称为放电过程；当蓄电池与直流电源连接时，即电能转化为化学能储存起来，称为充电过程。其基本工作原理如图 3-5 所示。

1. 蓄电池的放电过程

当蓄电池充足电时，正极板上的活性物质是二氧化铅（PbO_2），负极板上的活性物质是纯铅（Pb）。由于正负极板是两种不同的导体，与电解液（H_2SO_4）起化学反应后，正极板带正电，负极板带负电，两极板间产生了约 2V 的电位差。当蓄电池接上负载放电时，在电位差的作用下，电流由正极通过负载流向负极。这使两极板由原来的二氧化铅（PbO_2）和海绵状铅

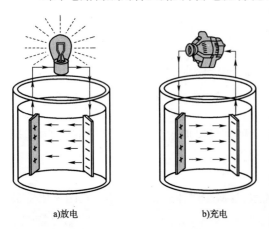

图 3-5　蓄电池的工作原理图

(Pb)逐渐变成硫酸铅(Pb_2SO_4),电解液的密度下降。

2. 蓄电池的充电过程

放电后的蓄电池与直流电源连接(蓄电池正极接直流电源正极,蓄电池负极接直流电源负极),当外加电源的电压高于蓄电池的电动势时,电流将以与放电电流相反的方向流过蓄电池,使极板上的活性物质和电解液恢复到放电前的状态,即正、负极板上的硫酸铅绝大部分变为二氧化铅与海绵状铅,电解液密度增加,充电结束。蓄电池的工作过程如图3-6所示。

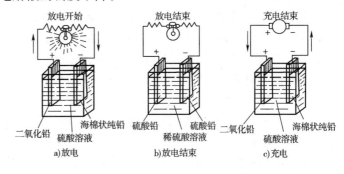

图3-6 蓄电池的工作过程

五、蓄电池的容量及影响因素

蓄电池的容量是指蓄电池在完全充足电的情况下,在允许放电的范围内对外输出的电量,单位为安培小时(Ah)。电池容量表示蓄电池对外供电的能力。

蓄电池的容量与放电电流及电解液的温度等因素有关。为了准确地表示出蓄电池的容量,要规定蓄电池的放电条件。在不同的放电条件下,蓄电池的容量分为额定容量和起动容量。蓄电池上标注的容量为额定容量,起动容量表示蓄电池接起动机时的供电能力,有常温和低温两种起动容量。

蓄电池的容量与放电电流、电解液的温度、电解液的密度及极板的结构等因素有关。

六、蓄电池的使用与维护

(1)不要连续使用起动机。每次起动的时间不得超过5s,相邻两次起动应间隔15s,连续三次不能成功起动发动机,应查明原因,排除故障后再起动发动机。

(2)经常清除蓄电池表面的灰尘污物,保持表面清洁。

(3)检查蓄电池在车上安装是否牢靠,以防行车时发生振动和移位。

(4)检查蓄电池的放电程度,如果其低于规定标准,要立即进行补充充电。

(5)拆卸蓄电池电缆时,应先拆下蓄电池负极,再拆下蓄电池正极;安装蓄电池电缆时,应先安装蓄电池正极,再安装蓄电池负极,以免拆卸过程中造成蓄电池断路。

七、蓄电池的充电

蓄电池的充电方法有定电压充电和定电流充电两种。

1. 定电压充电

汽车上使用的蓄电池依靠发电机充电,属于定电压充电。在充电过程中,加在蓄电池两端的充电电压保持恒定不变。其特点是充电开始时,充电电流很大,随着蓄电池电动势的不断增高,充电电流逐渐减小。充电完成后,充电电流将自动减小至零,因而不需要人照管。定电压充电速度快,但由于不能调整充电电流,因而不能保证蓄电池彻底充足电。

2. 定电流充电

蓄电池在使用中,如果发现起动机运转无力,灯光比平时暗淡,近一个月不用的蓄电池,都必须进行定电流补充充电。蓄电池在充电过程中,使其充电电流保持恒定不变,随着蓄电池电动势的逐渐提高,逐步增加充电电压的方法称为定电流充电。

蓄电池充电必须严格遵守充电规范。补充充电具体步骤如下:

(1)从汽车上拆下蓄电池,将蓄电池正极接充电机正极,蓄电池负极接充电机负极。

(2)第一阶段的充电电流约为蓄电池额定容量的1/10,充至单格电压为2.3~2.4V,蓄电池内有气泡产生。

(3)第二阶段的充电电流约为容量的1/20,充至单格电压为2.5~2.7V,并且在2~3h内基本不变,蓄电池内产生大量气泡,电解液呈"沸腾"状态,此时表示蓄电池已充足电。

八、蓄电池的检测

蓄电池技术状况的检测包括电解液液面高度的检查、蓄电池端电压的检测。

1. 电解液液面高度的检查

普通蓄电池必须定期检查电解液的高度,如果电解液密度足够,则添加蒸馏水;如果密度不够,则添加专用电解液。

蓄电池的壳体是由透明或半透明材料制成的,在上面有正常液位范围标记(图3-7),电解液的液位必须在该范围之内。

无正常液位范围标记的蓄电池,电解液液体必须保持在隔板上方10~15mm的位置,如图3-8所示。

2. 蓄电池端电压的检测

用高率放电计测量蓄电池的端电压。高率放电计如图3-9所示,测量时按以下步骤进行:

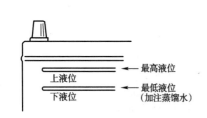

图3-7 透明壳体液位检查

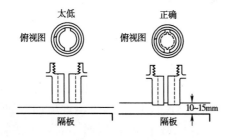

图3-8 蓄电池液位检查

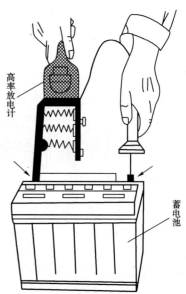

图3-9 高率放电计

(1) 放电叉的两触针紧压在蓄电池的正、负极柱上。
(2) 测量 5s，观察放电计的电压，记录电压值。
① 如果电压低于车型规定的起动电压，但 5s 内尚能稳定者则为放电过多，应及时进行充电恢复；
② 若电压低于车型规定的起动电压，且 5s 内电压迅速下降，则需更换蓄电池；
③ 若无电压指示，说明内部有短路、断路或严重硫化故障，需更换蓄电池。

第三节　交流发电机及电压调节器

蓄电池可向汽车电气设备提供电能，但蓄电池的电量有限，不能满足汽车连续供电的需要。要保证各种用电设备正常工作，蓄电池必须经常充电，所以汽车需要充电系统产生电能随时给蓄电池充电。当汽车发动机运转时，发电机产生的电能不但给蓄电池充电，而且还向用电设备供电，如图 3-10 所示。

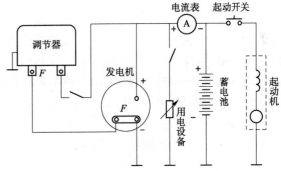

图 3-10　充电系统简图

一、交流发电机

发电机是汽车的另一个电源，其功用是在发动机运转时，向除起动机以外的所有用电设备供电，同时还向蓄电池充电。

（一）交流发电机的结构

交流发电机由一个三相同步交流发电机及整流器所组成（部分发电机 IC 电压调节器也装在发电机内部），如图 3-11 所示。

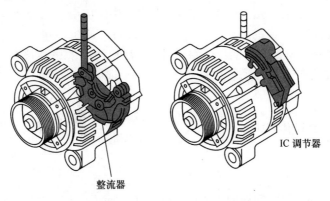

图 3-11　交流发电机总成

1. 三相同步交流发电机

三相同步交流发电机由转子总成、定子总成、传动带轮、风扇、前后端盖及电刷等部件组成，如图 3-12 所示。

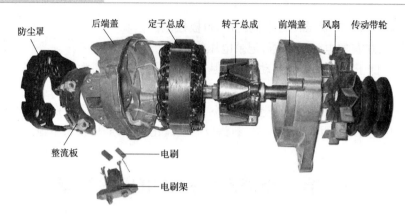

图 3-12　交流发电机的组件

1）转子

转子是交流发电机的磁场部分,通电后产生磁场。它由转子轴、励磁绕组、两块爪形磁极、集电环等组成,如图 3-13 所示。其特点是两集电环彼此绝缘,两集电环与转子轴绝缘,励磁绕组由绝缘漆包线绕制,电流由一个集电环流经励磁绕组,从另一个集电环流出构成回路。当两集电环与直流电源接通时,便有电流通过励磁绕组,使两个爪极被磁化成 N 极和 S 极,产生犬牙型交错磁场。当发电机工作时,定子铁芯内部便形成旋转磁场。

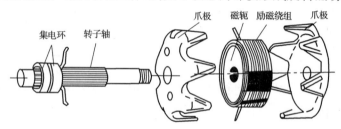

图 3-13　交流发电机的转子

2）定子

定子是发电机的电枢部分,当转子旋转时,在定子中感应出三相交流电。定子由定子铁芯和定子绕组组成,定子绕组的接法有星形、三角形两种方式。一般发电机采用星形连接,即每相绕组的首端分别与整流器的硅二极管连接,每相绕组的尾端接在一起,形成中性点 N；三角形连接是将三相绕组的首尾相连,如图 3-14 所示。

3）传动带轮

传动带轮通常用铸铁或铝合金制成,分单槽和双槽两种,装在风扇外侧,用弹簧垫片和螺母紧固。它利用半圆键与柱子轴连接。发动机工作时,发动机通过传动带带动发电机转子运转。

4）风扇

风扇一般用 1.5mm 厚的钢板冲压或用铝合金压铸而成,装在前端盖外侧。它利用半圆键与转子轴连接,随转子轴一起旋转。发电机工作时,它对发电机进行冷却。

5）前后端盖

前、后端盖用非导磁性材料铝合金制成,具有漏磁少、质量小、散热性好等优点。汽车上使用的发电机的前后端盖上通常设有通风口,保证其风扇的作用下,使空气高速流经发电机内部进行冷却。

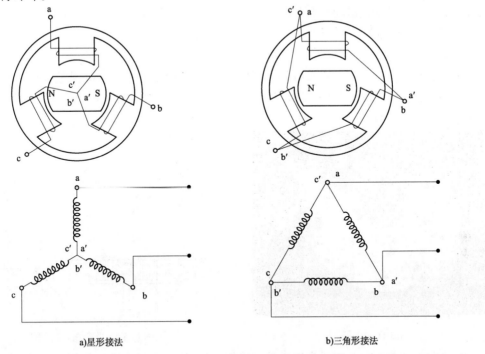

图 3-14 定子绕组的星形连接和三角形连接

6）电刷与电刷架

电刷用于引入励磁电流，装在电刷架的方孔内，利用弹簧的压力使其与滑环保持良好的接触，如图 3-15 所示。

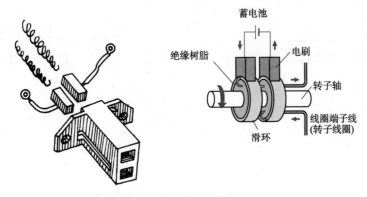

图 3-15 电刷和电刷架

2. 整流器

整流器可将三相同步交流发电机产生的三相交流电变成直流电对外输出。另外，它可阻止蓄电池的电流向发电机倒流。它一般由 6 个硅二极管接成三相桥式全波整流电路，硅二极管分为正极管和负极管。整流器如图 3-16 所示。

1）正极管

正极管的中心引线为二极管的正极，外壳为负极，在管壳底上一般标有红色标记。在负极搭铁的硅整流发电机中,3个正二极管的外壳压装在元件板的3个座孔内,共同组成发电机的正极;由一个与后端盖绝缘的元件板固定螺栓通至机壳外,作为发电机的相线接线柱"B"("+""A"或"电枢"接线柱)。

2）负极管

负极管的中心引线为二极管的负极,外壳为正极,管壳底部一般有黑色标记。3个负极管的外壳压装在后端盖的3个孔内,和发电机外壳一起成为发电机的负极,图3-17所示为硅二极管的安装示意图。

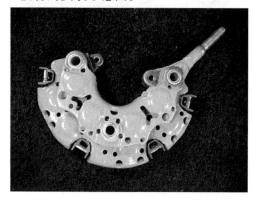

图3-16 整流器

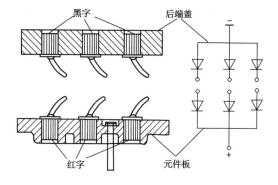

图3-17 硅二极管的安装示意图

有些交流发电机的整流器采用9只二极管,另外增加3只小功率磁场二极管,专门用来提供励磁电流,这样可提高发电机的电压调节精度。

另外,有些发电机为了提高发电机输出功率,又增加了2只二极管对中性点电压进行整流,汇入发电机的输出端,提高发电机的输出功率。同时具备上述两种功能的发电机整流器共有11只硅二极管,图3-18为几种不同发电机整流器。

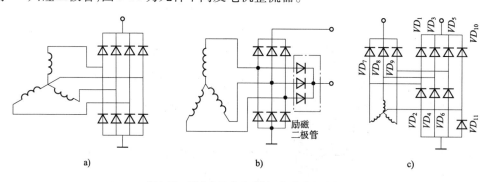

图3-18 具有中性点和磁场二极管的整流器

（二）交流发电机的工作原理

1. 发电原理

直流电源给转子线圈通电,产生磁场。发动机通过传动带带动转子在定子绕组中旋转,在定子中就感应出大小和方向都不断变化的三相交流电流。其示意图如图3-19所示。

定子绕组为一个线圈,产生单相交流电,如图3-20所示。定子绕组由三个线圈组成,产生三个交流电流,称为"三相交流电"。汽车发电机发出的电即为三相交流电。三相交流电的产生如图 3-21 所示。

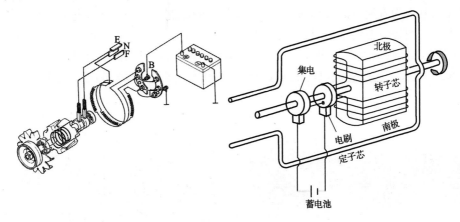

图 3-19 磁铁在线圈中旋转

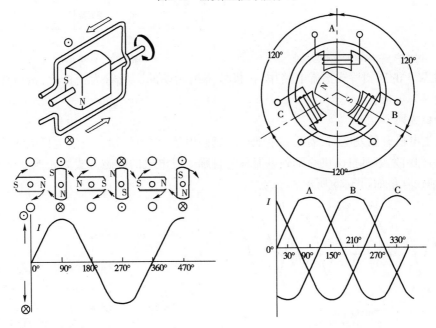

图 3-20 单相交流电产生　　　　图 3-21 三相交流电产生

每相绕组电动势有效值的大小和转子的转速及磁极的磁通成正比,计算公式为:

$$E_\Phi = C_1 n \Phi$$

式中:E_Φ——每相绕组电动势的有效值;

C_1——发电机常数;

n——转子的转速;

Φ——磁极磁通。

汽车上采用三角形连接或星形连接把三个线圈连接起来。

2. 整流原理

汽车上的用电器在工作时需要直流电,蓄电池充电时也需要使用直流电。交流发电机产生的是三相交流电流,若不变成直流电,则汽车的充电系统就不能工作。

将交流电变为直流电的过程称作整流。汽车用整流器利用二极管的单向导电性,将发电机产生的三相交流电转换成直流电:即当给二极管加上正向电压时,二极管导通,呈现低阻状态;当给二极管加上反向电压时,二极管截止,呈现高阻状态,如图3-22所示。整流电路如图3-23所示。三相交流电经整流后变为脉动的直流电,整流前后的波形图如图3-24所示。

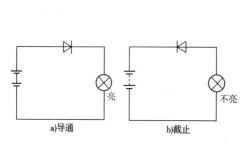

图3-22 二极管的导通与截止

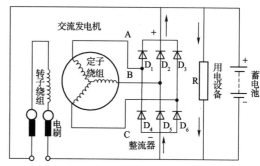

图3-23 整流电路

在图3-23的三相桥式整流电路中,正极接绕组始端的二极管为正极管,负极接绕组始端的二极管为负极管。

3. 励磁方式

交流发电机开始发电时,需要蓄电池供给励磁电流,称为他励。当发电机电压达到蓄电池电压时,即由发电机自己供给励磁电流称为自励。发电机的励磁方式为先他励,然后转为自励;其励磁电路如图3-25所示。

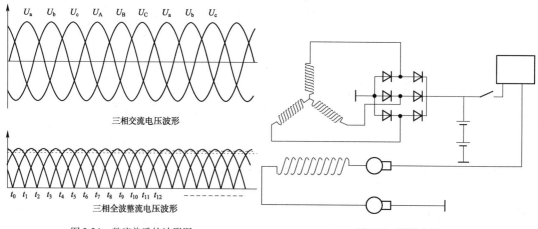

图3-24 整流前后的波形图   图3-25 励磁电路

因为交流发电机转子的爪极剩磁较弱,发电机在低速运转时,加在硅二极管上的正向电压很小。此时,二极管的正向电阻较大,较弱的剩磁产生的电动势很小,难以克服二极管的正向电阻,使发电机电压迅速建立起来。这样,发电机低速充电的要求就不能得到满足。汽车上发电机与蓄电池并联,开始由蓄电池向励磁绕组供电,使发电机电压很快建立起来,蓄电池被充电的机会增加,有利于蓄电池的使用。

二、电压调节器

发电机在汽车上是按固定的传动比驱动旋转的,其转速 n 随发动机转速变化而在很大范围内变化。根据电磁感应原理,交流发电机发出的电压,随发电机转速和负载(输出电流)而变化。由于发动机的转速不断变化,交流发电机转速很难保持不变。因此,为了使发电机能提供固定不变的电压,必须采用调节器来控制充电电压。因此,汽车用发电机都配有电压调节器,以保证充电系统的电压稳定。

1. 电压调节器的功用

电压调节器是把发电机输出电压控制在规定范围内的调节装置,其功用是在发电机转速和发电机上的负载发生变化时自动控制发电机输出电压,使其保持恒定,防止发电机电压过高而烧坏用电设备和导致蓄电池过量充电,同时也防止发电机电压过低而导致用电设备工作失常和蓄电池充电不足。

2. 电压调节器的基本原理

根据电磁感应原理,发电机的感应电动势为 $E_\phi = C_1 n \Phi$,即感应电动势 E_ϕ 与发电机转速 n 和磁通 Φ 成正比;转速 n 随发动机转速变化而在很大范围内变化。如果要在转速 n 变化时维持发电机电压恒定,就必须相应地改变磁极磁通 Φ。因为磁极磁通 Φ 取决于磁场电流的大小,所以在发电机转速变化时,只要自动调节磁场电流,就能使发电机电压保持恒定。电压调节器就是利用自动调节磁场电流使磁极磁通改变这一原理来调节发电机输出电压的。其基本原理如图3-26所示。

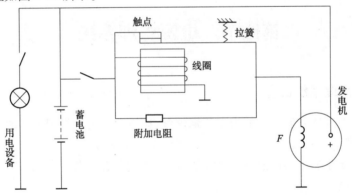

图3-26 电压调节器的基本原理

当发电机电压低时,线圈电流小,铁芯吸力小,不能克服弹簧拉力,触点闭合,励磁电流通过触点,电流较大,使电压上升。当发电机电压升高到一定值时,线圈电流增大,铁芯吸力增大,克服弹簧拉力,使触点打开,励磁电流通过电阻,电流减小,磁场减弱,电压降低。发电机电压下降后,电磁铁吸力减弱,触点又在弹簧的拉力作用下闭合,励磁电流又增大,使电压上升,如此反复,使发电机的电压维持在一个稳定值。

电子调节器是以稳压管作为电压感受元件,控制晶体三极管的通断来调节励磁电流,使发电机电压保持稳定,如图3-27所示。

集成电路调节器(也称IC调节器)利用集成电路制成,可以自动调节励磁电流,如图3-28所示。IC调节器体积很小,可方便地安装在发电机内部与发电机组成一个整体,故装有集成电路调节器的发电机又称为整体式发电机。

IC 调节器与电子调节器的工作原理相同,根据发电机或蓄电池的电压信号,利用三极管的开关特性控制发电机的磁场电流,达到稳定发电机输出电压的目的。

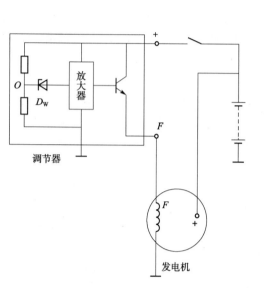

图 3-27　电子调节器的基本原理

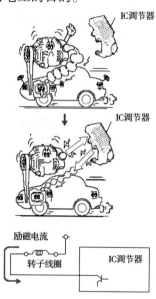

图 3-28　IC 电压调节器

第四节　电源管理系统

一、电源管理系统简介

如果一部带有普通电源系统的汽车长期停驶,则汽车蓄电池会因电器的休眠电流(如防盗锁止系统)而将电流耗尽,这可能导致没有足够的电能来供起动发动机使用。

电源管理系统主要由蓄电池诊断、休眠电流管理和动态电源管理三部分组成。

1. 蓄电池诊断

蓄电池诊断持续地测定汽车蓄电池的状态。传感器根据蓄电池的电压、电流和温度,来测定蓄电池当前的充电状态和功率。蓄电池充电状态可作为诊断工具,告知顾客或经销商蓄电池的状态。

2. 休眠电流管理

休眠电流管理在汽车停放期间降低电流的消耗。在点火开关断开的情况下,控制各种不同电器的电流供给(此时需参考蓄电池诊断给出的数据)。根据蓄电池的充电状态,会逐渐关闭某个电器,以免蓄电池大量放电,由此保持汽车的起动性能。

3. 动态电源管理

在汽车行驶期间,动态电源管理将发电机产生的电流按需分配给不同的电器。当发电机产生的电流超过电器消耗的需要时,它便会进行调节处理,保证向蓄电池供电,使其达到最佳充电状态。

二、电源管理系统的作用

电源管理系统用于监测和控制充电系统,并发出诊断信息,提醒驾驶员蓄电池和发电机的可能故障,其基本组成如图3-29所示。它主要利用已有的车载电脑功能,使发电机效率最大化,并管理系统电气负荷;通过控制电能的分配,优化起动发动机的电能供给,改善蓄电池充电状态和寿命,优化起动性能。它能使系统对燃油经济性的影响降到最低程度,使车辆的起动性能和蓄电池的寿命得到明显的改善和提高。

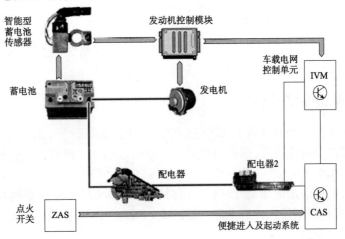

图3-29 BWM5系智能电网结构

三、电源管理系统的组成部件

1. 发电机

发电机是可维修的部件。如果诊断出发电机故障,必须将它作为一个总成更换。电压调节器与发电机控制装置集成一体,控制着发电机的输出。如果发电机磁场控制电路出现故障,则发电机默认输出电压为13.8V。

2. 车身控制模块

车身控制模块是一个GMLAN装置。它与发动机控制模块和仪表板组合为仪表通信以进行电源管理操作。车身控制模块确定发电机输出,并发送信息到发动机控制模块,以控制发电机接通信号电路。它监测来自发动机控制模块的发电机磁场占空比信号电路信息,以控制发电机;监测蓄电池电流传感器、蓄电池正极电压电路,并估计蓄电池温度以确定蓄电池充电状态。车身控制模块可控制提高怠速转速。

3. 蓄电池电流传感器

蓄电池电流传感器是一个可维修的部件,装在蓄电池处与蓄电池负极电缆连接。蓄电池电流传感器利用霍尔效应制成,对外有电源、信号、搭铁三个端子。蓄电池电流传感器监测蓄电池电流,直接输入到车身控制模块中。它产生一个128Hz、占空比为0~100%的5V脉冲宽度调制信号。正常的占空比在5%~95%之间,0~5%和95%~100%之间的占空比用于诊断。

4. 发动机控制模块

发动机运行时,发动机控制模块将发电机接通信号发送至发电机以打开调节器。发电机电压调压器通过控制转子的电流,从而控制发电机的输出电压。转子电流与调节器供给的电脉冲宽度成正比。发动机起动后,调节器通过内部导线检测定子上的交流电压来感测发电机的转动。一旦发动机运行,调节器通过控制脉冲宽度来改变励磁电流,从而调节发电机输出电压,保证蓄电池正常充电以及电气系统正常运行。发电机磁场占空比端子内部连接到电压调节器,外部连接到发动机控制模块。当电压调节器检测到充电系统故障时,它将此电路搭铁并向发动机控制模块发送信号,告知该故障。发动机控制模块监测发电机磁场占空比信号电路,并接收来自车身控制模块信息而作出控制指令。

5. 组合仪表

组合仪表提醒用户要特别关注充电系统。它有2种提醒方法:充电指示灯和可维修蓄电池充电系统的驾驶员信息中心的信息(配备该系统的车辆)。

四、电源管理系统的运行

电源管理系统的作用在于保持蓄电池充电和用电设备正常工作。它有蓄电池硫化模式、充电模式、燃油经济性模式、前照灯模式、起动模式、电压下降模式6种操作模式。

1. 蓄电池硫化模式

当转换的发电机输出电压低于13.2V并持续45min时,车身控制模块将进入此模式。出现此情况时,车身控制模块将进入充电模式2~3min。然后根据电压要求,车身控制模块将确定进入哪一个模式。

2. 充电模式

满足以下任一条件,车身控制模块将进入"充电模式":

(1) 刮水器接通并持续3s;

(2) 暖风、通风和空调系统控制单元感测到冷却风扇高速运行,以及后窗除雾器和暖风、通风与空调系统的鼓风机高速运行;

(3) 估计的蓄电池温度低于0℃;

(4) "蓄电池充电状态"低于80%;

(5) 车速高于145km/h;

(6) 电流传感器出现故障;

(7) 系统电压被确定低于12.56V。

遇到上述任何情况,根据蓄电池充电状态和估计的蓄电池温度,系统将设置交流发电机输出电压的目标为充电电压在13.9~15.5V之间。

3. 燃油经济性模式

当估计的蓄电池温度至少为0℃但是低于或等于80℃,计算得到的蓄电池电流小于15A并大于-8A,且蓄电池充电状态大于或等于80%时,车身控制模块将进入燃油经济性模式。发电机的目标输出电压是蓄电池开路电压,且在12.5~13.1V之间。当出现以上所述任一条件时,车身控制模块将退出此模式并进入"充电模式"。

4. 前照灯模式

当前照灯(远光或近光)打开时,车身控制模块将进入"前照灯模式"。电压在13.9~

14.5V 之间调节。

5. 起动模式

当发动机起动时,车身控制模块设置发电机的目标输出电压为 14.5V,且持续 30s。

6. 电压下降模式

当计算的环境温度高于 0℃时,车身控制模块将进入"电压下降模式"。计算的蓄电池电流小于 1A,大于 -7A,且发电机磁场占空比小于 99%。发电机输出电压的目标值为 12.9V。一旦满足"充电模式"准则,车身控制模块将退出该模式。

五、组合仪表放电警示灯的控制

下列一种或多种情况发生时,仪表板组合仪表点亮放电警示灯,并在驾驶员信息中心显示警告信息(配备)。

(1)发动机控制模块检测到发电机输出电压低于 11V 或者高于 16V;组合仪表从发动机控制模块接收到一条 GMLAN 信息,请求点亮放电警示灯。

(2)当系统电压低于 11V 或高于 16V,且持续 30s 以上;组合仪表接收到来自车身控制模块的 GMLAN 信息,指出系统电压范围出现问题,点亮放电警示灯。

六、蓄电池能量管理

蓄电池能量管理的任务是确保蓄电池始终有足够的能量用来起动发动机。控制单元根据发动机转速、蓄电池电压、发电机的负荷信号等相关数据进行评估。

在保证安全行驶的前提下,适当地关闭舒适功能的用电设备。电源管理系统示意图如图 3-30 所示。其工作过程有两种方式:一种是提高怠速转速;另一种是减少用电负荷。不管是提高怠速还是减少负荷,都是独立的,这两种功能不能同时开启。

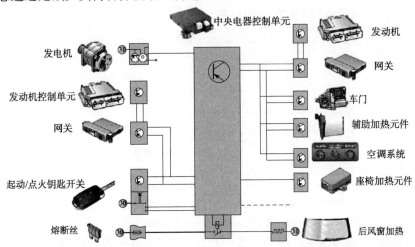

图 3-30 电源管理系统示意图

大众车系具有三种控制模式。

管理模式一:15 号线接通并且发电机处于工作状态。如果蓄电池电压低于 12.7V,则控制单元要求发动机的怠速提升。如果蓄电池的电压低于 12.2V,则以下的用电器将被关闭:

座椅加热、后风窗加热、后视镜加热、转向盘加热、脚坑照明、门内把手照明、全自动空调耗能降低或空调关闭、信息娱乐系统关闭并有关闭警示。

管理模式二：15号线接通并且发电机处于停机状态。如果蓄电池的电压低于12.2V，则以下的用电器将被关闭：空调耗能降低或空调关闭、脚坑照明、门内把手照明、上/下车灯、离家功能、信息娱乐系统关闭，并有关闭警示。

管理模式三：15号线断开并且发电机处于停机状态。如果蓄电池的电压低于11.8V，则以下的用电器将被关闭：车内灯、脚坑照明、门内把手照明、上/下车灯、离家功能、信息娱乐系统关闭。

这三种管理模式的不同之处在于，用电器被关闭的次序不同。在第三种模式中，一些用电器将会被立即关闭。如果关闭的条件取消，用电器将会被重新激活。如果用电器因为电能管理的原因被关闭，则电控单元中有故障存储。

第五节　电源系统维护及故障诊断

汽车电源系统电路一般由蓄电池、整体式交流发电机、点火开关、放电警告灯等组成。现代汽车大部分都用放电警告灯来表示电源系统的工作情况，也有用电流表指示蓄电池充、放电状态的。放电警告灯的控制方法有多种，但控制结果都是相同的，即蓄电池放电警示灯点亮，发电机给蓄电池充电，警示灯熄灭。

一、电源系统电路

1. 利用九管发电机控制放电警示灯的电源电路

九管发电机控制放电警示灯的电源电路如图3-31所示。

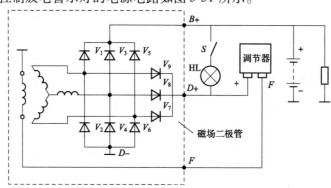

图3-31　九管发电机控制放电警示灯的电源电路

接通点火开关，电流从蓄电池"+"极→点火开关S→放电警告灯HL→调节器火线接线柱"+"→磁场接线柱"F"→发电机励磁绕组→搭铁→蓄电池"-"极，构成回路。蓄电池提供励磁电流完成他励。放电警告灯亮，表示蓄电池放电。

当发动机起动后，放电警告灯受蓄电池电压和励磁二极管输出端电压"D+"的差值所控制。随着发电机转速的升高，D+处电压升高，放电警告灯两端的电位差减小，灯就会自动变暗与熄灭。此后"$B+$"与"$D+$"等电位（都高于蓄电池电动势）放电警告灯一直熄灭，表示发电机对蓄电池充电。此时发电机提供励磁电流，并给用电设备供电。

2. 由IC调节器控制放电警示灯的电源电路

丰田部分轿车采用内装集成电路IC调节器，放电警告灯受IC调节器控制。其电路如图3-32所示。

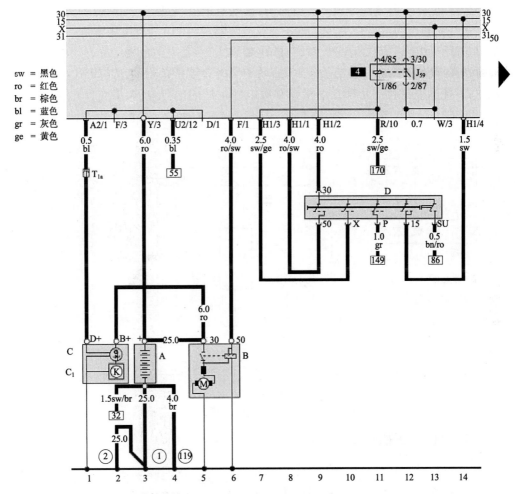

图3-32　IC调节器控制放电警示灯的电源电路

A-蓄电池；B-起动机；C-发电机；C_1-电压调节器；D-点火开关；J_{59}-X-触点卸荷继电器；T_{1a}-单孔接头—蓄电池附近；①-搭铁线，蓄电池—车身；②-搭铁线，变速器—车身；⑪⁹-搭铁连接点，前照灯线束内

发电机的"IG"端经点火开关接至蓄电池，用于检测蓄电池和发电机电压，从而控制三极管VT1的导通与截止，三极管VT1控制发电机磁场电路。发电机的P端接至发电机一相定子绕组上，集成电路调节器从P端检测到交流发电机的电压，从而控制其导通与截止，三极管VT2控制放电警告灯电路。

当点火开关接通，发电机未转动，蓄电池电压经点火开关加到发电机"IG"端和调节器的"IG"端，调节器的电源就被接通，调节器电源电路为：蓄电池正极→易熔线（60A）→点火开关"B"端子→点火开关触点→点火开关"IG"端子→发动机熔断器(15A)→发电机线束连接器"IG"端子→IC 调节器内部电路→搭铁端子"E"→蓄电池负极。

集成电路检测出这个电压,使 VT1 导通,于是励磁电路接通。励磁电路为:蓄电池正极→60A 易熔线→点火开关电源端子"B"→发电机输出端子"B"→磁场绕组→调节器磁场端子"F"→调节器功率管 VT1→调节器搭铁端子"E"→蓄电池负极。

此时,交流发电机未运转不发电,P 端电压为零,集成电路检测出该电压使 VT2 导通,于是放电警告灯亮,指示蓄电池放电。其电路为:蓄电池正极→易熔线(60A)→点火开关"B"端子→点火开关触点→点火开关"IG"端子→仪表熔断器(10A)→放电警告灯→发电机线束连接器"L"端子→IC 调节器功率管 VT2→搭铁端子"E"→蓄电池负极。

3. 高尔夫/捷达的电源电路

高尔夫/捷达也是利用九管发电机控制放电警示灯的电源电路,其电源电路如图 3-33 所示。

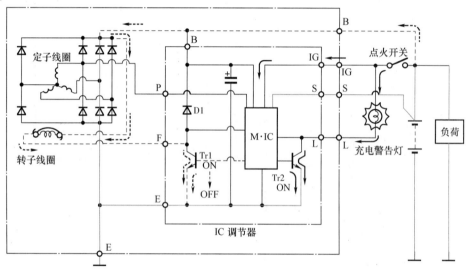

图 3-33　高尔夫/捷达的电源电路

二、发电机的正确使用

交流发电机的结构简单,维护方便,若正确使用,则不仅故障少而且寿命长;若使用不当,则会很快损坏。因此使用和维护发电机中应特别注意以下几点:

(1)汽车交流发电机均为负极搭铁,蓄电池搭铁极性必须与此相同,否则,蓄电池将使整流二极管立即烧坏。

(2)发电机运转时,不能用试火花的方法检查发电机是否发电,否则容易损坏二极管。

(3)一旦发现发电机不发电或充电电流很小时,就应及时找出故障并予以排除,不应再长期继续运转。因为如果一只二极管短路,发电机就不能正常输出电压,并会导致其他二极管或定子绕组被烧坏。

(4)整流器的 6 只二极管与定子绕组连接时,绝对禁止用兆欧表(摇表)或 220V 交流发电机检查发电机的绝缘情况,否则将使二极管击穿而损坏。

(5)发电机熄火时,应将点火开关断开,否则蓄电池将长期经磁场绕组和调节器放电。

(6)发电机与蓄电池之间的导线要连接可靠。如突然断开,将会产生过电压,易损坏电子元器件。

三、电源系统故障诊断

1. 电源系统故障诊断的基本方法

1)利用放电警告灯诊断

(1)将点火开关转到"ON"位,并不起动发动机,观察放电警告灯是否发亮。此时放电警告灯应当点亮,如果不亮,说明放电警告灯线路或放电警告灯控制元件有故障。

(2)起动发动机,放电警示灯自动熄灭,说明电源系统正常。

2)用电压表诊断

(1)将直流电压表(万用表拨到直流电压DC20V挡)的正极接发电机"B"端子,负极搭铁;

(2)记下此时电压表指示的电压,该电压即为蓄电池的空载电压,正常值为12.0~12.6V;

(3)起动发动机,电压表指示的电压应高于蓄电池的空载电压,并稳定在某一调节电压值不变。

若电压表指示的电压高于调节器的调节电压,且随发电机转速升高而升高,则说明发电机能发电,调节器有故障;若电压表指示的电压随发电机转速升高而保持蓄电池空载电压值不变或低于蓄电池空载电压值,则说明发电机或调节器有故障。

3)空载与负载性能的诊断

(1)空载性能诊断。

由于各型汽车充电系统的性能参数不尽相同,具体检测方法参考车辆维修手册。

①将电压表的正、负极分别与蓄电池的正、负极相连,将钳形直流电流表的检测钳夹到发电机"B"端子引出的导线上,如图3-34所示。

②起动发动机,并使其以2000r/min运行,此时电压表指示的电压应为13.9~15.1V,电流表读数应小于10A。调节电压过高或过低应检修或更换调节器;电流过大说明蓄电池充电不足或有故障,应补充充电或更换蓄电池。

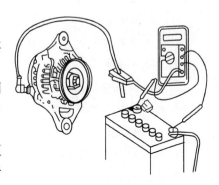

图3-34 检测充电系统性能

(2)负载性能诊断。

①检测仪器的连接同空载性能诊断;

②起动发动机并使其以2000r/min运行;

③接通前照灯和暖风电动机,此时调节器电压也应为13.9~15.1V,电流表读数应大于30A,若小于30A,则说明发电机功率不足,应拆下检修或更换发电机。

2. 电源系统的常见故障诊断与排除

电源系统常见的故障为不充电、充电电流过小和充电电流过大等。

1)不充电

(1)故障现象:发动机起动后,放电警告灯不熄灭。

(2)故障原因:线路断开或短路;发电机本身故障;调节器故障。

(3)判断步骤与方法:

①检查发电机传动带的松紧度。

②检查充电线路各导线和接头有无断裂或松脱,检查发电机的接线是否正确。

③起动发动机,用万用表测量发电机正极的电压,电压应在14~15V之间,如果电压为蓄电池电压,说明发电机或调节器有故障。

2)充电电流过小

(1)故障现象:蓄电池经常存电不足;打开大灯灯光暗淡;按动电喇叭声音小。

(2)判断步骤与方法:

①检查发电机传动带的松紧度;检查充电线路各导线接头是否接触不良或锈蚀脏污。

②检查发电机输出电压。如输出电压低于规定值应更换发电机。

3)充电电流过大

(1)故障现象:用电设备经常被损坏;在蓄电池不亏电的情况下,充电电流仍在10A以上。

(2)判断步骤与方法:充电电流过大的故障,一般都是调节器失调所致,一般更换调节器即可。

实训

一、实训内容

1. 蓄电池技术状况检查,对蓄电池进行补充充电。
2. 发电机的拆装与维护。
3. 电源系统电路图的识读。
4. 电源系统的故障诊断。

二、实训要求

1. 学会利用高率放电计测量蓄电池端电压的方法。
2. 能正确对蓄电池进行补充充电。
3. 能利用维修手册完成发电机的拆装和维护。
4. 能读懂常见的电源电路的电路图。
5. 能根据故障现象,确定故障原因,制订工作计划,排除故障。

复习思考题

一、选择题

1. 蓄电池在放电过程中,其电解液的密度是(   )。

   A. 不断上升的　　　　　　B. 不断下降的　　　　　　C. 保持不变的

2. 蓄电池电解液的相对密度一般为(　　)。
　　A. 1.24～1.28　　　　B. 1.15～1.20　　　　C. 1.35～1.40
3. 蓄电池电解液的温度下降,会使其容量(　　)。
　　A. 增加　　　　　　B. 下降　　　　　　　C. 不变
4. 蓄电池在补充充电过程中,第一阶段的充电电流应选取其额定容量的(　　)。
　　A. 1/10　　　　　　B. 1/15　　　　　　　C. 1/20
5. 蓄电池极板上的活性物质在放电过程中都转变为(　　)。
　　A. 硫酸铅　　　　　B. 二氧化铅　　　　　C. 铅
6. 铅蓄电池放电时,端电压逐渐(　　)。
　　A. 上升　　　B. 平衡状态　　　C. 下降　　　D. 不变
7. 交流发电机中装在元件板上的二极管(　　)。
　　A. 是正极管　　B. 是负极管　　C. 即可以是正极管也可以是负极管
8. 交流发电机所采用的励磁方法是(　　)。
　　A. 自励　　　B. 他励　　　　C. 先他励,后自励
9. 交流发电机转子作用是(　　)。
　　A. 发出三相交流电动势　B. 产生磁场　　C. 变交流电为直流电
10. 发电机调节器是通过调整(　　)来调整发电机电压的。
　　A. 发电机的转速　　B. 发电机的励磁电流　　C. 发电机的输出电流

二、判断题(正确的画"√",错误的画"×")
1. 在一个单格蓄电池中,负极板的片数总比正极板多一片。　　　　　　　(　　)
2. 将蓄电池的正负极板各插入一片到电解液中,即可获得12V的电动势。(　　)
3. 在放电过程中,正负极板上的活性物质都转变为硫酸铅。　　　　　　　(　　)
4. 在放电过程中,蓄电池的放电电流越大,其容量就越大。　　　　　　　(　　)
5. 在定电压充电过程中,其充电电流也是定值。　　　　　　　　　　　　(　　)
6. 免维护蓄电池在使用过程中不需补加蒸馏水。　　　　　　　　　　　　(　　)
7. 蓄电池主要包括极板、隔板、电解液和外壳等。　　　　　　　　　　　(　　)
8. 如果将蓄电池的极性接反,后果是有可能将发电机的磁场绕组烧毁。　(　　)
9. 交流发电机中硅整流器中的正极管的负极为发电机的正极。　　　　　(　　)
10. 电子调节器中稳压管被击穿时,其大功率晶体管一定处于导通状态。(　　)

三、简答题
1. 调节器为什么可以控制交流发电机的输出电压?
2. 试解释蓄电池6-QA-100各部分的意义。
3. 交流发电机着车时如何进行"B"接柱的检测?
4. 在什么情况下要进行补充充电?

第四章 发动机电器

学习目标

1. 能正确描述常规起动机的组成、结构和工作原理；
2. 能简述起动机的工作特性及其对使用的影响；
3. 能简述减速起动机的结构组成和工作原理；
4. 能分析起动系统控制电路；
5. 能正确描述发动机管理系统基本功能和组成；
6. 能正确描述发动机燃油喷射系统的基本组成和工作原理；
7. 能正确描述发动机电控点火系统的组成及工作原理；
8. 能正确描述发动机管理系统中其他控制功能及基本控制过程；
9. 能分析发动机管理系统电路。
10. 能正确完成起动机的实车拆装；进行起动机功能测试；
11. 能结合电路图连接和检测起动系统电路；
12. 会正确诊断和排除起动系统常见故障；
13. 能在实车上找出发动机管理系统各个部件并说明各部件的作用；
14. 能利用专用或通用诊断仪读取发动机管理系统的数据流和故障码；
15. 能利用故障诊断仪、万用表和示波器等工具及维修手册对发动机管理系统故障进行检查并确认故障点。

第一节 起动系统

一、起动系统概述

发动机由静止状态过渡到自行运转状态的过程称之为起动。在汽车发展过程中出现过多种起动形式，而电力起动具有操作简便、起动迅速、有重复起动能力、可以远距离控制的特点，在现代汽车上得到广泛应用。

常见的电力起动机主要有以下三种：

（1）电磁控制强制啮合式起动机（常规起动机）。磁极采用电磁铁，传动机构中一般只是由简单的驱动齿轮、单向离合器和拨叉等组成，无特殊结构。

(2)永磁起动机。电动机的原理与常规起动机相同,但电动机的磁极用永磁材料制成,取消了磁场线圈,使其结构简化、体积小、质量轻,目前应用最为广泛。

(3)减速起动机。减速起动机采用高速、小型和低力矩电动机,在传动机构中设有减速装置,可以放大输出力矩。质量和体积比普通起动机可减小30%~35%,但结构和工艺比较复杂。

为了完成起动的任务,不管何种起动机都要满足以下要求:

(1)起动时应该平顺,起动机的齿轮与发动机的飞轮齿圈啮合要柔和,不应发生冲击;

(2)发动机起动后,起动机的小齿轮应能自动打滑或脱离啮合;

(3)发动机在工作中,起动机的小齿轮不能再进入啮合,防止发生冲击;

(4)起动系统结构应简单,工作可靠。

二、常规起动机的组成、结构和工作原理

常规起动机一般由直流串励式电动机、传动机构和控制装置(又称电磁开关)三部分组成。图4-1所示是起动机和发动机飞轮的装配关系,图4-2所示是常规起动机的组成。由图4-1可以看出,把点火开关旋至起动挡时,电动机产生转矩开始转动,同时电磁开关把传动机构中的小齿轮推出,使其与发动机的飞轮齿圈啮合,这样就把电动机的转矩通过传动机构传递给飞轮,使发动机起动。

1. 直流串励式电动机

直流电动机的作用是产生力矩。一般均采用直流串励式电动机。"串励"是指电枢绕组与磁场绕组串联。

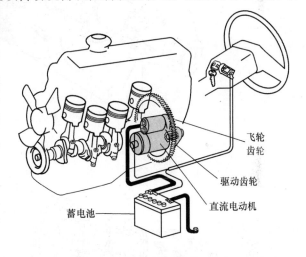

图4-1 起动机和发动机的装配关系

1)直流电动机的结构

直流电动机由磁极、电枢、换向器和外壳等组成,如图4-3所示。

(1)磁极。磁极的作用是产生电枢转动时所需要的磁场,它由固定在机壳上的磁极铁芯和磁场绕组组成,如图4-4所示。图4-5所示为励磁绕组内部电路的连接方法,励磁绕组一端接在外壳的绝缘接线柱上,另一端与两个非搭铁电刷相连。

若使用永久磁铁来代替磁场绕组,那么此种起动机就称为永磁式起动机。

(2)电枢。图4-6所示为电枢总成,它由外圆带槽的硅钢片叠成的铁芯和电枢绕组组成,磁场绕组和电枢绕组一般采用矩形断面的裸铜线绕制。

换向器装在电枢轴上,它由许多换向片组成。换向片嵌装在轴套上,各换向片之间均用云母绝缘。

(3)电刷。电刷和换向器配合使用,用来连接磁场绕组和电枢绕组的电路,并使电枢轴上的电磁力矩保持固定的方向。

电刷装在端盖上的电刷架中,电刷弹簧使电刷与换向片之间具有适当的压力以保持配

合,如图 4-7 所示。

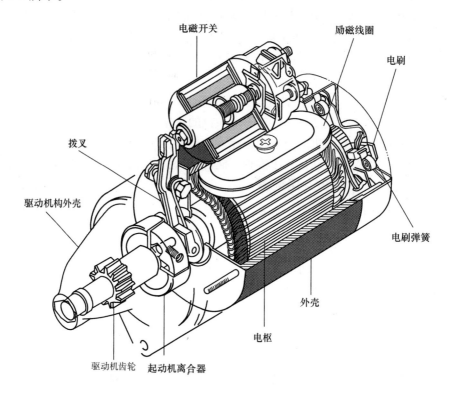

图 4-2　常规起动机的组成

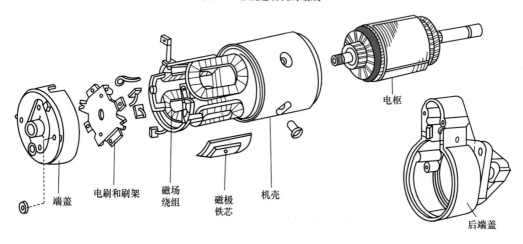

图 4-3　直流电动机

以四磁极电动机为例,其中两个电刷与机壳绝缘,电流通过这两个电刷进入电枢绕组,另外两个为搭铁电刷,通过电枢绕组的电流通过这两个搭铁电刷。

(4) 机壳。机壳是电动机的磁极和电枢的安装机体,其中一端有4个检查窗口,便于进行电刷和换向器的维护,同时起动机的电磁开关也安装在机壳上,其上有一绝缘接线端,是电动机电流的引入线。

2) 新型直流电动机的结构

为减小起动机的尺寸和质量,增加有效输出功率,一些公司对起动机中的电动机进行很多改进,除使用永久磁铁来代替磁极外,还采用方形电枢绕组和侧向电刷,图4-8所示为其结构。

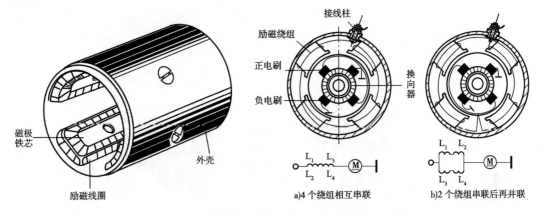

图 4-4　磁极

图 4-5　励磁绕组的接法

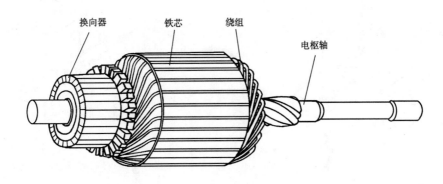

图 4-6　电枢总成

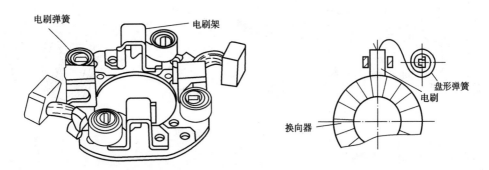

图 4-7　电刷及电刷架的组合

3) 直流电动机的工作原理

直流电动机的工作原理是通电导体在磁场中会受电磁力的作用,电磁力的方向遵循左手定则。如图4-9所示,两片换向片分别与环状线圈的两端连接,电刷一端与两片换向片相接触,另一端分别接蓄电池的正极和负极。在环状线圈中电流的方向交替变化,用左手定则判断可知,环状线圈在电磁力矩的作用下按顺时针方向连续转动。这样在电源连续对电动机供电时,其线圈就不停地按同一方向转动。为了增大输出力矩并使其运转均匀,实际的电动机中电枢采用多匝线圈。

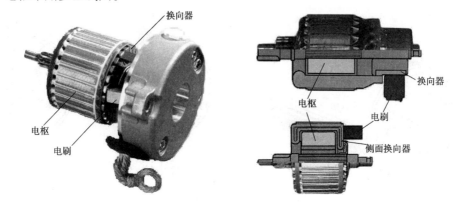

图4-8 侧面换向器式电动机结构

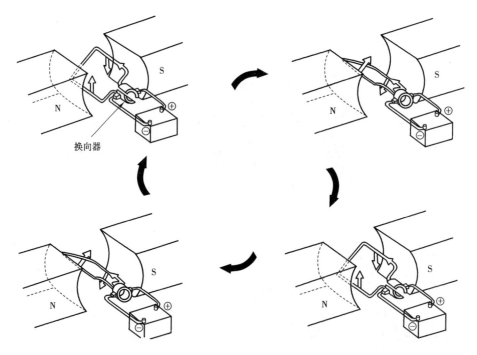

图4-9 直流电动机的工作原理图

4)直流电动机的工作特性

直流电动机的工作特性如下:

(1)电动机中电流越大,电动机产生的转矩越大;

(2)电动机的转速越高,电枢线圈中产生的反电动势就越大,电流也随之下降。

起动机在初始起动期间和正常起动期间的各项指标比较见表4-1。

起动机在初始起动期间和正常起动期间的各项指标比较　　　表 4-1

阶段 项目	初始起动期间	正常起动期间
电动机速度	较低	较高
电动机电流	较大	较小
电动机产生的转矩	较大	较小
电枢中的反向电动势	较小	较大

直流串励式电动机的转矩 M、转速 n 和功率 P 随电枢电流变化的规律，称为直流串励式电动机的特性。图 4-10 所示为直流串励式电动机的特性曲线，其中曲线 M、n 和 P 分别代表转矩特性、转速特性和功率特性。

结合表 4-1 和图 4-10 可知，在起动机起动的瞬间，电枢转速为零，电枢电流达到最大值，转矩也相应达到最大值，这使发动机的起动变得很容易。此外，串励式电动机具有轻载转速高、重载转速低的特性，对保证起动安全可靠非常有利，这是汽车起动机采用串励式电动机的主要原因。

串励式电动机的功率 P 可用下式表示：

$$P = Mn/9550$$

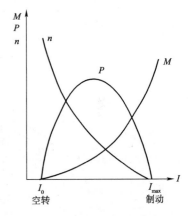

图 4-10　直流串励式电动机的特性

式中：M——电枢轴上的转矩，$N \cdot m$；

n——电枢转速，r/min。

电动机完全制动时，转速和输出功率为零，转矩达到最大值。空载时电流最小，转速最大，输出功率也为零。当电枢电流接近制动电流一半时，电动机输出功率最大。

2. 传动机构

传动机构的作用是把直流电动机产生的转矩传递给飞轮齿圈，再通过飞轮齿圈把转矩传递给发动机的曲轴，使发动机起动；起动后，飞轮齿圈与驱动齿轮自动打滑脱离。传动机构一般由驱动齿轮、单向离合器、拨叉、啮合弹簧等组成。单向离合器有滚柱式、摩擦片式、弹簧式等类型，其中滚柱式单向离合器是最常用的。下面就以滚柱式单向离合器为例，讨论其结构和工作原理。

滚柱式单向离合器的构造，如图 4-11 所示，其驱动齿轮与外壳制成一体，外壳内装有十字块和 4 套滚柱、压帽和弹簧。十字块与花键套筒固连，壳底与外壳相互扣合密封。

花键套筒的外面装有啮合弹簧及垫圈，末端安装着拨环与卡簧。整个离合器总成套装在电动机轴的花键部位，可作轴向移动和随轴转动。在外壳与十字块之间，形成 4 个宽窄不等的楔形槽，槽内分别装有一套滚柱、压帽及弹簧。滚柱的直径略大于楔形槽窄端，略小于楔形槽的宽端。

如图 4-12 所示，当起动机电枢旋转时，转矩经套筒带动十字块旋转，滚柱滚入楔形槽窄端，将十字块与外壳卡紧，使十字块与外壳之间能传递转矩，如图 4-12a) 所示；发动机起动以后，飞轮齿圈会带动驱动齿轮旋转，当转速超过电枢转速时，滚柱滚入宽端打滑，这样发动机的转矩就不会传递至起动机,起到保护起动机的作用,如图4-12b)所示。

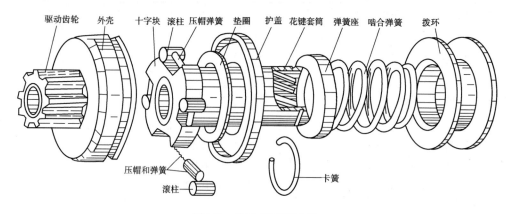

图4-11 滚柱式单向离合器

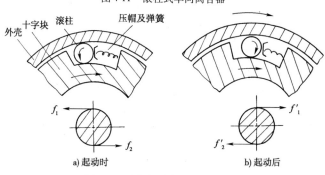

图4-12 滚柱的受力及作用示意图

3. 控制装置

电磁控制装置在起动机上称为电磁开关,它的作用是控制驱动齿轮与飞轮齿圈的啮合与分离,并控制电动机电路的接通与切断。在现代汽车上,起动机均采用电磁式控制电路,电磁开关是利用电磁力操纵拨叉,使驱动齿轮与飞轮啮合或分离。

1)电磁开关的组成

图4-13所示为电磁开关的结构。电磁开关主要由吸引线圈、保持线圈、复位弹簧、活动铁芯、接触片等组成。其中,端子C接点火开关,通过点火开关再接电源;端子30直接连接至电源。

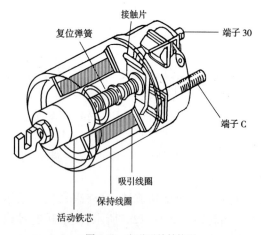

图4-13 电磁开关结构图

2)基本工作过程

电磁开关的工作过程要结合具体的电路进行分析,此处不对其进行单独的分析。其主要工作过程见起动系控制电路中图4-15。当起动电路接通后,保持线圈的电流经起动机端子50进入,经线圈后直接搭铁,吸引线圈的电流也经起动机端子50进入,但通过线圈后未直接搭铁,而是进入电动机的励磁线圈和电枢后再搭铁。两线圈通电后产生较强的电磁力,克服复位弹簧弹力使活动铁芯移动,一方面通过拨叉带动驱动齿轮移向飞轮齿圈并与之啮合,另一方面推动接触片移向端子 50 和端子 C 的触点,在驱动齿轮与飞轮齿圈进入啮合后,接触片将两个主触点接通,使电动机通电运转。在驱动齿轮进入啮合之前,由于经过吸引线圈的电流经过了电动机,所以电动机在这个电流的作用下会产生缓慢旋转,以便于驱动齿轮与飞轮齿圈进入啮合。在两个主端子触点接通之后,蓄电池的电流直接通过主触点和接触片进入电动机,使电动机进入正常运转,此时通过吸引线圈的电路被短路,因此,吸引线圈中无电流通过,主触点接通的位置靠保持线圈来保持。发动机起动后,切断起动电路,保持线圈断电,在弹簧的作用下,活动铁芯复位,切断了电动机的电路,同时也使驱动齿轮与飞轮齿圈脱离啮合。

三、起动系统控制电路

起动系统的控制电路是指除起动机本身电路以外的起动系统电路,起动系统的控制电路随车型的不同而有所不同,大体上可以分为无起动继电器的控制电路、带起动继电器的控制电路和带有保护继电器的控制电路。下面介绍几种典型的控制电路。

1. 无起动继电器的起动控制电路

无起动继电器的起动控制电路如图 4-14 所示。

以丰田 AE 系列车型起动控制电路为例介绍无起动继电器的起动控制电路,图 4-15、图 4-16、图 4-17 所示为丰田 AE 系列中常用的起动机控制电路及其工作过程。

如图 4-15 所示,当点火开关位于起动挡时,电流的流向为:蓄电池"+"→点火开关起动开关→端子 50→保持线圈→搭铁,同时吸引线圈中也通过电流,方向为:蓄电池"+"→点火开关起动开关→端子 50→吸引线圈→端子 C→励磁线圈→电枢→搭铁。此时由于吸引线圈和励磁线圈中的电流非常小,电动机低速运转。同时吸引线圈和保持线圈中产生的磁场吸引活动铁芯向右运动,克服复位弹簧的作用力,拉动拨叉向左运动,拨叉使离合器的小齿轮向左与飞轮的齿圈啮合。这个过程电动机的转速低,可以保证齿轮之间平顺啮合。

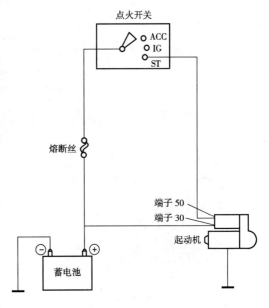

图 4-14 无起动继电器的起动控制电路

当小齿轮和飞轮齿圈完全啮合以后,如图 4-16 所示,与活动铁芯连在一起的接触片向右运动,和端子 30 及端子 C 接触,从而接通了主开关,通过起动机的电流增大,电动机的转速升高。而电枢轴上的螺纹使小齿轮和飞轮齿圈更加牢固的啮合,此时吸引线圈两端的电压相等,所以无电流通过。保持线圈产生的磁场力使活动铁芯保持在原位不动,此时的电流方向分别为:蓄电池"+"→点火开关起动开关→端子 50→保持线圈→搭铁;蓄电池"+"→端子 30 接触片→端子 C→励磁线圈→电枢绕组→搭铁。

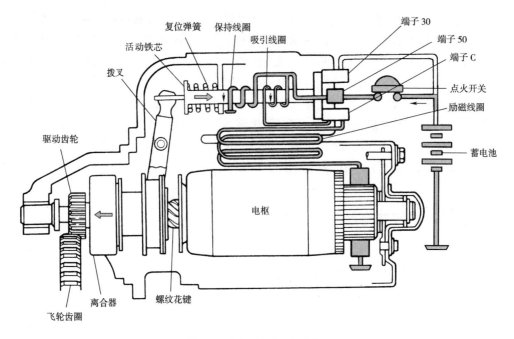

图 4-15 点火开关位于起动位置

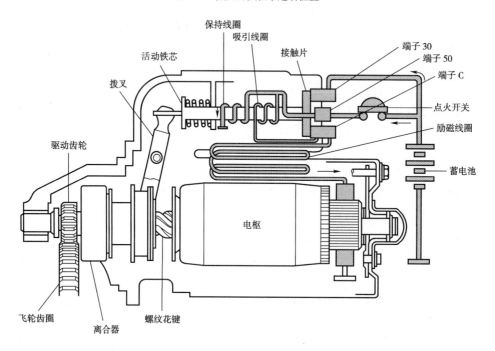

图 4-16 小齿轮和飞轮齿圈啮合

发动机起动以后,点火开关会从"START"挡回到"ON"挡,这就切断了端子 50 上的电压。这时,接触片和端子 30 及端子 C 仍保持接触。如图 4-17 所示,电路中的电流为:蓄电池"+"→端子 30→接触片→端子 C→吸引线圈→保持线圈→搭铁。同时电流还经过端子 C→励磁线圈→电枢→搭铁。由于此时吸引线圈和保持线圈的电流方向相反,产生的磁场力相互抵消,在复位弹簧的作用下,活动铁芯向左运动,使得小齿轮与飞轮齿圈脱离,同时,接触片和两个端子断开,切断电动机中的电流,整个起动过程结束。

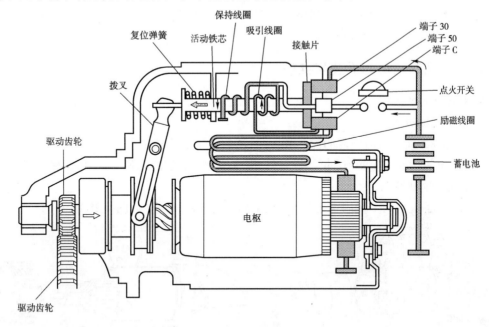

图 4-17 起动完成

2. 带起动继电器的控制电路

安装起动继电器的目的是减小通过点火开关的电流,防止点火开关烧损。起动继电器有 4 个接线柱分别标有起动机、电池、搭铁和点火开关,点火开关与搭铁接线柱之间是继电器的电磁线圈,起动机和电池接线柱之间是继电器的触点,如图 4-18 所示。

发动机起动时,点火开关"起动挡"接通,继电器的电磁线圈通电,使触点闭合,电源的电流即经继电器的触点通向起动机电磁开关的起动机接线柱,电磁开关通电后,便控制起动机进入工作状态。从电路中可以看出,由于继电器的线圈电阻较大,起动期间流经点火开关起动挡和继电器线圈的电流较小,大电流经过继电器开关流入起动机,保护了点火开关。

有时驾驶员会在发动机怠速运转期间误认为发动机没有运转而再次起动,为此一些车型的起动电路中会设置防止重复起动功能。例如大众新宝来会在点火开关中设置锁止功能,发动机运行期间驾驶员不能将钥匙再次从"点火"位置旋转至"起动"位置。有些车型会在起动电路中增加防止重复起动的继电器,或是在"一键启动"功能的

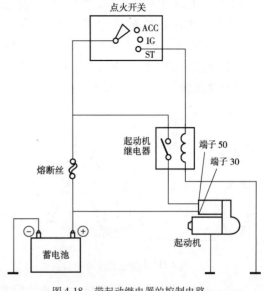

图 4-18 带起动继电器的控制电路

电路中设置防止重复起动的功能。

现代大多汽车起动继电器线圈通过防盗系统搭铁,发动机起动时,只有防盗系统发出起动信号后,继电器线圈才能搭铁;如果防盗系统没有收到起动信号,则继电器线圈中无电流,起动机就不能工作,从而实现了防盗功能。

四、常规起动机的拆装与维护

1. 起动机的拆装

1)起动机的分解

起动机解体前应清洁外部的油污和灰尘,然后按下列步骤进行解体:

(1)旋出防尘盖固定螺钉,取下防尘盖,用专用钢丝钩取出电刷;拆下电枢轴上止推圈处的卡簧,如图4-19所示。

(2)用扳手旋出两个紧固穿心螺栓,取下前端盖,抽出电枢,如图4-20所示。

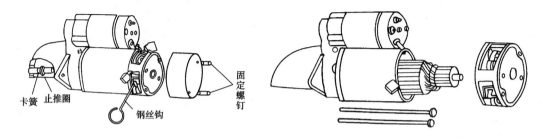

图4-19 拆卸电刷　　　　　　图4-20 拆卸前端盖和电枢

(3)拆下电磁开关主接线柱与电动机接线柱间的导电片;旋出后端盖上的电磁开关紧固螺钉,使电磁开关后端盖与中间壳体分离,如图4-21所示。

有必要时,可分解电磁开关,其步骤是:

①拆下电磁开关前端固定螺钉,取下前端盖;

②取下独盘锁片、触盘、弹簧、抽出引铁;

③取下固定铁芯卡簧及固定铁芯,抽出铜套及吸引线圈和保持线圈。

(4)从后端盖上旋下中间支承板紧固螺钉,取下中间支承板,旋出拨叉轴销螺钉,抽出拨叉,取出离合器,如图4-22所示。

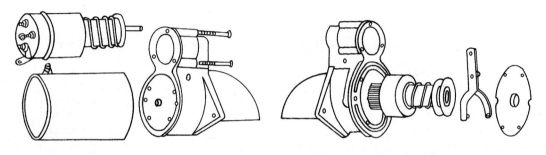

图4-21 拆卸电磁开关　　　　　图4-22 拆卸离合器

(5)将已解体的机械部分浸入清洗液中清洗,电气部分用棉纱沾少量汽油擦拭干净。

2)起动机的装复

起动机的形式不同,具体装复的步骤不可能完全相同,但基本原则是按分解时的相反步骤进行。

装复的一般步骤是:先将离合器和移动叉装入后端盖内,再装中间轴承支撑板,将电枢轴装入后端盖内,装上电动机外壳和前端盖,并用长螺栓紧固,然后装电刷和防尘罩,装起动机开关可早可晚。

2. 起动机的检测

起动机的检测分为解体检测和不解体检测,目前绝大多数汽车上的起动系统出现故障后,通过不解体检测就可以判断出是起动机出现故障还是电路故障,若起动机出现故障对其进行更换即可。解体测试的项目在实际生产中已经很少,在此不进行说明。

(1)吸引线圈性能测试。

①先把电动机的引线断开;

②按图4-23所示的方法连接蓄电池与电磁起动开关。

注:驱动齿轮应能伸出,否则表明其功能不正常。

(2)保持线圈性能测试。接线方法如图4-24所示,在驱动齿轮移出之后从端子C上拆下导线。

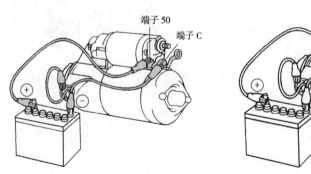
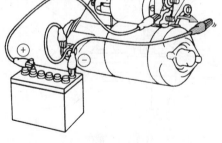

图4-23 电磁开关吸引线圈功能测试　　图4-24 电磁线圈和保持线圈功能测试

注:驱动齿轮仍能保留在伸出位置,否则表明保持线圈损坏或搭铁不正确。

(3)驱动齿轮复位测试。

说明:拆下蓄电池负极接外壳的接线夹后(图4-25),驱动齿轮能迅速返回原始位置即为正常。

(4)驱动齿轮间隙的检查。按图4-26所示连接蓄电池和电磁开关,按图4-27所示进行驱动齿轮间隙的测量。

注:测量时先把驱动齿轮推向电枢方向,消除间隙后测量驱动齿轮端与止动套圈间的间隙,并和标准值进行比较。

(5)空载测试,测试方法如图4-28所示。

①固定起动机;

②按图4-28所示的方法连接导线;

③检查起动机是否平稳运转,同时驱动齿轮应移出;

④读取安培表显示的电流值,应符合标准;
⑤断开端子50后,起动机应立即停止转动,同时驱动齿轮缩回。

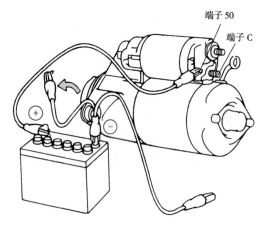

图4-25 驱动齿轮复位测试

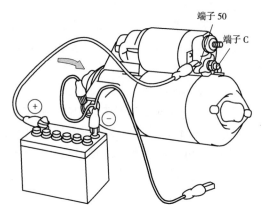

图4-26 驱动齿轮间隙测量时的接线

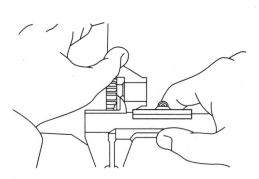

图4-27 驱动齿轮间隙的测量

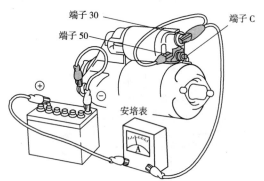

图4-28 起动机的空载测试

五、起动系统的故障诊断

下面以丰田汽车起动系统为例,分析起动系统的故障(其电路如图4-14所示)。其他汽车起动系统的诊断思路和方法大致相同。

1. 起动机不转

(1)故障现象:将点火开关旋至起动挡,起动机驱动齿轮不向外伸出,起动机不转。

(2)诊断思路与方法:

此种故障可能由蓄电池及电路连接造成,也有可能由起动机本身造成,首先应进行区分,方法如下:用螺丝刀或导线短接起动机电磁开关上的端子30和端子C两个接线柱,若起动机不转,说明电动机有故障,应解体检修;若起动机运转,说明电动机正常,故障在起动机本身以外的电路。诊断流程如图4-29所示。

①在车上检查蓄电池的状况和电源导线连接情况。

可以按喇叭或开前照灯,若喇叭响声变小或前照灯灯光暗淡,说明蓄电池容量过低或电源导线接触不良;也可以在点火开关位于"起动"挡时,测量蓄电池两端的电压,不应低于9.6V。

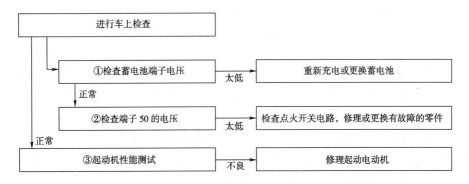

图 4-29　起动机不转故障诊断流程图

若蓄电池良好,应检查端子 50 的电压;若电压过低(小于 8V),应对蓄电池的正极线、搭铁线、各接线柱及点火开关进行检查;若接线柱有脏污或松脱,应清洁或紧固;若点火开关损坏,应进行修理和更换。

②若故障仍然存在,说明故障在起动机本身。此时应进行起动机的性能测试(吸引线圈和保持线圈测试等)或解体测试进行故障诊断和排除。

2. 起动机转动无力

(1)故障现象:将点火开关旋至"起动"挡,驱动齿轮发出"咔哒"声向外移出,但是起动机不转动或转动缓慢无力。

(2)诊断思路与方法:诊断流程如图 4-30 所示。

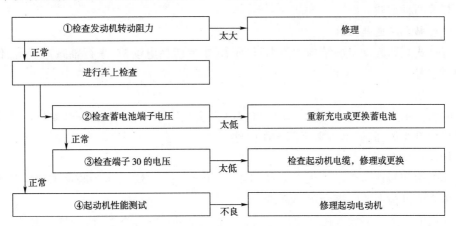

图 4-30　起动机运转无力故障诊断流程图

①首先应确认蓄电池容量是否足够,线路连接是否良好。

②若故障依然存在,要区分故障在起动机或发动机本身,还是在端子 30 之前的电路,方法是用螺丝刀短接起动机电磁开关的端子 30 和端子 C 两个接线柱,若短接后起动有力且运转正常,说明起动机电磁开关内主触点和接触盘接触不良;若短接后起动仍然无力,则可认

为电动机有故障,需进一步拆检。故障可能是由主开关接触不良、电刷和换向器之间电阻过大或接触不良、单向离合器打滑等引起的。

③如果在接通起动开关后,起动机有连续的"咔哒"声。

若短接起动机电磁开关两主接线柱后,起动机转动正常,说明电磁开关保持线圈断路或短路。

3. 起动机空转

(1) 故障现象:接通点火开关"起动"开关,起动机只是空转,不能带动发动机运转。

(2) 诊断思路与方法:

①起动机空转时,有较轻的摩擦声音,起动机驱动齿轮不能与飞轮轮齿啮合而产生空转,即驱动齿轮还没有啮合到飞轮轮齿中,电磁开关就提前接通,说明主回路的接触盘行程过短,应拆下起动机,进行起动机接通时刻的调整。

②起动机空转时,有严重的碰擦轮齿的声音:说明飞轮轮齿或起动机驱动齿轮严重磨损,应拆下起动机进一步检查,根据实际情况更换驱动齿轮或飞轮轮齿。

③起动机空转时,速度较快但无碰齿声音:说明起动机单向离合器打滑,即驱动齿轮已经啮入飞轮轮齿中,但不能带动飞轮旋转,只是起动机电枢轴在空转,应更换单向离合器总成。

六、减速起动机的基本结构和工作原理

减速起动机与常规起动机的主要区别是在传动机构和电枢轴之间安装一套齿轮减速装置,通过减速装置把转矩传递给单向离合器,可以降低电动机的速度并增大输出转矩,同时减小起动机的体积和质量。齿轮减速装置主要有平行轴式外啮合减速齿轮装置和行星齿轮式减速装置两种形式。

1. 平行轴式减速起动机

平行轴式减速起动机的结构如图4-31所示,主要包括电动机、平行轴减速装置、传动机构和控制装置。

1) 电动机

该电动机4个磁场绕组相互并联后再与电枢绕组串联,仍为串励式电动机。基本部件与常规起动机相似,此处不再重复其工作原理。

2) 传动机构及减速装置

传动机构和减速装置的位置关系如图4-31所示。图4-32所示为减速装置中齿轮的啮合关系和传动机构中单向离合器示意图。

滚柱式单向离合器设置在减速齿轮内毂,其内毂制成楔形空腔,传动导管装入时,将空腔分割成5个楔形腔室,腔室内放置滚柱和弹簧。平时在弹簧张力作用下,滚柱滚向楔形腔室窄端,传递动力时,由滚柱将传动导管和减速齿轮卡紧成一体。离合器的工作原理和常规起动机中的滚柱式单向离合器工作原理相同,此处不再进行分析。

减速齿轮装置采用平行轴外啮合减速齿轮装置,该装置中设有3个齿轮,即电枢轴齿轮、惰轮(中间齿轮)及减速齿轮。与常规起动机相比该减速装置传动比较大,输出转矩也较大。

3)控制装置及工作过程

如图 4-33 所示,活动铁芯左端固装的挺杆,经钢球推动驱动齿轮轴,引铁右端绝缘地固装着接触片。起动机不工作时,触盘与触点分开,驱动齿轮与飞轮分离。

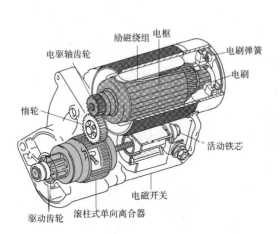

图 4-31 平行轴式减速起动机的构造

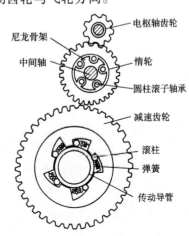

图 4-32 减速齿轮啮合关系和单向离合器

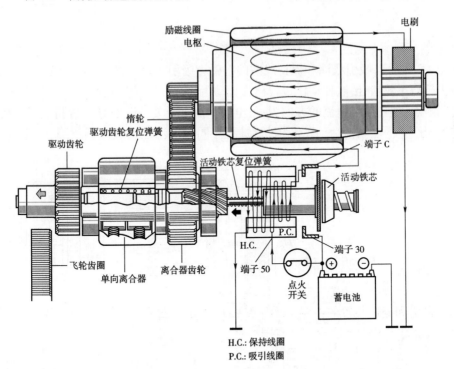

图 4-33 平行轴式减速起动机结构及电路图

其工作过程如下:

接通起动开关,吸引线圈和保持线圈通电,此时的电流流向为:蓄电池→点火开关→端子 50→保持线圈→搭铁,蓄电池→点火开关→端子 50→吸引线圈→端子 C 励磁线圈→电枢绕组→搭铁。此时电动机低速运转,如图 4-34 所示。

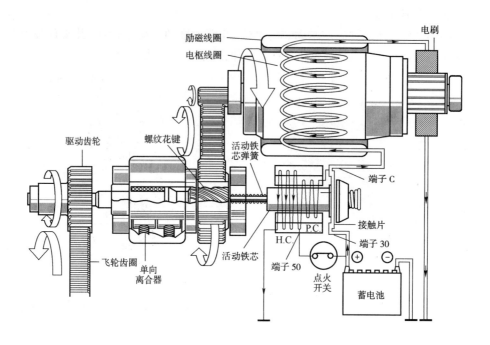

图 4-34 驱动齿轮和齿圈啮合过程

如图 4-35 所示,吸引线圈和保持线圈的电磁力吸引活动铁芯左移,推动驱动齿轮轴,迫使驱动齿轮与飞轮啮合,这种动作过程称为直动齿轮式。驱动齿轮与飞轮齿圈进入啮合后,接触片和触点接触,此时电流的方向为:蓄电池→点火开关→端子 50→保持线圈→搭铁。这样保持线圈产生的磁场使活动铁芯保持在原位,同时电流还流经磁场线圈,电路为:蓄电池

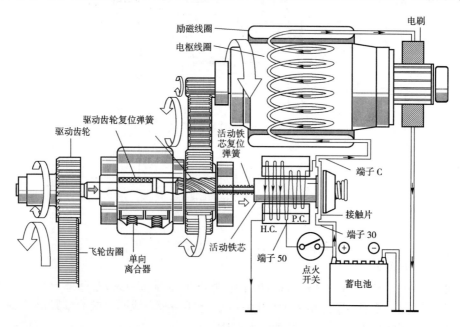

图 4-35 驱动齿轮和齿圈脱离

"+"→端子30→接触片→端子C→励磁线圈→电枢绕组→搭铁。这样电枢电路接通并开始旋转。电枢轴产生的转矩经电枢轴齿轮→惰轮→减速齿轮→滚柱式单向离合器→驱动齿轮轴→驱动齿轮→飞轮齿圈,带动曲轴旋转,使发动机起动。

发动机起动后,放松起动开关,点火开关回到"点火"挡。吸引线圈和保持线圈断电,引铁在复位弹簧张力作用下复位,接触片与触点分离,电枢停止转动。同时,驱动齿轮轴在复位弹簧作用下复位,拖动驱动齿轮与飞轮分离,恢复到初始状态。

2. 行星齿轮式减速起动机

行星齿轮式减速起动机的结构如图 4-36 所示。

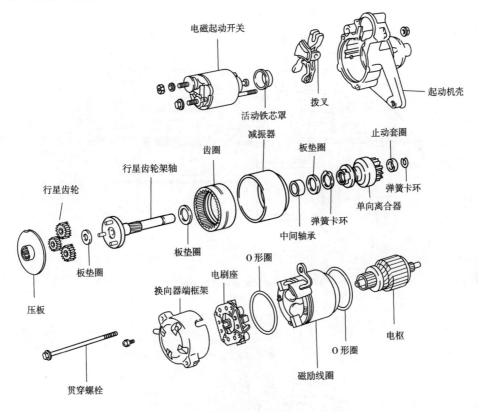

图 4-36　行星齿轮式减速起动机

此种起动机的控制电路及电动机与常规起动机基本相同,主要区别在于使用一套行星齿轮机构。

该起动机的传动机构采用滚柱式单向离合器,用拨叉拨动驱动齿轮使之移动。其结构与工作过程和传统式起动机类似。图 4-37 所示为拨叉的位置。

行星齿轮减速装置中设有三个行星齿轮,一个太阳轮(电枢轴齿轮)及一个固定的内齿圈,其结构如图 4-38 所示。

七、无钥匙起动系统(Keyless Entry/Start System)

出于便利性等要求,当前轿车上大量使用无钥匙进入和起动系统。当车外天线检测到钥匙在车辆有效范围内时,驾驶员可以通过按压门锁开锁按钮(或电容式按压把手)即可打开车门。起动车辆时,如果智能钥匙在车内,系统会立刻识别出智能卡,经过确认后,车内的电脑会进入工作状态。在满足一定条件,如自动变速器位于 P 或 N 挡的位置、踩下制动踏板等,驾驶员按下"发动机起动和停机(Engine Start Stop)"按钮,如图 4-39a)所示,车辆即可起动。还有一些厂家的车型能够利用钥匙发射器遥控起动车辆,如图 4-39b)所示。利用遥控功能起动车辆时,在满足一定条件下发动机受电脑的控制可以自行起动并运行一定时间,若在规定的时间内驾驶员未进入车辆,发动机会自行熄火。

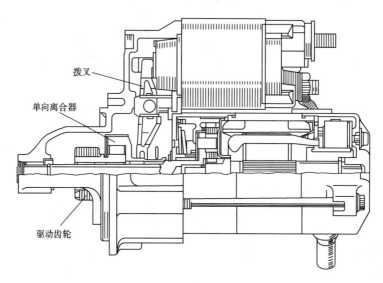

图 4-37　行星齿轮式减速起动机的拨叉位置

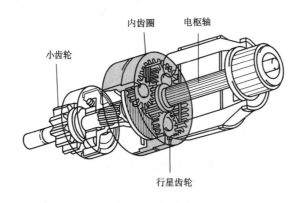

图 4-38　行星齿轮式减速装置结构

无钥匙起动的基本原理如图 4-40 所示。当遥控接收器检测到钥匙位于驾驶室内,并通过防盗检测后,系统进入备用状态。在按下发动机起动按钮后,控制电脑会进行一系列检测,比如是否有起动信号输入、是否踩下制动踏板、变速器是否位于 P 或 N 挡、离合器是否处于分离状态、发动机是否运转等信息后,控制单元会通过晶体管控制起动机的工作。

如图 4-41 所示为一汽奥迪系列轿车使用的无钥匙起动系统工作原理图。

第四章 发动机电器

a) 起动按钮

b) 遥控起动钥匙

图 4-39 无钥匙起动按钮及遥控起动钥匙

该系统的数据交换及工作过程如下：

(1) 驾驶员将"使用和起动授权按钮 E408"完全按下，这个按钮将"点火开关接通"与"发动机起动"的信息发送到"使用和起动授权开关 E415"及"使用和起动授权控制单元 J518"上；

(2) "使用和起动授权开关"将这个按钮信息通过数据线继续传至"使用和起动授权控制单元"，在这里两个按钮信息会进行比较；

(3) "控制单元 J518"将钥匙查询信息发送给"无钥匙式使用授权天线读入单元 J723"，天线读入单元通过所有的"使用和起动授权天线"将一个信号发送给车钥匙；

(4) 车钥匙根据这个信号来确定钥匙在车上的位置，并将其信息发送给"中央门锁和防盗警报装置天线 R47"；

(5) "中央门锁和防盗警报装置天线"收到这个信息，将该信息通过"使用和起动授权开关 E415"被传送给"使用和起动授权控制单元"使用；

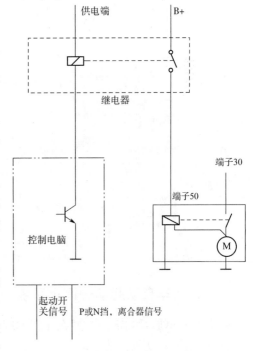

图 4-40 无钥匙起动系统基本原理

(6) 根据钥匙的使用情况，"S-触点信号"就被发送到 CAN 舒适总线上，电子转向柱锁解锁；

(7) 电子转向锁完全打开后，电源将接线柱 15 接通；

(8) 接线柱 15 接通后，"发动机控制单元"与"使用和起动授权控制单元"之间就开始经 CAN 数据总线进行数据交换，然后防盗锁被停用；

(9) "使用和起动授权控制单元"将"起动请求"这个信号发送给"发动机控制单元"。"发动机控制单元"检查离合器是否已踏下或是否已挂入 P 或 N 挡(指自动变速器)，然后就会自动起动发动机。

其中第(7)~(9)环节的工作电路如图 4-42 所示。

此外，很多其他厂商也有类似的无钥匙起动系统，如丰田、现代、别克等车型。

57

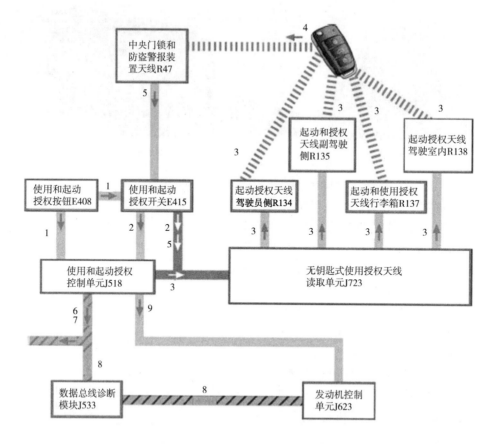

图 4-41 一汽奥迪无钥匙起动系统原理图

八、汽车自动起动—停止系统

大众和奥迪系列部分车型在无钥匙起动系统的基础上通过增加软件功能和改进起动机的性能,增加发动机自动起动-停止系统,该技术是大众蓝驱技术(Blue Motion)的功能之一。如在等红灯时,踩下制动踏板至汽车停止后,发动机也随之停止工作,当需要起步时,只需松开制动踏板,系统会自动起动发动机。这样可以显著提升汽车的燃油经济性。该系统概况如图 4-43 所示。

如图 4-44 所示,以使用双离合器自动变速器(DSG)的车辆为例简要说明其工作过程。
(1)车辆以 50km/h 的车速行驶至交通红灯前;
(2)驾驶员将车辆制动到停驻状态;
(3)驾驶员仍将脚放在制动踏板上,起动/关闭系统将发动机关闭;组合仪表显示屏上显示起动/关闭符号;
(4)驾驶员继续将脚放在制动踏板上,直至交通灯转为绿灯;
(5)驾驶员松开制动踏板,起动/关闭系统自动再次起动发动机,组合仪表显示屏上的起动/关闭符号熄灭;
(6)驾驶员踩加速踏板加速,继续开车行驶。

第四章 发动机电器

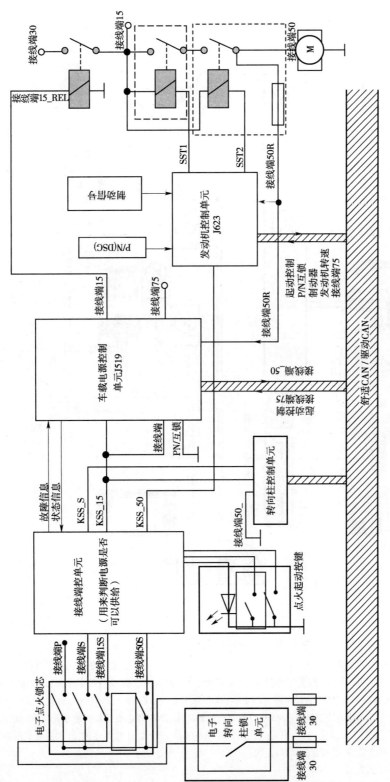

图 4-42 大众系列车型无钥匙起动系统电路图

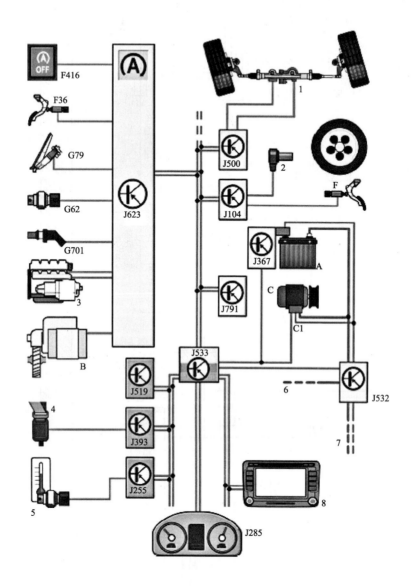

图 4-43 大众奥迪系列自动起动 – 停止系统

A-蓄电池；B-起动机；C-交流发电机；C1-电压调节器；F-制动灯开关；F416-起动/关闭按钮；F36-离合器踏板开关；G79-加速踏板位置传感器；G62-冷却液温度传感器；G701-速器挡位传感器；J623-发动机控制单元；J519-供电控制单元；J393-舒适系统中央控制单元；J255-自动空调控制单元；J533-数据总线诊断接口；J500-助力转向控制单元；J104-ABS控制单元；J791-驻车转向辅助控制单元；J285-组合仪表内控制单元；J367-蓄电池监控控制单元；J532-稳压器；1-电动机械式动力转向系统；2-车速信号，行程识别；3-发动机管理系统；4-安全带识别；5-暖风、鼓风机和空调调节；6-接线柱 50R；7-接线柱 30；8-收音机、收音机/导航系统

第四章 发动机电器

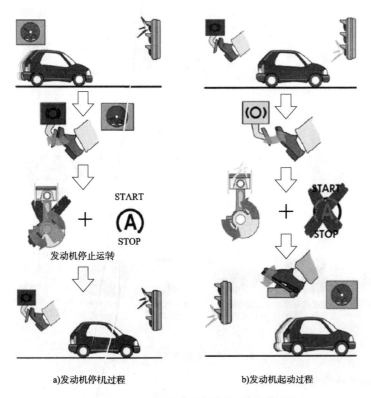

a) 发动机停机过程　　　　b) 发动机起动过程

图 4-44　自动起动—停止系统工作过程

第二节　发动机管理系统

一、发动机管理系统概述

随着汽车电子技术的快速发展,逐渐出现"发动机管理系统"的概念。汽油机管理系统的核心问题是燃油定时、定量和点火正时,柴油机管理系统的核心问题是燃油定量和喷油定时。除此之外,在发动机部分利用电子技术进行控制的还包括:废气再循环(EGR)、怠速控制(ISC)、电动油泵控制、发电机输出控制、电子冷却风扇、发动机进气系统控制(如电子节气门、进气道长度可变和VVT控制)、燃油蒸发控制(EVAP)及系统自诊断功能等,它们被应用在不同的车型上。汽车发动机管理系统由传感器、电子控制单元(ECU)和执行器组成。图4-45所示为发动机管理系统的基本组成。

二、电子控制燃油喷射系统

电子控制燃油喷射系统以电子控制单元(ECU)为控制中心,利用空气流量计、节气门位置传感器、曲轴转角及转速传感器等测得发动机的各种工作参数,按照在电脑中设定的控制程序,通过控制喷油器,精确地控制喷油量,使发动机在各种工况下都能获得最佳浓度的混合气。

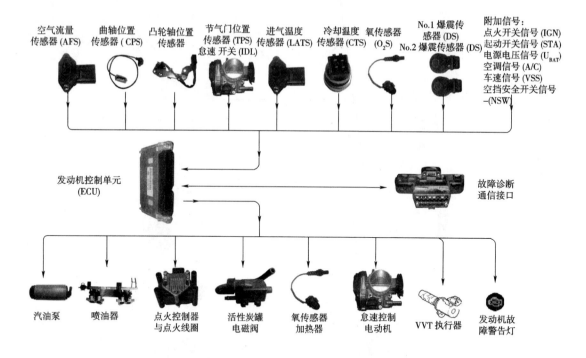

图 4-45　发动机管理系统基本组成

1. 电子控制燃油喷射系统的组成

电子控制燃油喷射系统的组成如图 4-46 所示。

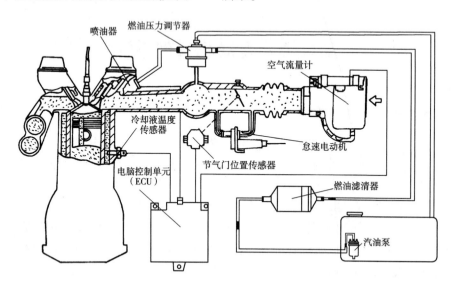

图 4-46　电子控制汽油喷射系统

2. 传感器

汽车用传感器可以把汽车运行中各种工况信息转化成电信号输送给计算机，计算机通过计算后驱动执行器的动作，以使汽车能处于最佳工作状态。

1)空气流量传感器

空气流量传感器应用在 L 型燃油喷射系统中,其作用是检测发动机的进气量,作为喷油量控制的基本依据。其主要的形式有翼片式、热线式等。

2)进气压力传感器

D 型 EFI 系统中,利用进气压力传感器测得进气歧管内的绝对压力,电脑结合发动机转速信号间接计算出发动机吸入的空气量,作为喷油量控制的基本依据。

3)发动机曲轴位置传感器及凸轮轴位置传感器

曲轴位置传感器的作用是检测发动机转速,同时为发动机电子控制单元提供基准汽缸的曲轴位置信号,用以确定相对于每缸上止点的喷油正时和点火正时。为了更精确地检测曲轴转角和发动机转速,发动机上还会设置凸轮轴位置传感器。曲轴位置传感器位于曲轴前端的带轮处或曲轴后端的飞轮处,凸轮轴位置传感器位于分电器内或凸轮轴的前端或后端。两种传感器常见的形式有磁感应式、霍尔式等。

(1)磁感应式传感器的工作原理。磁感应式传感器的基本结构如图 4-47 所示,主要包括信号转子、永久磁铁、感应线圈和支座等,信号转子上有与发动机汽缸数相同的凸起。永久磁铁所形成的磁路如图 4-47 中的虚线所示,当信号线圈中的磁通发生变化时,便会产生感应电动势。

这种信号发生器产生点火信号的基本原理如图 4-48 所示,图中信号转子的 4 个位置表示了信号发生器磁通变化的情况。随着信号转子的转动,感应线圈中的磁通量增加或减小,由于磁通量的变化使其在信号感应线圈中感应出变化的电动势。信号转子在旋转时所产生的磁通变化情况及信号线圈所产生的感应电动势的情况如图 4-49 所示。

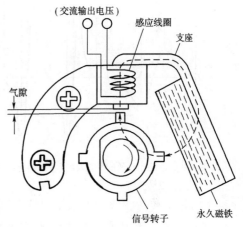

图 4-47 磁感应式传感器结构

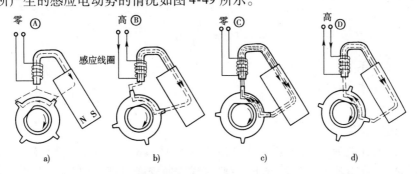

图 4-48 磁感应信号发生器的工作情况

图 4-48 中的 A、B、C、D 4 个位置所对应的磁通与图 4-49 中磁通变化曲线中的 A、B、C、D 4 个点是一一对应关系,A、C 两点的磁通变化率等于零,所以感应电动势也等于零。B、D 两点的磁通变化率最大,所以所对应的感应电动势最大。此外从图中还可以看出,转速提高,使转子的转速也提高,转速的提高增加了磁场的变化速度,感应电动势也相应增加。从

这种信号发生器的工作原理可以看出,其信号电压是随着发动机转速的提高而增大的。

图4-50所示为一种典型的电磁感应式曲轴位置传感器。该曲轴位置传感器主要由信号转子和线圈组成,信号转子位于曲轴前端带轮处,共有34个信号齿和两个空缺齿。转子旋转时,由于转子凸起与感应线圈的间隙不断发生变化,通过线圈的磁通也不断变化,线圈两端便产生感应电压,并以交流形式输出。

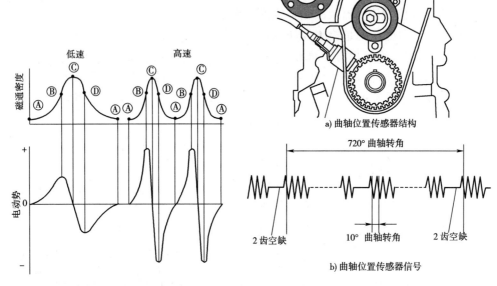

图4-49 磁路中磁通的变化及信号线圈中感应电动势

图4-50 发动机曲轴位置传感器结构及信号

(2)霍尔式传感器的工作原理。霍尔式传感器是利用霍尔效应原理工作的,其原理如图4-51所示。给一块放在磁场中的半导体基片通以电流时,在垂直于磁场和电流的方向上便会产生一个与电流和磁通密度成正比的电压,此电压即为霍尔电压U_H,霍尔电压的大小可用下式表示:

$$U_H = \frac{R_H}{d}IB$$

式中:R_H——霍尔系数;
d——半导体基片厚度;
I——电流;
B——磁通密度。

从上式可知,在电流一定时,霍尔电压的大小与磁通密度成正比,且与磁通的变化率无关。这也就是说,在电流一定的情况下,只要改变磁通密度,就可以改变霍尔电压的大小,霍尔式传感器就是基于此原理制成的。

图4-52为一种实用的霍尔式传感器的结构,包括与分火头制成一体的触发叶轮、霍尔集成电路、带导磁板的永久磁铁、触发开关及专用插座等。

触发叶轮上有与发动机汽缸数相等的叶片,触发开关上制有霍尔集成电路、带导磁板的永久磁铁,霍尔集成电路的外层是霍尔元件,同一基板的其他部分制成放大电路。触发叶轮

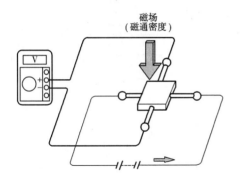 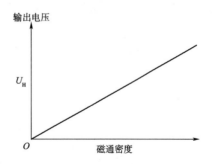

图 4-51 霍尔效应原理

的叶片可在霍尔集成电路与永久磁铁之间的间隙内通过。其基本工作原理如图 4-53 所示,触发叶轮转动时,当触发叶轮上的叶片进入永久磁铁与霍尔元件之间的间隙时,永久磁铁所产生磁场的磁路被叶轮的叶片短路,磁场不能作用到霍尔元件上,虽然此时霍尔元件上有电流通过,但因为磁通密度等于零,所以霍尔元件上没有霍尔电压。当触发叶轮的叶片离开永久磁铁与霍尔元件之间的间隙时,永久磁铁的磁场作用到霍尔元件上,在磁场和电流的共同作用下,霍尔元件产生霍尔电压。

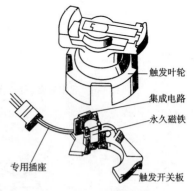

图 4-52 霍尔式传感器的结构

由于霍尔电压的信号较弱(仅为 mV 级),不能用来直接作为点火信号,因此要对其进行放大并转换为矩形的方波信号,这一任务由霍尔集成电路完成,集成电路的工作原理框图如图 4-54 所示。经集成电路放大后的信号如图 4-55 所示,当叶片处于空气间隙中时,信号发生器输出高电平(接近电源电压),叶片不在空气间隙时,输出低电平(0.3~0.4V)。

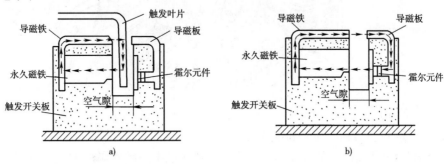

图 4-53 霍尔式传感器的工作原理

由于霍尔信号发生器在工作中需要始终提供通过霍尔元件的电流,所以这种信号发生器是属于有源的信号发生器。

图 4-56 所示为另一种利用霍尔原理及磁阻元件制成的凸轮轴位置传感器。该传感器位于凸轮轴的前端或后端,外观与磁感应式传感器相似,但插接器为三端子。凸轮轴上转子在旋转过程中会使通过霍尔元件(内置磁阻材料)的磁通发生变化,产生交流电压,此电压经过整形电路的整形和信号放大,最终输出矩形方波。其内部电路如图 4-57 所示。基于霍尔

原理的传感器形式较多,需结合具体的形式加以分析。

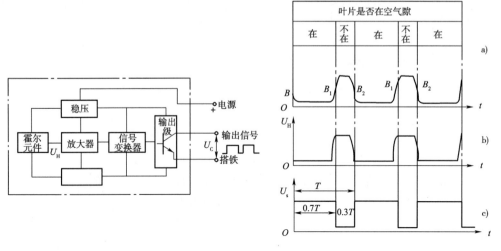

图4-54 霍尔集成电路工作原理框图　　图4-55 经集成电路放大后的信号

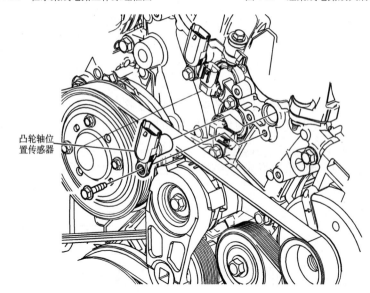

图4-56 凸轮轴位置传感器

4)进气温度传感器和冷却液温度传感器

进气温度传感器和冷却液温度传感器都是利用热敏电阻随着温度的变化电阻也发生变化的特性来工作的。热敏电阻有正温度系数和负温度系数之分,负温度系数电阻值会随着温度的升高而降低。电脑根据进气温度和冷却液温度的信号对喷油和点火进行修正,图4-58所示为其工作电路。

5)节气门位置传感器

节气门位置传感器的作用是将节气门的开度转化为电信号输入给ECU,由ECU根据这些信号来计算节气门的开度,用来进行空燃比修正、功率提高及燃油切断控制等。若使用电子加速踏板和电子节气门,此信号还用来检测节气门的实际开度并由ECU控制和修正节气门电动机的动作。节气门位置传感器有滑变电阻式及霍尔式等形式。

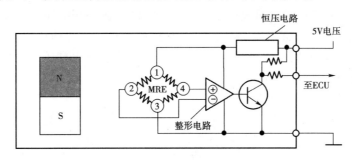

图 4-57　磁阻型凸轮轴位置传感器电路

3. 电子控制单元(ECU)及喷油器

电子控制单元(Electronic Control Unit)是一个微型计算机。它用来接受传感器或其他装置输入的信号,将输入的信号转变为微型计算机所能接受的信号,给传感器提供参考(基准)电压:2V、5V、9V、12V;能存储、计算、分析处理信息,存储该车型的特点参数,存储运算中的数据(随存随取),存储输出故障信息;能进行运算分析,根据信息参数求出执行命令数值,将输出的信息与标准值对比,查出故障;能输出执行命令;能进行自我修正。

喷油器是电子燃油喷射系统的主要执行器,如图 4-59 所示,当发动机工作时,ECU 根据有关传感器输入的信号,经运算判断后输出控制信号,控制大功率晶体管导通与截止。当大功率晶体管导通时,即接通喷油器电磁线圈电路,产生电磁吸力。当电磁力超过针阀弹簧力和油液压力的合力时,针阀打开,开始喷油。当大功率晶体管截止时,喷油器电磁线圈电路被切断,阀门关闭,停止喷油。

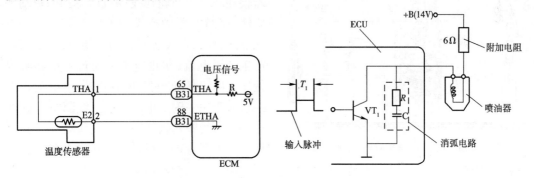

图 4-58　温度传感器工作电路　　　　图 4-59　喷油器的基本控制电路和原理图

三、微机控制点火系统

1. 传统点火系统及电子点火系统概述

早期汽车上均使用传统蓄电池点火系统来工作,随着电子技术的不断发展,目前汽车上的点火系统已被电子点火系统及微机控制点火系统所取代,但不管是传统点火系统还是电子点火系统,其点火的基本原理是相同的。首先简要介绍一下传统的蓄电池点火系统。

传统点火系统的组成如图 4-60 所示,它主要由蓄电池、点火开关、点火线圈和火花塞等组成。蓄电池供给点火系统所需要的电能;点火开关接通或断开点火系统电源;点火线圈存储点火能量,并将蓄电池电压转变为点火高压。分电器由断电器、配电器和点火提前机构等部分组成。断电器的作用是接通或切断点火线圈初级回路;配电器的作用是将点火线圈产生的点火高压,按照发动机的工作顺序输送给各缸火花塞;点火提前机构的作用是随发动机转速、负荷和汽油辛烷值的变化调节点火提前角。火花塞将点火高压引入汽缸燃烧室,并在电极间产生电火花,点燃混合气。

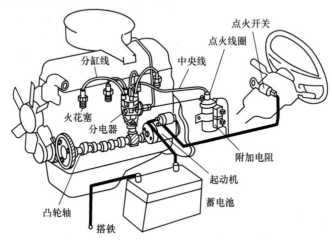

图4-60 传统点火系统的组成

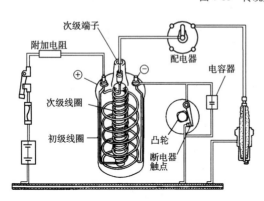

图4-61 传统点火系统的基本工作原理

传统点火系统的基本工作原理如图4-61所示。当点火开关接通、发动机运转时,分电器轴和断电器凸轮在发动机凸轮轴的驱动下旋转,使断电器触点交替地闭合和打开。在触点闭合时,点火线圈的初级绕组形成回路,产生初级电流,初级电流所流过的电路称为低压电路。低压电路的路径是:蓄电池正极→点火开关→附加电阻→点火线圈"+"接线柱→点火线圈初级绕组→点火线圈"-"接线柱→断电器触点→搭铁→蓄电池负极。初级电流在初级绕组中逐渐增大至某一值并建立较强的磁场。当触点打开时,初级电路被切断,初级电流及磁场迅速消失,由电磁感应定律可知,在两个绕组中感应出电动势。由于初级电流迅速消失,在初级绕组 W_1 中,可感应出200~300V的自感电动势 U_1。由变压器原理可知:$U_2/U_1 = W_2/W_1$,次级电压 $U_2 = U_1 W_2/W_1$。由于次级绕组 W_2 的匝数多,因而在次级绕组内就感应出15~20kV的互感电动势 U_2,U_2 称为次级点火高压,通过高压线输送给火花塞。击穿火花塞的电极间隙产生火花,点燃混合气。从点火线圈到火花塞的电路称为高压电路。

与触点并联的电容器 C 的作用是减少触点烧蚀,延长触点寿命,并提高次级电压。由上述可知,点火系统初级电路导通时储存点火能力,断开时在次级电路中产生点火高压。

传统点火系统存在很多弊端,后期出现取代断电器的电子点火系统。该种点火系统使用点火模块取代传统点火系统的触点,使用信号发生器取代凸轮。其基本工作原理如图

4-62所示。发动机工作时,信号发生器产生高低变化的电压信号。正或高电压信号可使晶体管导通,负或低电压信号可使晶体管截止。晶体管导通时,接通初级电路,产生初级电流,晶体管截止时,切断初级电路,使次级产生高压。

2. 点火系统的控制内容

1) 点火提前角

点火提前角是指从火花塞跳火开始到活塞行至上止点为止这段时间曲轴转过的角度。能使发动机发出最大功率、油耗最低的点火提前角称为最佳点火提前角。图4-63所示为点火提前原理。

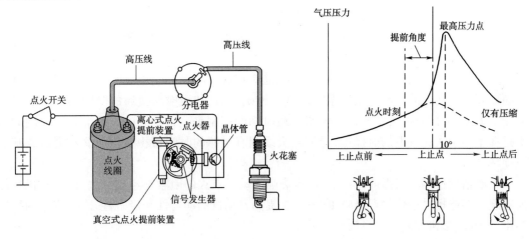

图4-62 电子点火系统的基本工作原理　　　图4-63 点火提前原理

点火提前角会随着发动机的负荷、转速、冷却液温度、进气温度、燃油标号等变化而变化。对点火提前角影响最大的因素是发动机转速、负荷和燃油标号。

当节气门开度(发动机的负荷)不变时,发动机每个工作循环进入汽缸的混合气量是基本相同的,从点火开始到燃烧产生最大压力所需的时间也基本相同,在这段相同的时间内,发动机转速高时,活塞走过的距离长,相应的曲轴转角也大,对应点火提前角就大;反之,发动机转速低时,活塞走过的距离短,相应的曲轴转角小,对应点火提前角就小。这表明,随着发动机转速的提高,最佳的点火提前角应加大,由于高速时发动机汽缸内的混合气的压力、温度有所提高,进气扰流增强,使燃烧的速度有所加快,所以高速时随发动机的转速增加,点火提前角增加的幅度减小,如图4-64所示。

当发动机的转速一定时,节气门的开度(发动机负荷)增大,进入汽缸的混合气量增多,混合气的质量提高,燃烧的速度加快,点火提前角应相应减小,如图4-65所示。

发动机在起动或怠速时,虽然混合气的燃烧速度较慢,但发动机的转速很低,燃烧所对应的曲轴转角很小,如果点火提前角过大,有可能造成起动时发动机反转,而使起动困难,因此要求起动或怠速时的点火提前角较小或不提前。

发动机使用的汽油标号不同,所要求的点火提前角也不相同。我国现行的汽油标号是用汽油的辛烷值来标定的,而汽油的辛烷值是衡量汽油抗爆性的指标,辛烷值越高,表示汽油的抗爆性越好,使用中越不容易发生爆震。一般汽油的标号越高,所允许的点火提前角越大。

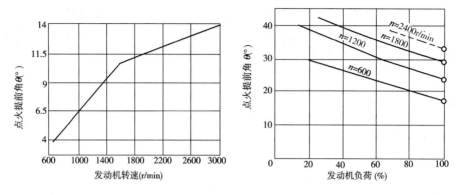

图 4-64 点火提前角随发动机转速的变化的关系　　图 4-65 点火提前角随发动机负荷变化的关系

2)闭合角控制(点火能量控制)

点火系统应有足够高的击穿电压,同时也应有足够的点火能量。闭合角是指初级电路导通期间曲轴转过的角度。点火系统部件结构确定后,初级电路接通的时间长短决定了点火能量大小,为此对点火系统初级电路接通时间的控制是非常重要的。通电时间控制的原则是在不影响火花放电的前提下,保证点火线圈有足够的时间蓄积能量而又不会造成其过热损坏。

为能精确控制点火提前角,应将所有影响发动机点火的因素都考虑进去,使发动机在任何工况下都能提供最佳的点火时刻,进一步提高发动机的动力性和经济性,降低汽车的排气污染。为此,微机控制点火系统应运而生。

3. 微机控制点火系统的组成

微机控制点火系统主要包括:监测发动机运行状态的传感器、处理信号和发出指令的ECU(微机)、响应指令的点火器以及点火线圈等,如图4-66所示。

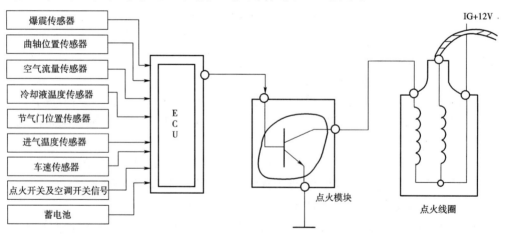

图 4-66 微机控制点火系统的组成

1)传感器

点火系统中大部分传感器在电子燃油控制系统中已经介绍,此处只介绍爆震传感器及其他开关输入信号。

(1)爆震传感器用来检测发动机是否发生爆震,如果发动机发生爆震,微机将自动减小点火提前角,若检测到无爆震,将自动增加点火提前角,使发动机处于爆震边缘。常见的爆震传感器有磁致伸缩式和压电式两种。

磁致伸缩式爆震传感器的外形与结构如图4-67所示,其内部有永久磁铁、靠永久磁铁励磁的强磁性铁芯及铁芯周围的线圈,分解后的结构如图4-68所示。当发动机发生爆震时,汽缸体便会出现振动,在振动频率为7kHz时,便会出现共振,强磁性铁芯的磁导率发生变化,引起永久磁铁穿过铁芯的磁通变化,铁芯周围的线圈就会产生感应电动势,此电动势即为爆震信号。

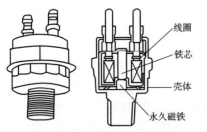

图 4-67 磁致伸缩式爆震传感器

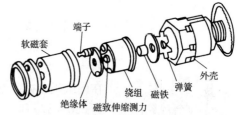

图 4-68 磁致伸缩式爆震传感器的分解图

压电式爆震传感器的结构如图4-69所示,传感器里用陶瓷多晶体的压电效应或掺杂硅的压电电阻效应产生爆震信号。传感器的外壳内装有压电元件、配重块及导线等。当发动机发生爆震,汽缸体产生的振动传递到传感器的外壳上时,外壳与配重块之间产生相对运动,夹在这两者之间的压电元件的挤压力发生变化,这样压电元件由于压力的变化而产生电压,控制组件仅能检测到频率为7kHz左右振动压电元件所产生的电压,并根据电压的大小判断爆震的强度。这种传感器的输出特性如图4-70所示。

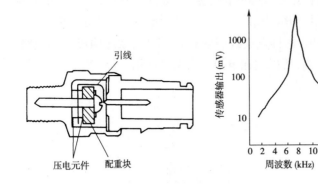

图 4-69 压电式爆震传感器的结构

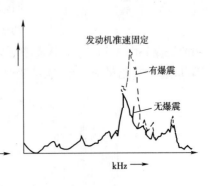

图 4-70 压电式爆震传感器的输出特性

(2)各种开关输入信号。

①起动开关信号:在起动机接通时,通知微机发动机处于起动状态,并以此控制起动时的点火提前角。

②空调开关信号:发动机在怠速工况下使用空调时,微机在提高发动机转速的同时,也对点火提前角进行修正。

③空挡开关信号:在配置自动变速器的车辆上,此信号可以使微机获得变速器位于空挡的信息,对点火提前角进行必要的修正。

2）电子控制单元（ECU）及点火器

电子控制单元与燃油系统共用，此处不再重复。点火器又称点火模块，是微机点火控制系统的功率输出级，它按电子控制器输出的指令工作，并对点火信号进行放大，驱动点火线圈工作。各种发动机点火器的内部结构也不一样，个别的点火模块只有大功率晶体管，单纯起开关作用。而更多的点火模块还有电流控制、闭合角控制、判别缸位、点火监视等功能。还有一些发动机不单设点火器，将大功率晶体管组合在发动机控制电脑中，由电脑直接控制点火线圈中初级电流的通断。

3）点火线圈

点火线圈的作用是将蓄电池的低压电升高至点火所需的高压电。按磁路和结构的不同，可分为开磁路点火线圈和闭磁路点火线圈。

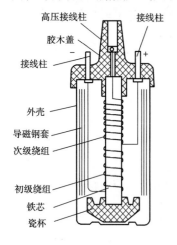

图 4-71 开磁路点火线圈的结构

（1）开磁路点火线圈。开磁路点火线圈的结构如图 4-71 所示，点火线圈的中心部分是一个软铁芯，由硅钢片叠成，包在硬纸板套内。次级绕组为 11000～26000 匝，初级绕组数为 230～370 匝。点火线圈的上部是胶木盖，中央突出的部分是高压线插口，高压线插口两侧的接线柱是低压接线柱。

当点火线圈的初级绕组通过电流时，铁芯磁化后所产生磁场的磁路如图 4-72 所示，从图中可以看出，闭合的磁力线的上部和下部都是从空气中通过的，铁芯未形成闭合的磁路，因此，这种点火线圈称为开磁路点火线圈。由于漏磁导致其点火能量较低。

（2）闭磁路点火线圈。闭磁路点火线圈的结构如图 4-73 所示，这种点火线圈的铁芯加工成"日"字形，铁芯的中间绕初级绕组，初级绕组的外面绕次级绕组。采用闭磁路点火线圈的磁路如图 4-74 所示，从图中可以看出，这种点火线圈的磁力线可由铁芯构成闭合磁路，因其漏磁少，能量损失小，能量变换效率高，所以它在电控点火系统使用广泛。

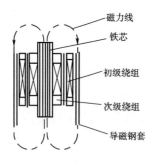

图 4-72 开磁路点火线圈的磁路

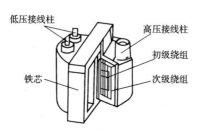

图 4-73 闭磁路点火线圈

4）高压线和火花塞

（1）高压线。它用来将点火线圈的高压电送至火花塞。大多数高压线为电阻型，以抑制点火系统所产生的无线电干扰。电阻型高压线的中心部分是注入石墨的细金属丝网线芯，线芯周围是绝缘层及外皮，如图 4-75 所示。目前采用单独点火方式的点火系统已取消高压线。

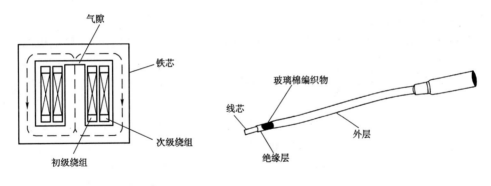

图 4-74　闭磁路点火线圈的磁路　　　　图 4-75　高压线

（2）火花塞。火花塞的作用是将点火线圈产生的高压电引入发动机的燃烧室内，通过本身的间隙产生火花放电，点燃混合气。

①火花塞的工作条件和对火花塞的要求。火花塞的工作条件极为恶劣，它受到汽缸内高温、高压气体的作用，同时还受到燃烧产物强烈的腐蚀作用，因此这对火花塞提出了较高的要求，具体如下：

a. 火花塞应能承受冲击性高压电的作用，其绝缘体应在 30kV 高压的作用下保证良好的绝缘性能；

b. 发动机汽缸内燃烧气体的温度（1500～2000℃）与进入汽缸的新鲜混合气的温度（50～60℃）相差很大，火花塞要能承受这种温度的剧烈变化，并保持一定的温度，不得产生局部过热或过冷；

c. 火花塞要能承受住混合气燃烧所产生的巨大的冲击力（5.88～6.86MPa），因此火花塞要有足够的机械强度；

d. 火花塞在工作中要受到燃烧产物中多种活性气体的腐蚀作用，因此要求火花塞的电极采用难熔、耐蚀的材料制成。

②火花塞的结构。火花塞的结构如图 4-76 所示，火花塞的放电部分是中心电极和侧电极，两者之间用高氧化铝陶瓷绝缘体隔开。绝缘体内部的中心导电部分分为三段：最下面一段为中心电极；中间是膨胀系数与陶瓷绝缘体相差不大的导电玻璃，确保火花塞在各种温度下的密封性；最上面是金属杆，金属杆的上部制有螺纹，接线螺母拧在其上，高压导线接在接线螺母上。绝缘体的外面是钢制壳体，壳体与陶瓷绝缘体之间有两个铜制的内垫圈，起密封和导热作用。壳体的上部加工有供拆装火花塞用的六方，壳体的下部制有螺纹，拧入汽缸盖上相应的火花塞座孔，壳体的下端固定有侧电极。

③影响火花塞跳火性能的因素。

a. 火花塞电极形状的影响。火花塞电极的形状对放电性能有很大影响，一般电极有比较尖锐的棱角，比较容易放电，如果电极是球面的形状，则放电最困难，图 4-77 反映了不同形状的电

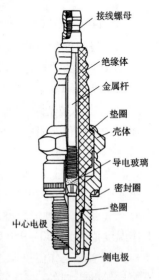

图 4-76　火花塞的结构

极与放电难易程度的关系。

为提高火花塞的放电性能,有些火花塞特意在电极上做出一些棱角,如侧电极的断面做成 U 形、中心电极上开十字口、将中心电极做细等。随着使用时间的增加,电极的棱角部分会慢慢烧蚀变圆,放电性能变差。

b. 火花塞电极间隙的影响。一般火花塞的电极间隙越大,所需要的放电电压越高。电控点火系统火花塞的间隙一般为 0.9~1.1mm。火花塞跳火间隙与所需电压的关系如图 4-78 所示。

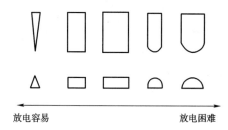

图 4-77 电极形状与放电性能的关系

c. 汽缸压缩压力的影响。汽缸的压缩压力越大,火花塞放电就越困难,所需的电压也就越高。在发动机全负荷、车辆低速运行以及混合气温度低时,都会使点火电压上升,造成点火困难。汽缸压缩压力与所需电压的关系如图 4-79 所示。

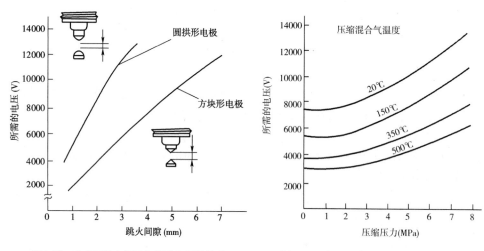

图 4-78 火花塞跳火间隙与所需电压的关系　　图 4-79 汽缸压缩压力与所需电压的关系

d. 电极温度的影响。火花塞的电极温度越高,所需的电压越低,如图 4-80 所示。

④ 火花塞的热特性。要使火花塞工作良好,必须使火花塞保持在适当的温度范围以内,此适当温度范围的下限称为火花塞的自洁温度(450~550℃),如果火花塞在工作中低于此温度,燃油不完全燃烧所产生的积炭就会沉积在火花塞的陶瓷绝缘体表面,导致火花塞漏电,积炭严重时,将造成火花塞不能点火。温度范围的上限称为早燃温度,大约为 950℃,如果火花塞中心电极的温度超过此温度,火花塞不跳火就能将混合气点燃,这种情况称为早燃。因此火花塞的正常工作温度范围为 450~950℃。

火花塞的工作温度除了受到发动机的功率、转速、压缩比等的影响外,本身的结构也是重要的影响因素。

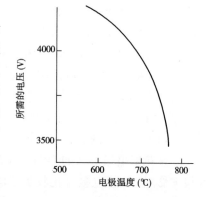

图 4-80 火花塞电极温度与所需电压的关系

火花塞在工作中受到燃烧气体的加热,同时也从各种途径散热,受热与散热达到平衡时,火花塞即保持一定的温度。火花塞各处的温度及散热途径如图 4-81 所示。

就火花塞本身的结构来说,主要是陶瓷绝缘体暴露在燃烧室内的部分影响火花塞的工作温度,通常将这部分称为火花塞的裙部。在相同的工作条件下,裙部长的火花塞,受热面积大,传热的路径长,散热困难,因此工作温度高,这样的火花塞称为热型火花塞。反之,裙部短的火花塞,受热面积小,传热路径短,散热容易,因而工作温度低,这样的火花塞称为冷型火花塞,如图 4-82 所示。

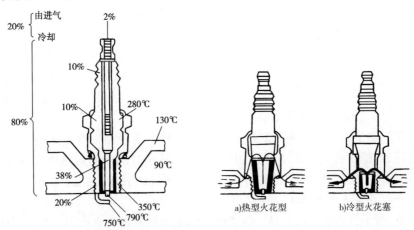

图 4-81 火花塞各处的温度及散热途径　　图 4-82 热特性不同的火花塞

目前世界各国对火花塞热特性的表示方法不完全相同,但比较通行的做法是用热值表示。所谓热值是指火花塞散掉所吸热量的程度。通常用阿拉伯数字表示热值的高低,一般数值越大,表示火花塞越冷。我国以火花塞绝缘体裙部的长度来标定火花塞的热特性,用热值 3～9 来表示,见表 4-2。

火花塞裙部长度与热值　　　　　　　　　　表 4-2

裙部长度(mm)	15.5	13.5	11.5	9.5	7.5	5.5	3.5
热值	3	4	5	6	7	8	9
特性	热 ←――――――――――――――――――――→ 冷						

对于高速、大功率、高压缩比的发动机,汽缸内的工作温度高,应采用冷型火花塞;对低速、小功率、低压缩比的发动机,汽缸内的工作温度低,应选用热型火花塞。介于两者之间的发动机,应采用热值中等的火花塞。对于具体型号的发动机,制造厂已为其匹配相应热值的火花塞,在使用中如果要更换火花塞,应选用厂家规定型号的火花塞,保证热值匹配。

⑤火花塞的类型。除上述普通火花塞外,现在汽车上更多地使用其他类型的火花塞,如图 4-83 所示。

a. 白金尖型火花塞。白金尖型火花塞的结构基本与前述的火花塞相同,只是中心电极和侧电极都覆盖一层很薄的白金薄膜,白金薄膜非常耐蚀,大大延长了火花塞的使用寿命(从普通火花塞的 10000km 延长到 100000km)。另外为了改善火花塞的放电性能,这种火花塞中心电极的直径减小,电极间隙增大,在使用过程中也不必调整火花塞间隙。

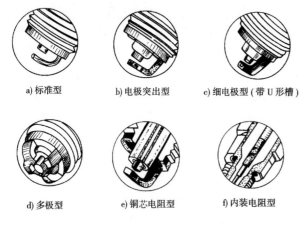

图4-83 不同类型的火花塞

b. 多级火花塞。多级火花塞的侧电极一般为两个以上,其优点是点火可靠,电极间隙不需经常调整。

c. 突出型火花塞。突出型火花塞的绝缘体裙部较长,突出于壳体断面之外,具有吸收热量大,抗污能力好的优点,能直接受到进气的冷却,不易产生炽热点火,热适应范围宽,是应用范围最广的火花塞之一。

d. 细电极型火花塞。细电极型火花塞电极很细,特点是火花强烈,点火能力好,在寒冷条件下也能保证发动机迅速可靠起动,热范围较宽,能满足多种用途。

e. 铜芯宽热值型火花塞。铜芯宽热值型火花塞被高速发动机普遍采用,其内部的电极导热性能良好,热值较普通火花塞提高10%~40%,高速时能限制炽热点火,而火花塞裙部的加长,使热值的下限拓宽,同时也提高了电极耐油污、抗烧蚀的能力。

4. 微机控制点火系统基本工作原理

如图4-84所示,由点火开关AM_2端子提供的电源同时进入点火器的"+B"接线柱和点火线圈的"+"端子,向点火器和点火线圈的初级线圈通电,该电流从点火线圈的"-"端子流出,由点火器的"C-"接线柱流入点火器搭铁,从而形成初级电流。而后ECU根据凸轮轴位置信号(Ne)和曲轴位置信号(G_1、G_2)、进气歧管真空度(或进气流量)信号以及起动开关信号等计算最佳点火提前角,通过"IGT"端向点火器输出点火正时信号,控制点火器"C-"搭铁切断的时刻,与此同时,在点火线圈的次级线圈产生很高的感应电动势,经分电器送至工作汽缸的火花塞,点火能量被瞬间释放,并迅速点燃汽缸内的混合气,发动机完成做功过程。点火器的"IGF"向ECU反馈点火确认信号,当ECU接收不到该信号时,便切断燃油喷射,使发动机熄火。

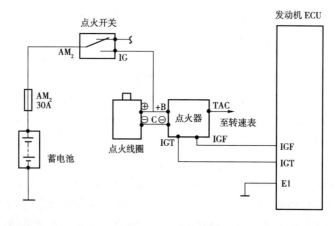

图4-84 点火控制电路

5. 点火系统控制的基本内容

(1) 点火提前角的控制——ECU 根据汽油机的各种工况信号对点火时刻进行控制。首先根据发动机的转速和进气信号(负荷)从存储器的数据中找到相应的基本点火提前角,然后根据其他传感器信号值加以修正,得出实际的点火提前角。最佳点火提前角由三部分组成:初始点火提前角、基本点火提前角和修正点火提前角。

① 初始点火提前角由发动机的结构及曲轴位置传感器的安装位置决定,是未经电子控制器修正的点火提前角,通常为固定值,其大小因车型或发动机形式而异,此点火提前角一般用作发动机起动时的点火提前角。

② 基本点火提前角是由电子控制器根据发动机的转速和负荷所确定的点火提前角,是发动机运行过程中最主要的点火提前角。发动机在各种工况下的最佳基本提前角是通过大量的台架试验得出的,将试验数据优化后作出了如图 4-85 所示的点火提前角控制脉谱图(MAP),并将其存储在电子控制器的存储器中。发动机在运行过程中,电子控制器通过发动机转速和负荷传感器获得发动机的工况信息,根据发动机所处的工况,从存储的数据中得出最佳的点火提前角。

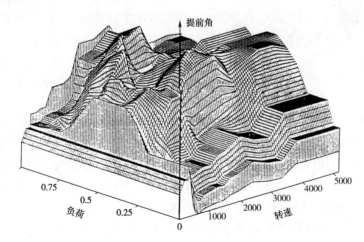

图 4-85　点火提前角控制脉谱图

③ 修正点火提前角主要包括以下几个方面:暖机修正、过热修正、空燃比反馈修正、怠速稳定性修正等。根据发动机的实际工作情况对点火提前角进行修正,保证发动机在最佳状态下工作。

(2) 闭合角的控制——控制初级电路的通电时间,保证点火能量。

(3) 爆震控制——当发生剧烈爆震时,发动机各部分温度上升,使输出功率下降,严重时还会引起活塞烧结、活塞环黏着、轴承破坏和气门烧蚀等。推迟点火可以减轻甚至避免爆震,爆震控制的目的就是根据爆震传感器的信号调整点火提前角,使汽油发动机工作在临界爆震状态。使用爆震传感器的控制方式对点火时刻进行检测、反馈并加以修正,因此也被称为闭环控制。其控制过程如图 4-86 所示。

6. 微机控制点火系统的配电方式

微机控制点火系统在初级电路的控制方面基本相同,在高压配电的方式上有以下多种形式。

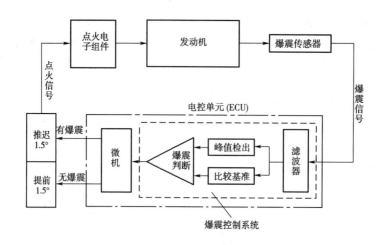

图 4-86 爆震控制过程图

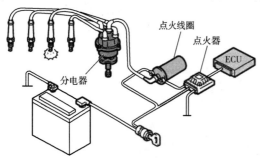

图 4-87 分电器配电的微机控制点火系统

1) 分电器配电的微机控制点火系统

如图 4-87 所示,此种微机电子点火系统具有点火正时准确、点火电压高、点火能量大等优点,基本满足了现代发动机对点火系统的要求,但在高压电的分配方面仍然存在着点火能量损失大、点火提前角不够精确、可靠性不够等缺点。

2) 无分电器的微机控制点火系统

无分电器的电子点火控制系统又称直接点火系统,它取消了分电器总成,直接将点火线圈次级绕组的两端与火花塞相连,把点火线圈产生的高压电直接送给火花塞进行点火,这样可以有效降低点火系统对无线电的干扰。点火系统为全电子电路,无机械零件,无机械故障。

无分电器的电子点火控制系统可分为单独点火配电方式、双缸同时点火配电方式及二极管配电点火方式三种类型。

(1) 单独点火配电方式 将点火线圈直接安装在火花塞的顶上,这样不仅取消了分电器,也同时取消了高压线,故分火性能好,但结构与点火控制电路复杂。图 4-88 所示为其电路图和结构图。

(2) 双缸同时点火配电方式(图 4-89)因两个火花塞共用一个点火线圈且同时点火,故这种方式只能用在缸数为双数的发动机上,与单独点火配电方式相比,其结构与点火控制电路相对简单,但保留了点火线圈与火花塞之间的高压线,能量损失略大。串联在高压回路的二极管,可以用来防止点火线圈在初级绕组导通瞬间所产生的次级电压(1000～2000V)加在火花塞上后发生的误点火而消耗点火能量。目前这种点火方式应用得较多。双缸同时点火要求共用一个点火线圈的两个汽缸工作相位差360°曲轴转角。点火时,同时点火的两个处于排气行程的汽缸由于缸内气体压力较小,且缸内混合气又处于后燃期,易产生火花,这样放电能量损失小,而大部分点火高压和点火能量被加在压缩行程的火花塞上,故处于压缩行程的火花塞跳火情况与单独点火的火花塞跳火情况基本相同。

（3）二极管配电点火方式的特点是 4 个汽缸共用一个点火线圈，该点火线圈为内装双初级绕组、双输出次级绕组的特制点火线圈，利用 4 个二极管的单向导电性交替完成对 1、4 缸和 2、3 缸的配电过程。这种点火配电方式与双缸同时点火配电方式相比有相同的特性，但对点火线圈要求较高。

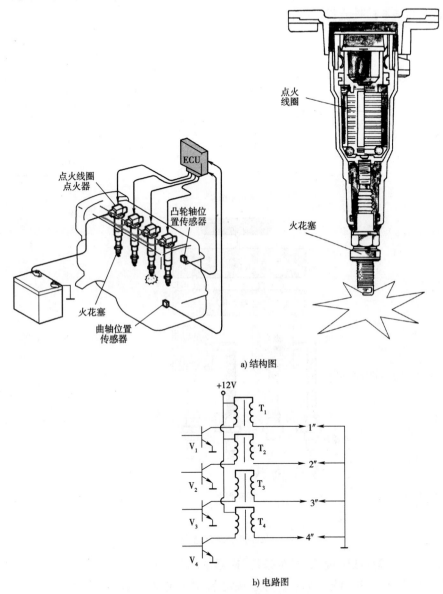

图 4-88　单独点火配电系统线路及结构

四、发动机管理系统故障诊断

发动机管理系统具有自诊断功能，ECU 可以不断监测电子控制系统各组成部分的工作情况，通过测试、比较、判断，发现系统故障，在电脑中存储相应的故障码并以故障警告灯等形式表现出来。新型的发动机管理系统还会对故障发生时的数据流进行存储,以帮助汽车维修技师对故障进行诊断。但也有一部分故障不存储故障码,发动机却表现出一定的故障症状。在进行故障诊断时,读取故障码只能了解故障的范围,并不能确定故障的具体部位,因此还需要使用万用表、试灯、示波器等检测工具进行故障点的确认。在进行故障诊断时,可以按照如下的基本检查流程进行:

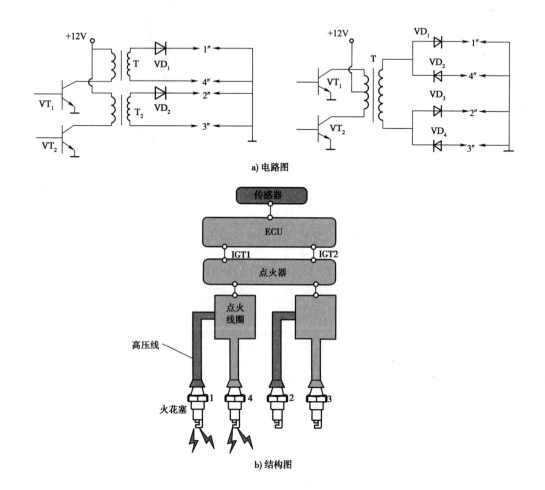

图4-89 双缸同时点火配电系统结构

(1)询问客户,确认故障现象、发生条件、检修情况等信息。

(2)直观检查插接件、导线、真空管等连接情况,确认电源、燃油量等。

(3)起动发动机,观察故障灯是否点亮,确认故障现象是否与客户描述吻合。

(4)连接故障诊断仪,读取故障码及相关的故障信息。

(5)结合故障码提供的故障范围,使用其他设备和仪器进一步查找故障点。若有故障码,检测相应范围,确定具体部位;若没有故障码,利用多种设备测试,分析可能的故障原因并最终确定故障部位。

(6)排除故障,清除故障码,对车辆进行复检,确认故障是否排除。

第四章 发动机电器

有关故障诊断仪的使用及故障码分析的相关知识将在电控发动机教材中详细分析,本书只结合丰田卡罗拉轿车对发动机管理系统的部件及相应电路故障检查和排除进行说明。其电路如图4-90所示,在读取故障码以后即需要对故障码对应的电路进行进一步检查,以确认故障是出在部件、电路还是电脑。

1. 传感器及其控制电路

1) 质量空气流量计

当质量空气流量计及其电路出现故障时,故障警告灯会点亮,使用故障诊断仪读取故障码时会输出"P0100"。查阅维修手册得知该故障含义为:质量空气流量计电路断路或短路;质量空气流量计故障、ECM故障。由故障含义可以看出需要进一步判断故障到底出现在质量空气流量计、ECM,还是质量空气流量计和ECM之间的电路。质量空气流量计的工作电路如图4-91a)所示。

如图4-91b)所示为质量空气流量计插接器的端子图,读取到故障码以后,首先断开质量空气流量计的插接器,打开点火开关,使用万用表测量端子3与车身搭铁之间的电压,正常

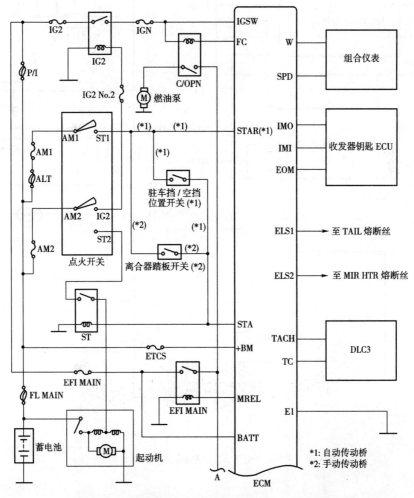

图4-90 卡罗拉车型发动机管理系统电路及电脑端子图(1)

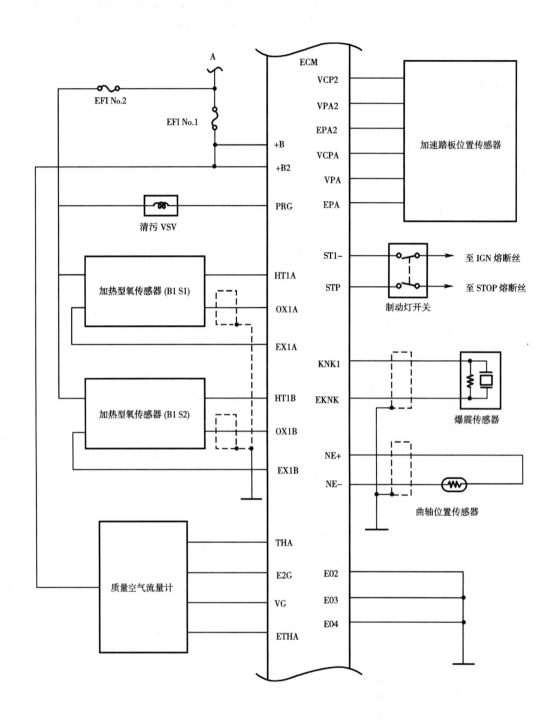

图 4-90　卡罗拉车型发动机管理系统电路及电脑端子图(2)

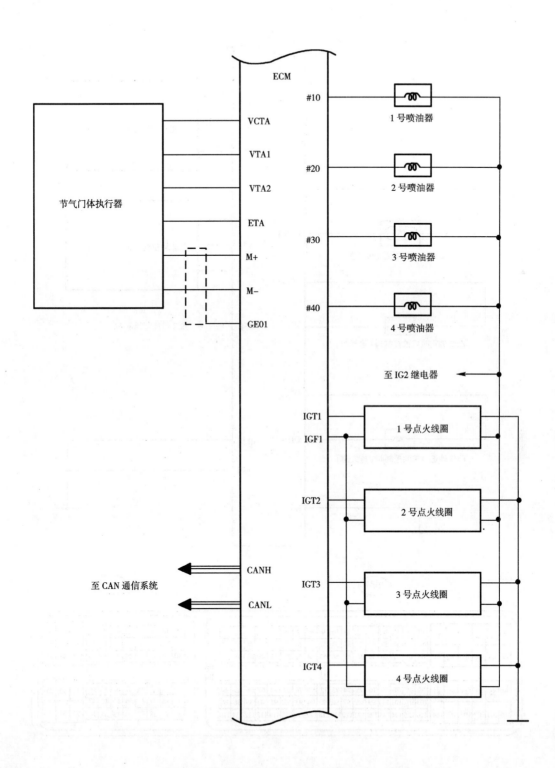

图4-90 卡罗拉车型发动机管理系统电路及电脑端子图(3)

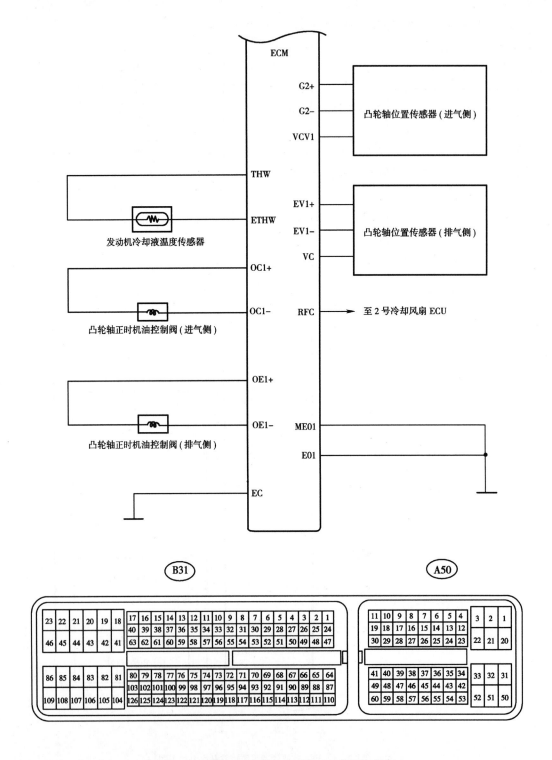

图 4-90 卡罗拉车型发动机管理系统电路及电脑端子图(4)

情况下应为12V左右。若无电压,说明电源电路出现故障,此时应继续检查电路中的"EFI-NO.1"熔断丝及熔断丝之前的继电器电路;若有电压,说明电源及搭铁电路正常,接下来需要检查质量空气流量计,可以使用测试线对质量空气流量计进行通电测试,图4-91c)所示为质量空气流量计端子图。使用测试线(图4-92)连接质量空气流量计,将端子3连接至蓄电池"+"极,端子4连接至蓄电池"-",然后使用万用表测量端子5和端子4之间的电压,此时电压输出应为0.2~4.9V,若输出电压正常,说明质量空气流量计正常,此时应继续检查质量空气流量计端子5至电脑插接器B31-118和端子4至电脑插接器B31-116之间的导通情况,若导线导通也正常,说明电脑出现故障,应更换电脑。若质量空气流量计或导线故障应更换质量空气流量计或维修导线。

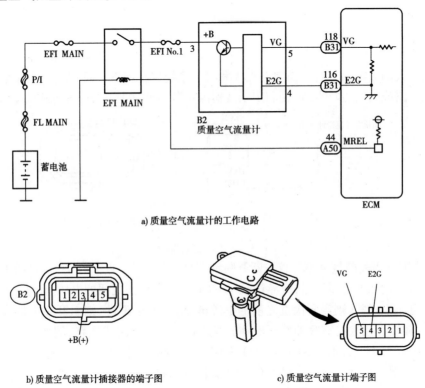

图4-91 质量空气流量计电路及插接器端子图

2)空气温度传感器及冷却液温度传感器

若故障码显示为空气温度传感器或冷却液温度传感器故障时,一般可以按照如下程序进行诊断。首先结合电路图(图4-58)可知,需要对传感器及传感器至电脑之间的电路进行检测。首先断开进气温度传感器插接器(与空气流量计一体),使用导线短接插接器的端子1、2,如图4-93所示,此时使用故障诊断仪读取进气温度时应显示140℃,若显示为-40℃,则说明传感器至电脑之间的电路出现断路,此时应进一步检查断路发生的位置并修复线路;断开短接线,使用故障诊断仪读取进气温度,应显示-40℃,若显示140℃,说明传感器至电脑之间的电路出现线间短路,此时应进一步检查短路发生的位置并修复线路。此外,也可以在温度变化的情况下对传感器进行测量,以判断传感器的好坏。冷却液温度传感器检查流程与空气温度传感器相同。

2. 执行器及其控制电路

与执行器相关的故障大多都会设置相应的故障码，但也有一些车型对部分执行器不设置与执行器直接相关的故障码。比如卡罗拉车型，若喷油器控制电路出现故障时，不会输出喷油器故障码，如果个别汽缸喷油器不工作，经过一段时间运行后会输出某缸缺火的故障码。此时需要结合维修资料进行故障检查。此处通过几个具体的实例来说明故障排查的基本方法。

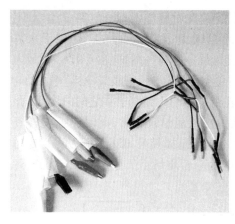

图4-92 专用测试线（T型线）

1) 喷油器故障

如图4-94所示为卡罗拉车型喷油器工作电路。在读取到缺火的故障码后首先需要对点火和喷油系统进行检查。可以使用万用表逐段测量电路中的断路或短路，也可以首先利用示波器测量各喷油器的工作波形来判断是否正常。

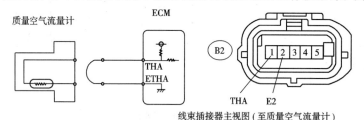

图4-93 进气温度传感器端子

（1）使用万用表测量电路。首先断开喷油器插接器，打开点火开关，测量喷油器电源电压是否正常。例如1号喷油器，应测量端子B9-1与车身搭铁之间的电压，标准电压应在12V左右。若电压不正常，则需要检查之前的电源电路；若电压正常，则断开喷油器插接器和电脑插接器，使用万用表检查喷油器至电脑的线路是否出现断路或短路，例如1号喷油器，B9-2至B31-108之间应导通（电阻小于1Ω），B9-2至车身搭铁之间应绝缘（电阻大于10kΩ），若绝缘良好，说明无短路且电脑内部晶体管状态良好。接下来可以检查喷油器电阻是否符合要求。喷油器及电脑端子如图4-95所示。

（2）使用示波器进行检测。可以利用T型线和示波器对喷油器控制信号进行测量，测量时使用T型线连接好喷油器及喷油器的插接器。调整好周期和幅值，测量时示波器的正表笔接喷油器端子2，负表笔接搭铁，其标准波形如图4-96所示。若波形不符合标准，便可以进一步判断故障位置。

2) 点火系统电路故障检查

如图4-97所示，若某缸点火电路出现故障，则该缸不能点火，电脑无法收到IGF（点火确认）信号，此时会在电脑中存储相应的故障码。若4个缸同时出现故障码，发动机无法起动，此时按照图4-90电路查找4个缸共用的电源及搭铁线路。如果只是出现其中的某个缸的点火故障码，可以按照如下程序进行故障查找。

第四章 发动机电器

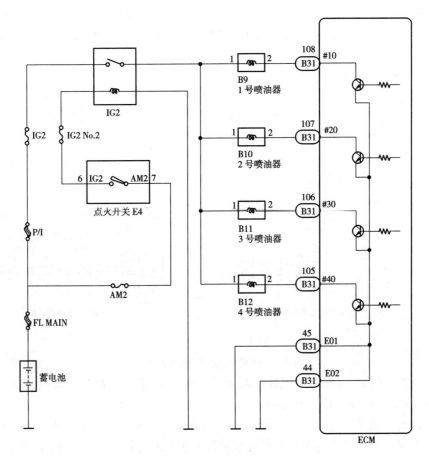

图 4-94 喷油器工作电路

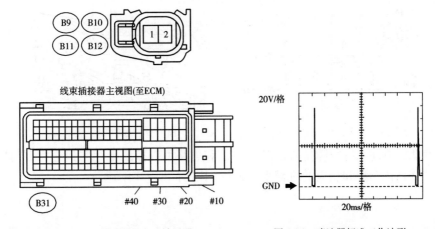

图 4-95 喷油器及电脑端子图　　图 4-96 喷油器标准工作波形

假设故障码为 P0351，即一缸点火线圈初级或次级电路出现故障。首先可以将一缸点火线圈总成与二缸点火线圈总成进行调换，然后使用故障诊断仪再次读取故障码。如果此时显示为 P0352，则说明是一缸点火线圈出现故障，需进行更换。如果此时显示故障码仍为 P0351，则说明从插接器至 ECM 之间的线路或 ECM 内部出现故障，此时需要进一步进行检查线路。断开一缸点火线圈插接器,按照图4-97b)所示的插接器端子图测量点火线圈至电脑之间的4条线路是否断路和短路,进而可以判断出故障位置。也可以借助T型线和示波器检测IGT和IGF信号波形来判断该电路是否出现故障。点火信号IGT和点火确认信号IGF标准波形如图4-98所示。

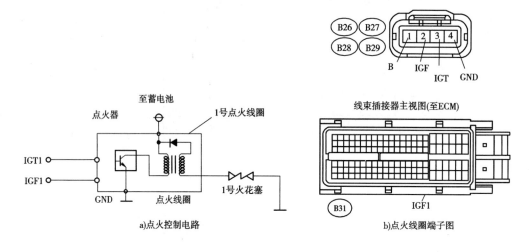

图4-97 点火控制电路及点火线圈端子图

还有一种情况就是火花塞出现故障而导致无法点火,此时电脑不会设置点火系统故障码,但当发动机达到一定的运行时间后会设置缺火故障。判断某缸是否点火时可以采用试火的方法进行,按照图4-99所示进行操作。具体的操作步骤是首先断开4个缸的喷油器插接器,拆下需要试火的点火线圈并将火花塞安装在点火线圈上,将火花塞侧电极搭铁。起动发动机不要超过2s,观察火花塞跳火情况。

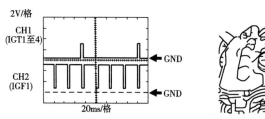

图4-98 IGT和IGF信号标准波形

图4-99 火花塞跳火测试

有关发动机管理系统故障排查的基本方法和思路可以按照上述实例进行,具体的操作方法还要结合具体车型和相应的维修手册进行,本书不再过多阐述。

实训

实训一 起动机系统检测

一、实训目标

1. 能够从实车上拆下并安装起动机;

2. 能够对起动机进行解体检查和不解体检查；
3. 能够连接和检查起动机控制电路。

二、实训组织
全班分为4组,2组在实车工位,2组在起动机工位。每个工位的任务完成后进行互换。

三、实训设备、工具
整车2辆,起动机4个,连接导线若干,万用表、蓄电池、常用工具4套。

四、实训内容
第一工位：
首先查阅维修资料,在教师指导下将起动机从汽车上拆下。然后按照维修手册或教材的指导,对起动机进行通电测试,判断起动机工作情况是否正常。记录工作情况后重新将起动机安装复位。

第二工位：
首先连接起动机电路对起动机进行通电测试,测试完成后对起动机进行解体,认识并检测起动机各个部件。检查完成后重新装复起动机,再次进行通电测试,判断起动机是否能够正常运转。

五、结果分析,填写实验报告

实训二　减速起动机解体及不解体检测（操作过程可参照实训一）

实训三　发动机管理系统认识及其部件测量

一、实训目标
能够在汽车或发动机台架上指出传感器、执行器和控制电脑,并说明其名称和作用。

二、实训组织
全班分为4组,2组使用一种车型(大众、丰田或通用)。一种车型完成后互换工位。

三、实训设备、工具
整车4辆(或发动机台架),万用表、测试线。

四、实训内容
教师结合实训报告内容和具体的车型,带领学生找到各传感器和执行器,要求学生查阅教材或手册说明各个传感器的名称和作用,并对能够使用万用表进行检测的部件进行检查。一种车型完成后2个大组互换工位。

五、结果分析,填写实验报告

实训四　发动机燃油系统检测

一、实训目标
能够在汽车上对燃油喷射系统进行相应的线路及部件检测。

二、实训组织
全班分为4组,2组使用一种车型(大众、丰田或通用)。一种车型完成后互换工位。

三、实验设备、工具

整车4辆(或发动机台架),故障诊断仪、万用表、测试线、示波器等。

四、实训内容

1. 喷油器检查;
2. 燃油泵继电器、燃油泵检查;
3. 故障码和数据流读取;
4. 喷油脉宽、波形检测。

五、结果分析,填写实验报告

实训五　发动机点火系统检测

一、实训目标

能够对不同形式点火系统的部件及线路进行检测。

二、实训组织

全班分为4组,2组使用一种车型(大众、丰田或通用)。一种车型完成后互换工位。

三、实验设备、工具

整车4辆(或发动机台架),故障诊断仪、万用表、测试线、示波器等。

四、实训内容

1. 火花塞拆装、检查(状况及间隙);
2. IGT及IGF信号波形读取;
3. 点火模块检查;
4. 点火线圈检查;
5. 点火相关的波形和数据流读取。

五、结果分析,填写实验报告

实训六　发动机管理系统故障诊断

一、实训目标

能够诊断并排除发动机管理系统中有故障码的故障。

二、实训组织

全班分为4组,2组使用一种车型(大众、丰田或通用)。一种车型完成后互换工位。

三、实验设备、工具

整车4辆(或发动机台架),故障诊断仪、万用表、测试线、示波器、维修资料等。

四、实训内容

教师提前设置相应的故障,要求学生按照维修手册的规定步骤进行故障排除,并写出诊断思路和诊断流程。

五、结果分析,填写实验报告

第四章　发动机电器

复习思考题

一、选择题

1. 下列不属于起动机控制装置作用的是（　　）。
   A. 使活动铁芯移动，带动拨叉使驱动齿轮和飞轮啮合或脱离
   B. 使活动铁芯移动，带动接触盘使起动机的两个主接线柱接触或分开
   C. 产生电磁力，使起动机旋转

2. 起动过程中驱动轮的啮合位置由电磁开关中的（　　）线圈的吸力保持。
   A. 保持　　　　B. 吸引　　　　C. 初级　　　　D. 次级

3. 起动机空转的原因之一是（　　）。
   A. 蓄电池亏电　　　B. 单向离合器打滑　　　C. 电刷过短

4. 下列不会引起起动机运转无力的是（　　）。
   A. 吸引线圈断路　　　　　　B. 蓄电池亏电
   C. 换向器脏污　　　　　　　D. 电磁开关中接触片烧蚀、变形

5. 在起动机的解体检测过程中，（　　）是电枢的不正常现象。
   A. 换向器片和电枢轴之间绝缘　　B. 换向器片和电枢铁芯之间绝缘
   C. 各换向器片之间绝缘

6. 在判断起动机不能运转的过程中，在车上短接电磁开关端子30和端子C时，起动机不运转，说明故障在（　　）。
   A. 起动机的控制系统中　　　B. 起动机本身　　　C. 不能进行区分

7. 在（　　）起动机中，采用直推的方式使驱动齿轮伸出和飞轮齿圈啮合。
   A. 常规起动机　　　B. 平行轴式减速起动机　　　C. 行星齿轮式减速起动机

8. 减速起动机和常规起动机的主要区别在于（　　）不同。
   A. 直流电动机　　　B. 控制装置　　　C. 传动机构

9. 在行星齿轮式减速起动机中，行星齿轮（　　）。
   A. 只是围绕各自的中心轴线转动
   B. 沿着内齿圈公转
   C. 边自转边公转

10. 对喷油量起决定性作用的是（　　）。
    A. 空气流量计　　　B. 冷却液温度传感器　　　C. 节气门位置传感器

11. 电控燃油喷射系统中发动机ECU通过控制（　　）来控制喷油量。
    A. 喷油压力　　　B. 空燃比　　　C. 喷油时间

12. 磁感应曲轴位置传感器的输出信号电压会随着发动机转速的提高（　　）。
    A. 增加　　　　B. 减小　　　　C. 不变

13. 电流一定时，霍尔电压的大小与磁通密度（　　），与磁通的变化率（　　）。
    A. 成正比　成正比　　　B. 成正比　成反比　　　C. 成正比　无关

14. 进气温度传感器中常使用（　　）来检测温度。

A. 正温度系数热敏电阻　　　　B. 负温度系数热敏电阻　　C. 桥式电路

15. 不管是何种形式的点火系统,只要控制点火线圈(　　)的通断,就会产生点火电压。

　　A. 初级绕组　　　　　　　B. 次级绕组　　　　　　　C. 磁场

16. 传统点火系统与电子点火系统最大的区别在于(　　)。

　　A. 点火提前角得到精确

　　B. 断电器触点被点火控制器取代

　　C. 点火线圈的改进

17. 电子点火系统与微机控制点火系统的主要区别在于对(　　)的控制更加精确。

　　A. 闭合角　　　　　　　　B. 点火能量　　　　　　　C. 点火提前角

18. 火花塞裙部越长,热值(　　),被称为热型火花塞。

　　A. 越大　　　　　　　　　B. 越小　　　　　　　　　C. 不变

19. 高速、大功率发动机应选用(　　)火花塞。

　　A. 热型　　　　　　　　　B. 中型　　　　　　　　　C. 冷型

20. 一般来说,点火提前角会随发动机转速的提高(　　),随发动机负荷的增加(　　)。

　　A. 增加　增加　　　　　　B. 增加　减小　　　　　　C. 减小　减小

21. 燃油喷射系统的闭环控制利用(　　)来提供反馈信号,点火系统的闭环控制利用(　　)来提供反馈信号。

　　A. 空气流量计,氧传感器

　　B. 氧传感器,节气门位置传感器

　　C. 氧传感器,爆震传感器

二、判断题(正确的画"√",错误的画"×")

1. 起动系统主要包括起动机和控制电路两个部分。　　　　　　　　　　　　(　　)
2. 常规起动机中吸引线圈、励磁绕组及电枢绕组串联连接。　　　　　　　　(　　)
3. 起动机中的传动装置只能单向传递转矩。　　　　　　　　　　　　　　　(　　)
4. 在起动机起动的过程中,吸引线圈和保持线圈中一直有电流通过。　　　　(　　)
5. 在永磁式起动机中,电枢是用永久磁铁制成的。　　　　　　　　　　　　(　　)
6. 平行轴式起动机的驱动齿轮需要用拨叉使之伸出和退回。　　　　　　　　(　　)
7. 起动机励磁线圈和起动机外壳之间是导通的。　　　　　　　　　　　　　(　　)
8. 用万用表检查电刷架时,两个正电刷架和外壳之间应该绝缘。　　　　　　(　　)
9. 减速起动机中的减速装置可以起到降速增扭的作用。　　　　　　　　　　(　　)
10. 减速起动机中直流电动机的检查方法和常规起动机完全不同。　　　　　(　　)
11. 发动机管理系统是由传感器、控制单元(ECU)和执行器及反馈信号四个部分组成的。　　　　　　　　　　　　　　　　　　　　　　　　　　　　　　　　　　(　　)
12. 空气流量传感器的作用是测量发动机的进气量,计算机根据空气流量传感器的信号确定基本喷油量。　　　　　　　　　　　　　　　　　　　　　　　　　　　(　　)
13. 微机控制点火系统必须使用分电器进行配电。　　　　　　　　　　　　(　　)
14. 最大点火提前角一般在35°~45°之间。　　　　　　　　　　　　　　　(　　)

15. 火花塞电极间隙越大,所需要的击穿电压越高。（   ）
16. 火花塞的裙部越短其本身工作温度越高。（   ）
17. 使用废气再循环系统的目的是为了减少发动机中氮氧化合物（NO_x）的生成。
（   ）
18. 可变配气正时系统即可以改变进排气门开启的时间,也可以改变进排气门的升程。
（   ）
19. 使用双氧传感器的目的是为了更好地控制空燃比。（   ）
20. 使用故障诊断仪就可以确定发动机管理系统的具体故障点,无需其他的设备。
（   ）

三、简答题

1. 观察图4-100所示的起动机结构,参照教材及实物完成以下问题：

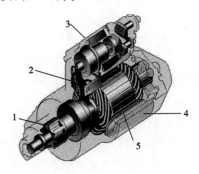

图4-100　题1图

（1）写出图中所示起动机中部件名称及作用：

部　件	部 件 名 称	部 件 作 用
1、2		
3		
4、5		

（2）直流串励式电动机中的"串励"是指_____和_____串联连接。
（3）永磁式起动机中使用永久磁铁代替上述起动机中的_____。
（4）结合电路图分析起动机中电磁开关的工作过程。

2. 减速起动机有哪几类？说明它们的主要区别。

3. 一辆使用常规起动机的汽车出现不能起动的故障,故障现象是将点火开关旋至"起动"挡位后,起动机发出"咔哒"的声音之后就不动了,请你结合起动系统所学的相关知识判断哪些原因可能导致此种故障？

4. 电子控制点火系统由哪几部分组成？各有什么功用？

5. 点火系统中IGF和IGT信号有何作用？

6. 简述发动机管理系统故障的诊断思路。

第五章 车身电器

学习目标

1. 能正确简述汽车灯系的组成和作用；
2. 能正确描述汽车前照灯的结构、基本要求及前照灯电路；
3. 能对照前照灯电路讲述工作过程；
4. 能描述其他照明信号灯的电路及基本工作原理；
5. 能正确简述普通仪表系统的组成、电路及工作原理；
6. 能正确简述普通仪表传感器的结构、工作原理；
7. 能正确简述各警告指示灯的含义、工作原理；
8. 能正确简述电喇叭的结构、原理；
9. 能正确简述风窗刮水器的组成、电路及工作原理；
10. 能正确简述风窗玻璃洗涤装置的组成、工作原理；
11. 能描述电动车窗、座椅、后视镜及天窗的组成及电路特点；
12. 能读懂典型车型电动天窗、座椅、后视镜及天窗的控制电路；
13. 能正确简述中控门锁系统的组成及基本原理；
14. 能正确简述汽车防盗系统的组成及基本原理；
15. 能正确描述汽车安全气囊系统的基本知识、基本组成及基本工作原理；
16. 能正确描述汽车安全气囊系统主要组成件的结构及工作原理；
17. 能正确描述汽车安全气囊系统的功能、电路和基本工作原理；
18. 能正确描述主动安全系统的功能和基本原理；
19. 掌握照明及灯光信号系统的检测及故障诊断；
20. 掌握普通仪表系统的检测及故障诊断；
21. 掌握电喇叭的故障诊断；
22. 掌握风窗刮水器的检测及故障诊断；
23. 能正确识别电动车窗、座椅、后视镜及天窗各部件的名称及安装位置；
24. 能分析诊断、检测和排除电动车窗、座椅、后视镜及天窗常见故障；
25. 能进行中控门锁系统部件的检修；
26. 掌握汽车安全气囊系统的故障诊断方法；
27. 掌握汽车安全气囊系统的正确处理使用；
28. 能利用电路图,掌握判断汽车安全气囊系统控制电路故障的方法。

第一节 灯 系

一、汽车灯系的组成

为了保证汽车行驶的安全性、减少交通事故和机械事故的发生,汽车上都装有多种照明设备和灯光信号装置,俗称灯系,它已成为汽车上不可缺少的一部分,各安装位置如图 5-1 所示。汽车灯系可分为车内照明和车外照明两部分。它主要包括:

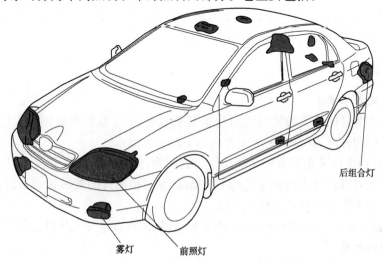

图 5-1 汽车灯系的组成

(1)前照灯:俗称大灯,装在汽车头部的两侧,用于夜间或光线昏暗路面上汽车行驶时的照明,有两灯制和四灯制之分。

(2)雾灯:安装在车头和车尾,位置比前照灯稍低;安装在车头的雾灯称为前雾灯,安装在车尾的雾灯称为后雾灯;交通法规规定,在高速公路行驶的车必须有后雾灯;光色为黄色或橙色(黄色光波较长,透雾性能好);用于在有雾、下雪、暴雨或尘埃等恶劣条件下改善道路照明情况。

(3)示宽灯与尾灯:这两种都是低强度灯,用于夜间给其他车辆指示车辆位置与宽度;位于前方的称为示宽灯,位于后方的称为尾灯。

(4)制动灯:安装在车辆尾部,通知后面车辆该车正在制动,以避免后面车辆与其后部碰撞。

(5)转向信号灯:安装在车辆两端以及前翼子板上,向前后左右车辆表明驾驶人正在转弯或改换车道;转向信号灯每分钟闪烁 60~120 次。

(6)危险警告灯:车辆紧急停车或驻车时,危险警告灯给前后左右车辆显示车辆位置;转向信号灯一起同时闪烁时,即作危险警告灯用。

(7)牌照灯:用于照亮尾部车牌,当尾灯点亮时,牌照灯也点亮。

(8)倒车灯:安装于车辆尾部,给驾驶人提供额外照明,使其能在夜间倒车时看清楚车的后面,也警告后面车辆,该车驾驶人想要倒车或正在倒车;当点火开关接通变速器换至倒车挡时,倒车灯点亮。

(9)目前,多将前照灯、前转向信号灯、示宽灯等组合起来,称为组合前灯;将尾灯、后转向信号灯、制动灯、倒车灯等组合起来称为组合后灯。

(10)仪表灯:用于夜间照亮仪表板,使驾驶人能迅速容易地看清楚仪表;尾灯点亮时,仪表灯也同时点亮;有些车还加装了灯光控制变阻器,使驾驶人能调整仪表灯的亮度。

(11)顶灯:用于车内乘客照明,但必须不致使驾驶人炫目;通常客车车内灯都位于驾驶室中部,使车内灯光分布均匀。

以上装置中的前照灯、示宽灯及尾灯、倒车灯、转向信号灯、牌照灯、制动灯等都是强制安装使用,其他灯光设备是在一定条件下强制安装或选装。由于前照灯在所有照明设备中具有特殊的光学性质,因此下面重点讨论前照灯。

二、前照灯

1. 前照灯的基本要求

由于汽车前照灯的照明效果对夜间行车安全影响很大,故世界各国多以法律的形式规定了前照灯的照明标准,其基本要求主要有如下两个方面:

(1)前照灯应能保证车前有明亮而又均匀的照明,使驾驶人能够看清楚车前100m内路面上的物体。随着现代汽车行驶速度的不断提高,这对前照灯的要求也越来越高,现代高速汽车前照灯的照明距离应达到200~250m。

(2)前照灯应防止炫目,以避免夜间两车相会时,使对方驾驶人炫目,而造成交通事故。

2. 前照灯的组成

前照灯由反射镜、防尘玻璃和灯泡(灯丝)三部分组成。

1)反射镜

反射镜的作用是最大限度地将灯泡发出的光线聚合成强光束,以增加照射距离。它一般呈抛物面状,内表面镀铬、铝或银,然后抛光,目前多采用真空镀铝。灯丝位于反射镜的焦点处,其大部分光线经反射后,成为平行光束射向远方,其距离可达150m或更远,如图5-2所示。

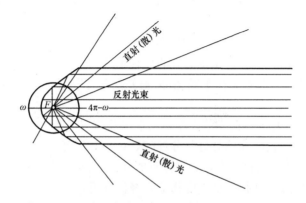

图5-2 反射镜聚光示意图

反射镜形式：

(1)抛物面式反射镜。这是传统形式的前照灯,已经应用了几十年。采用抛物面反射器,其灯丝位于抛物面反射镜焦点附近,配光采用折射配光方法控制,利用抛物面反射镜,产生了近似平行的光束,该光束经过由许多小透镜组合成的文饰折光面罩的扩散与偏折,达到具有一定光强分布的照明效果。

(2)多反射面的反射体。多曲面反射体由多个曲面构成,各个反射面可以定义为抛物面、双曲面、椭球抛物面、双曲抛物面、抛物柱等,任意组合这些曲面,形成理想的配光方案。各个反射面具有和配光镜同样的扩散能力,因此,配光镜做成平面,能防止由于配光镜倾斜而造成配光光形的扭曲变形。目前该反射体已经得到广泛应用,其优点是外形美观,可以较好地满足车形变化的要求,但是由于要满足标准的配光光形,使得多个曲面间会形成较明显的阶跃,影响了反射体镀膜时的均匀性,从而增大加工误差,配光光形较理论光形而言产生变化。

(3)自由曲面前照灯。这种灯完全依靠反射体的面形来保证配光效果,无需通过透镜扩散光束,无需遮光罩遮挡光线,便可形成需要的配光光型。反射器的曲面定义为:由法线矢量控制的 $M \cdot N$ 次曲面,此曲面由 CAD 系统用参数处理方法生成,其开发效率高,反射曲面比较光滑和过渡性好。由于灯罩为不具折光作用的光滑透明罩,因而可以产生较大的倾斜角度,使车头可以设计成流线型,以降低风阻并减少油耗。另外,它可以产生良好的美学效果,具有良好的装饰作用,由于采用了光滑透明的灯罩而使其内部清晰可见,外表明亮美观,所以也被称为具有透明的大眼睛"水晶灯"。

2)灯泡(灯丝)

目前,汽车前照灯的灯泡主要有两种,即白炽灯泡和卤钨灯泡,两种灯泡的灯丝都是用钨丝制成的。由于钨丝在使用时蒸发损耗,使灯泡的使用寿命缩短,为延长其寿命,将玻璃泡中的空气抽出,然后充入其他气体。若充入玻璃泡中的气体为惰性气体,即为白炽灯泡;若充入的是卤族元素(一般为碘或溴)即为卤钨灯泡,我国生产的大部分是溴钨灯泡。

卤钨灯泡是利用卤钨再生循环反应原理制成的。卤钨再生循环反应原理指从灯丝上蒸发出来的气态钨,与卤素反应生成一种挥发性的卤化钨,它扩散到灯丝附近的高温区又受热分解,使钨重新回到钨丝上,被释放的卤素继续扩散,参与下一次的循环反应,如此周而复始地循环下去,防止了钨的蒸发和钨灯泡的黑化现象。因此,卤钨灯泡与白炽灯泡相比较具有寿命长、亮度大的特点。

如图 5-3 所示,卤钨灯泡从外形上分 H_1、H_2、H_3、H_4 四种,其中 H_4 为双丝灯泡,广泛用于前照灯,其余三种为单丝灯泡,常用于辅助前照灯(如雾灯等)。

目前,现代汽车的前照灯可设计成各种式样,以符合汽车外观整体美观的要求,不同汽车前照灯的配光镜和反射镜也有很大的差异。但不论前照灯的样式如何,都应满足汽车行驶照明的要求。

3. 前照灯的防炫目措施

夜间会车时,前照灯强烈的灯光可造成迎面驾驶人炫目,容易引发交通事故,所以为了避免前照灯的炫目作用,一般在汽车上都采用双丝灯泡的前照灯,可以通过变光开关切换远光和近光。我国交通法规规定,夜间会车时,须在距对面来车150m以外互闭远光灯,改用防炫目近光灯。

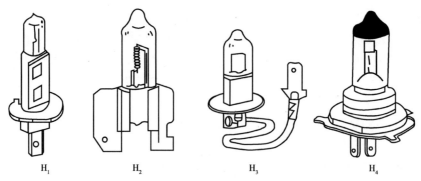

图 5-3 卤钨灯泡外形

国内外生产的双丝灯泡的前照灯,按近光的配光不同,分为对称形和非对称形两种不同的配光形式。

1) 对称形配光(SAE 方式)

远光灯丝功率较大(45~60W),位于反射镜的焦点位置,射出的光线远而亮;近光灯丝功率较小(22~55W),位于反射镜焦点的上方并稍向右偏斜,由于其光线弱,且经反射镜反射后光线大部分向下倾斜,从而减少了对迎面来车驾驶人的炫目作用,如图 5-4 所示。美国、日本采用这一配光方式。

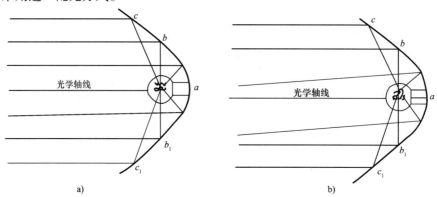

图 5-4 对称形配光前照灯的工作情况

2) 非对称形配光(ECE 方式)

远光灯丝位于反射镜的焦点处,近光灯丝则位于焦点前方且稍高出光学轴线,其下方装有金属配光屏,如图 5-5 所示。

由近光灯丝射向反射镜上部的光线,反射后倾向路面,而配光屏挡住了灯丝射向反射镜下半部的光线,故没有向上反射能引起炫目的光线。配光屏在安装时偏转一定的角度,使其近光的光形分布不对称,形成一条明显的明暗截止线。

近来,国外又发展了一种更优良的光形,明暗截止线呈 Z 形,故称为 Z 形配光,不仅可以避免迎面来车的驾驶人的炫目,还可以防止迎面而来的行人和非机动车使用者的炫目,更加保证了汽车夜间行驶的安全。各种配光光形如图 5-6 所示。

4. 前照灯的分类、检测与调整

1) 前照灯的分类

前照灯常见的类型有可拆式、半封闭式和全封闭式。随着照明技术的不断发展,现在在汽车上已逐步出现许多新型前照灯。

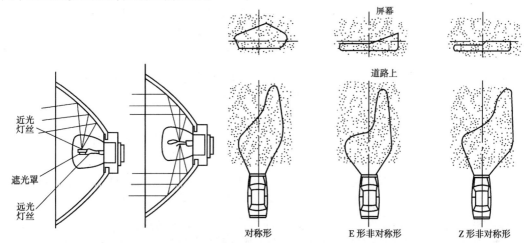

图 5-5 具有配光屏的双丝灯泡的工作情况　　图 5-6 前照灯的配光光形

(1) 投射式前照灯。投射式前照灯采用了凸形配光镜,反射镜为椭圆形。

由于投射式前照灯的反射镜呈椭圆形状,有两个焦点。在第一个焦点处放置灯泡,光束经反射会聚至第二个焦点。凸形配光镜的焦点与第二焦点相重合,灯泡发出的光被反射镜聚成第二焦点,在通过配光镜将聚集的光投射到远方。投射式前照灯使用的光源为卤素灯泡。

在第二焦点附近设有遮光板,可用于遮住投向上半部分的光,形成明暗分明的配光。它的这种配光特性可适用于前照灯近、远光灯,也可用作雾灯。

(2) 氙灯。氙灯结构如图 5-7 所示,是一种含有氙气的新型前照灯,又称高强度放电灯或气体放电灯,英文简称 HID(High Intensity Discharge)。目前奔驰 E 级车、宝马 7 系列、丰田凌志、本田阿库拉等高档车都使用了这种新型前照灯。氙灯亮度大,发出的亮色调与太阳光比较接近,消耗功率低,可靠性高,不受车上电压波动影响。

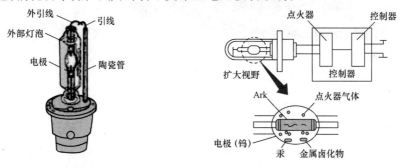

图 5-7 氙灯

氙灯由小型石英灯泡、变压器和电子单元组成。接通电源后,通过变压器,在几微秒内升压到 20000V 以上的高压脉冲电加在石英灯泡内的金属电极之间,激励灯泡内的物质(氙气、少量的水银蒸气、金属卤化物)在电弧中电离产生光亮。由于高温导致碰撞激发,并随压力升高使线光谱变宽形成带光谱。灯开关接通的一瞬间,氙灯即产生与 55W 卤素灯一样的亮度,约3s达到全部光通量。

氙灯灯泡的玻璃用坚硬的耐温耐压石英玻璃(二氧化硅)做成,灯内充入高压氙气,缩短灯被点亮的时间,灯的发光颜色则由充入灯泡内的氙气、水银蒸气和少量金属卤化物所决定。

电子控制器系统是一个独立的系统,包括变压器和电子控制单元,具有产生点火电压和工作电压两种功能。变压器将低电压变为高电压输出,电子控制单元的主要功能是限制氙灯灯泡的工作电流,向灯泡提供20000V以上的点火电压和维持工作的低电压(80V左右)。

氙灯与卤素灯的主要区别在于,前者通过气体电离发光,后者通过加热钨丝发光。虽然氙灯的发光电弧与卤素灯的钨丝长度直径一样,但发光效率和亮度提高了2倍。由于不用灯丝,没有了传统灯易脆断的缺陷,寿命也提高了4倍。据测试,一个35W的氙灯光源可产生55W卤素灯2倍的光通量,使用寿命与汽车差不多。因此,安装氙灯不但可以减少电能消耗,还相应提高了车辆的性能,这对于汽车而言具有很重要的意义。

(3)全LED前照灯。该车灯是目前最新研制的车灯,是基于一汽的奔腾B50车型开发的,全灯共采用41颗LED光源,其中近光灯采用的3颗大功率白色LED光源,配合三联聚光圆形透镜,形成独特的配光设计和视觉效果,配光要求满足相关法规要求;远光采用2颗LED光源,其中一颗采用透镜配光,另一颗采用反射镜辅助配光,照度值满足国家法规要求。位置灯采用14颗白色LED光源,转向灯采用22颗琥珀色LED光源,如图5-8所示。

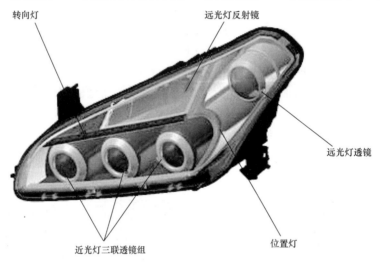

图5-8 全LED前照灯空间布置图

2)前照灯的检测

(1)概述。前照灯在使用过程中,会因灯泡老化、反射镜变暗、照射位置不正而使前照灯的发光强度不足或照射位置不正确,影响汽车行驶速度和行车安全,因此必须对前照灯进行检测和调整。为此国家规定,机动车年检时,必须对此进行检查调整。检验时,要求轮胎气压正常、场地平整、前照灯配光镜表面清洁、汽车空载、驾驶室内只有一名驾驶人。对装有两灯丝的前照灯以调整近光灯形为主;对于只能调整远光光束的灯,调整远光单光束。采用四灯制的汽车,其中两只对称的灯达到两灯制的要求时,视为合格。

(2)前照灯的国家标准。国家标准《机动车运行安全技术条件》(GB 7258—2012)中,对汽车前照灯的发光强度和光束照射位置做了具体规定,并将其列为汽车安全性能的必检项目。要求用前照灯检验仪来检测前照灯,其主要技术指标要求为:

①前照灯远光光束发光强度:两灯制的新注册汽车的前照灯,每只灯的发光强度应大于15000cd,四灯制的新注册汽车前照灯,每只灯的发光强度应大于12000cd;两灯制的在用汽车的前照灯,每只灯的发光强度应大于12000cd,四灯制在用汽车前照灯,每只灯的发光强度应大于10000cd。前照灯的发光强度是指光源在给定方向上所能发出的光线强度(单位:坎德拉,简称坎,符号为cd)。

检测时,要求汽车的电源系统应处于充电状态。

②前照灯光束照射位置:检测机动车前照灯的近光束照射位置时,车辆应空载,允许乘坐一名驾驶人。前照灯在距屏幕10m处。若 H 为前照灯基准中心高度,光束明暗截止线转角或中点的高度应为 0.60~0.80H,其水平位置向左、右均不得大于100mm。四灯制的前照灯,其远光单光束灯在屏幕上的调整,要求光束中心离地面高度为 0.85~0.90H。水平位置要求左灯向左偏不得大于100mm,向右偏不得大于170mm,右灯向左或向右偏均不得大于170mm。近光灯调节可通过近光灯左右和高低调节螺钉来进行。

(3)检查方法。前照灯检查方法有屏幕调试法和检验仪调试法。屏幕法简单易行,但它只能检验前照灯光束的照射位置,而无法检验其发光强度。目前汽车维修企业和汽车检测站广泛采用前照灯检测仪来检测前照灯的发光强度和光束照射位置,据此来检验和调整汽车前照灯的发光强度和光轴偏斜量。前照灯检验仪根据其结构与原理的不同,可分为聚光式、屏幕式、投影式以及自动追踪式。它们的检验项目基本相同,可以检验前照灯的光束照射位置与发光强度(cd)或光照度(lx)。

5. 前照灯电路

前照灯电路主要由灯光控制总开关、前照灯继电器、前照灯、线路、插接器、熔断丝等组成。图5-9所示为凯越乘用车(三厢)灯光系统多功能操纵杆,操纵杆外端部装有旋转式灯开关,操纵杆内端部装有推拉式前照灯开关。

将操纵杆末端向前旋转到第一个位置时,启亮驻车灯、示宽灯、牌照灯和仪表板照明灯。将操纵杆末端向前旋转到第二个位置(近光)时,除启亮上述所有灯外,还启亮前照灯近光。将操纵杆末端向后旋转到关闭位置时,关闭上述所有灯光。

图5-9 凯越乘用车灯光系统多功能操纵杆(转向盘左侧)

当前照灯近光接通时,将操纵杆推离驾驶人座直到听到"咔哒"声,前照灯会由近光变为远光,将操纵杆拉回即可由远光变回近光。在灯开关关闭时,将操纵杆拉向驾驶人座也可接通远光,松开操纵杆会自动关闭远光。只要启亮前照灯远光,仪表组总成上的远光指示灯就会启亮。

各种车型的前照灯控制电路虽然各有区别,但控制原理基本相同,下面就以凯越乘用车(三厢)前照灯电路为例,介绍前照灯电路的工作过程,如图5-10所示。

凯越乘用车(三厢)的前照灯采用四灯制,电路控制关系为:点火开关接通→灯光控制开关旋转到第二个位置(近光)→前照灯继电器→前照灯。

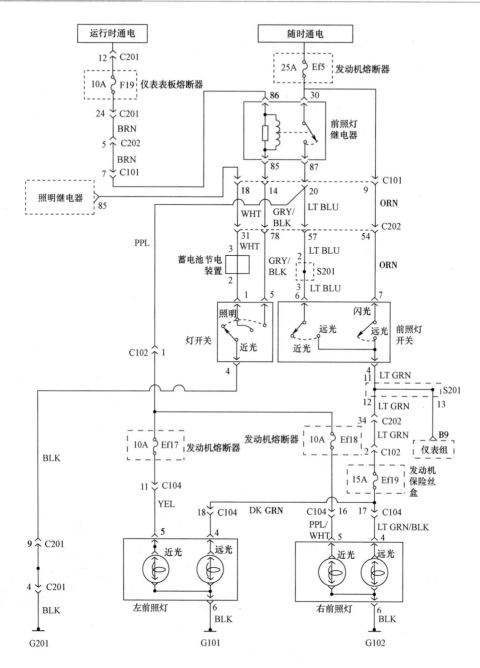

图 5-10 凯越乘用车前照灯控制电路

6. 前照灯的电子控制

为了提高汽车行驶的安全性和方便性,很多新型车辆采用了电子控制装置对前照灯进行自动控制。

1) 前照灯会车自动变光器

前照灯自动变光器的光敏器件一般安装于通风栅之后,散热器之前,在150~200m 收到对面车辆灯光信号时,能够自动地将本车的远光变为近光,避免了给对方驾驶人带来的炫目,两车交会后,又可自动恢复为远光,同时仍保留脚踏式机械变光开关。

2) 前照灯昏暗自动发光器

这种昏暗自动发光器的作用是在汽车行驶过程中(并非夜间行驶),当汽车前方自然光的强度减低到一定程度,如:汽车通过高架桥、林荫小道、树林、竹林,或天空突然乌云密布等,发光器便自动将前照灯电路接通,开灯行驶以确保行车安全。

该装置早已作为美国通用和克莱斯勒汽车公司的汽车选装件,现在已在君威、君越等车辆使用,称为自动前照灯,该系统有两个基本部件:前照灯自动控制模块,位于仪表板内;环境光照传感器,位于沿风窗玻璃底座装配的仪表板上。

当环境光照传感器检测到车外光照强度低时,前照灯自动控制模块将开启前照灯近光驻车灯/侧灯/牌照灯和仪表板背景灯。

环境光照传感器是一个光敏变阻器,当外界光照强度增加时,环境光照传感器的电阻则减小。前照灯自动控制模块测量通过环境光照传感器的电压降,决定环境光照传感器是否应在低照明模式下操作。

3) 灯光提示警报系统及或自动关闭系统

这种系统的作用是:当点火开关关闭,但是驾驶人忘记关闭灯光控制开关时,能够自动发出警报,警告驾驶人关闭前照灯和尾灯,或者自动关闭灯光。

4) 前照灯自动关闭延时器

前照灯自动关闭延时器是一种自动关闭前照灯的控制装置,当汽车停驶时,为驾驶人下车离去提供一段照明时间。

在有些汽车上还装有 DRL 系统,可以自动减弱前照灯在白天使用时的发光强度,以延长灯泡的使用寿命,降低电能的消耗。另外有些汽车的行李舱里装有灯光损坏传感器,可以在前照灯、尾灯或制动灯等灯泡损坏时,发出警报,提醒驾驶人。

5) 智能前照灯系统

车辆的智能灯光系统是可以根据对面来车的距离来自动控制左侧灯光的高低角度和照射强度的,一旦错车完成,将会立即恢复原有灯光角度位置和亮度。而有些车辆更是在远光未开启的情况下通过前照雷达探测,若探测到障碍物,如停泊或慢速行驶在主路上的车辆或者行人时,自动将远光打向无限远角度,提醒驾驶人注意前方情况。智能前照灯系统还可以根据来车距离自动调节高度角和亮度。

除此之外,还有前照灯随动转向技术,别克昂克雷(Enclave)装配了适配前照灯系统(AFS)。该系统在车辆转弯时工作,使用的是电动机驱动的氙气大灯,可以使驾驶人的视野增加到90%。

该系统有前照灯控制模块和两个前照灯执行器(左和右)。前照灯控制模块位于右侧的前照灯总成内,前照灯执行器是通过 LIN 网络连接的;而前照灯控制模块是连接在 Enclave 的高速 GMLAN 通信网络中的。

前照灯控制模块从 ECM、TCM、EBCM 和 BCM 获取关于电源模式(BCM)、车速(TCM)、转向盘角度(EBCM)、变速器挡位(TCM)和前照灯开关的位置,前照灯控制模块可以控制左侧前照灯向左转动15°,向右转动5°;控制右侧前照灯向右转动15°,向左转动5°。

例:奥迪 A7 带有自适应灯的双氙灯大灯。

其灯光功能如下:
(1) 普通公路灯

普通公路灯是气体放电灯形成非对称式近光灯,如图5-11所示。当车速超过50km/h时,普通公路灯被激活;如果车速超过110km/h的持续时间较长,就切换到高速公路灯;如果车速超过130km/h,则立即切换到高速公路灯。

若车上有导航装置,如果未识别出是在城市里行驶还是在高速公路上行驶,那么普通公路灯就会一直在工作。普通公路灯这个功能可以有动态摆动。

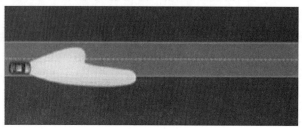

图5-11 普通公路灯

(2) 高速公路灯

高速公路灯是气体放电灯形成非对称式近光灯,如图5-12所示,左侧路沿被照亮更多些。如果车速超过110km/h的持续时间较长,高速公路灯就会被激活;如果车速超过130km/h,则立即会激活高速公路灯。

如果车上装备有导航装置,那么当车速高于80 km/h且导航系统识别出高速公路时,高速公路灯就会被激活。高速公路灯这个功能可以有动态摆动。

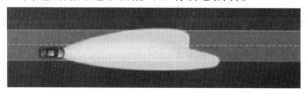

图5-12 高速公路灯

(3) 远光灯

气体放电灯形成对称式远光灯,如图5-13所示。远光灯需通过远光灯拨杆来激活。

图5-13 远光灯

(4) 城市灯

城市灯是气体放电灯形成对称式的临近区照明如图5-14所示,另外光束投射模块向外侧和向下轻微偏摆。车速在5~50km/h时,城市灯被激活;对于装备有导航装置的车,当车速在0~60km/h时,如果导航系统识别出是在城市街路上行驶,城市灯会被激活。城市灯这个功能是没有动态摆动的。

图 5-14　城市灯

(5) 全天候灯

全天候灯是气体放电灯形成的非对称式的临近区照明,如图 5-15 所示,灯光不太炫目。左侧光束投射模块略向外侧摆动,光束略下沉。

图 5-15　全天候灯

(6) 转向照明灯

车速低于 70km/h 且转向盘有较大转动时,或者转向灯已激活且车速低于 40km/h 时,单侧的 H8 白炽灯被激活(也就是激活了转向照明灯),如图 5-16 所示。该灯还可以在普通公路灯或者城市灯基础上被激活。

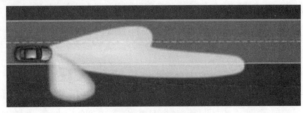

图 5-16　转向照明灯

(7) 十字路口灯

装备有导航装置的车,还另有一个"十字路口灯"功能。这个十字路口灯的功能是通过接通两个静态转向照明灯来实现的。该功能可帮助驾驶人在十字路口更清楚地识别可能的危险。该灯在马上就要到十字路口时接通。十字路口灯总是与别的灯一同亮起:在车辆行经城市街路时,十字路口灯与城市灯一同亮;当车辆行驶在普通公路且车速不超过 60km/h 时,十字路口灯与普通公路灯一同亮。十字路口灯如图 5-17 所示。

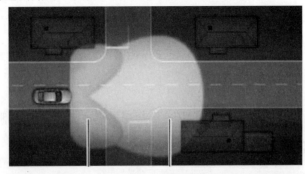

图 5-17　十字路口灯

三、其他照明和信号灯

1. 转向信号灯

当汽车要驶离原方向,需接通左侧或右侧转向信号灯,以提醒其他车辆的驾驶人。它主要包括开关、信号灯和闪光器,其中闪光器是主要器件。当遇有特别情况时,所有转向信号灯应同时闪烁,作为危险警告信号。

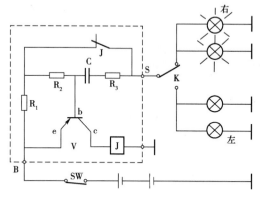

图 5-18 继电器触点式晶体管闪光器电路

转向信号闪光器是使转向信号灯按一定时间间隔闪烁的器件,转向信号闪光器可根据不同的原理运作。目前使用的闪光器主要有电热式、电容式、电子式。由于电子式闪光器具有性能稳定、可靠性高、寿命长的特点,已获得广泛应用。电子闪光器可分为触点式(带继电器)和无触点式(不带继电器),不带继电器的电子闪光器又称全电子闪光器。图 5-18 为继电器触点式晶体管闪光器电路。

2. 制动信号灯

制动信号灯安装在车辆尾部,用于通知后面车辆该车正在制动,以避免后面车辆与其后部相撞。制动信号灯由制动开关控制,当踩下制动踏板时,制动开关内的活动触点便将两接线柱接通,使制动灯点亮;当松开制动踏板后,断开制动灯电路,制动信号灯搭铁。

3. 倒车信号灯

倒车灯安装于车辆尾部,给驾驶人提供额外照明,使其能够在夜间倒车时看清楚车的后部,也警告后面车辆,该车驾驶人想要倒车或正在倒车。当点火开关接通变速器换至倒车挡时,倒车灯点亮。

倒车开关装在变速器盖上,这是为了提醒后面行人或车辆注意,有些车上装有倒车蜂鸣器。

四、更换灯泡时的注意事项

(1)当卤素灯泡(前照灯或前雾灯)表面被机油弄脏后,在灯泡打开发热时,它的工作寿命会缩短。

(2)由于卤素灯泡(前照灯或前雾灯)的内部压力很高,要小心操作,一旦灯泡掉落会造成爆炸,玻璃碎片会飞溅。

(3)如果车灯玻璃和灯泡一起被拆下很长一段时间,玻璃会被灰尘和水蒸气弄脏,所以在更换灯泡时要随手准备一块新的玻璃。

(4)更换时,始终采用相同功率的灯泡。

(5)安装好灯泡后,要插紧插座,否则,玻璃会变模糊或者有水蒸气泄漏。

五、汽车灯系统故障诊断

汽车灯系统的故障主要表现在:器件本身的故障和线路存在的故障。首先应先检查器件本身的故障,如没有,应按各系统的线路逐级检查,认真查明出现故障的原因及可能存在的隐患,正确地加以排除。在处理故障时,一般应重点检查以下两项内容:一是是否有短路、接线柱接触不良处(断路);二是熔断丝是否熔断。在车上均可采用试灯法和万用表进行检查。

1. 灯光的常见故障

1)灯光不亮

引起灯光不亮的原因主要有灯泡损坏、熔断丝熔断、灯光开关或继电器损坏及线路短路或断路故障等。在进行故障诊断时,应根据电路图对电路进行检查,判断出故障的部位。

(1)灯泡或熔断器损坏。如果一只灯不亮,一般为灯丝烧断,将灯泡拆下后检查,若灯泡损坏,则更换新灯泡。如果几只灯都不亮,按喇叭,若喇叭不响,则可能是总熔断器熔断;若同属一个熔断丝的灯泡都不亮,则可能是熔断丝熔断。处理这两类故障时,在将总熔断器复位或更换新的熔断丝之前,应查找超负荷的原因,方法是:将熔断丝所接各灯的接线从灯座上拔掉,用万用表电阻挡测接灯端与搭铁之间的电阻,若电阻较小或为零,则可断定线路中有搭铁故障,排除故障后,再把熔断器复位或更换新的熔断丝。

(2)灯光开关、继电器及线路的检查。

①继电器的检查。将继电器线圈直接供电,检查继电器是否能正常工作,如不能正常工作,应更换继电器。

②灯光开关的检查。可用万用表检查开关各挡位的通断情况,若与要求不符,应更换灯光开关。

③线路的检查。在检查时可用万用表或试灯逐段检查线路,找出短路或断路故障的部位。

2)亮度下降

若灯光亮度不够,多为蓄电池电量不足或发电机及调节器故障所引起。另外,导线接头松动或接触不良,导线过细或搭铁不良,散光镜坏或反射镜有尘垢,灯泡玻璃表面发黑或功率过低及灯丝没有位于反射镜焦点上,均可导致灯光暗淡。

检查时,首先检查蓄电池和发电机的工作状态。若不符合要求,应先恢复电源系统的正常工作电压,在电源正常的状态下,检查线路的连接情况及灯具是否良好。

2. 举例:凯越汽车前照灯远光不亮的故障诊断方法

通过图 5-10 电路图分析,可能故障原因为远光熔断丝烧断、远光灯丝烧断、前照灯开关损坏,以及线路断或短路,可按下列顺序检查:

(1)用目测及万用表电阻挡检查远光灯丝熔断丝 EF18;

(2)用目测及万用表电阻挡检查远光灯丝;

(3)拔下前照灯插接器,接通前照灯远光;测量前照灯插接器 4 端子的电压,应为 12V,图 5-19 为前照灯插接器端视图;

(4)拔下前照灯开关插接器,接通前照灯远光;测量插接器端子 4 与 6 之间的电阻应接近 0Ω;接通超车灯,测量 4 与 7 之间的电阻应接近 0Ω,图 5-20 为前照灯开关插接器端视图。

3. 信号灯光常见故障及排除

汽车上的灯光信号大体上有两种:一是闪烁信号;二是持续信号。常见故障是信号灯不亮和信号灯不能正常工作。信号灯不亮可按前面所述故障排除办法检修。信号灯不能正常工作的故障与排除方法见表5-1。

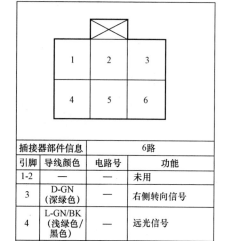

插接器部件信息		6路	
引脚	导线颜色	电路号	功能
1-2	—	—	未用
3	D-GN（深绿色）	—	左侧转向信号
4	D-GN/WH（深绿色/白色）	—	远光信号
5	YE（黄色）	—	近光信号
6	BK（黑色）	—	搭铁

插接器部件信息		6路	
引脚	导线颜色	电路号	功能
1-2	—	—	未用
3	D-GN（深绿色）	—	右侧转向信号
4	L-GN/BK（浅绿色/黑色）	—	远光信号
5	PU/WH（紫色/白色）	—	近光信号
6	BK（黑色）	—	搭铁

图 5-19　前照灯插接器端视图

插接器部件信息		7路	
引脚	导线颜色	电路号	功能
1-3	—	—	未用
4	L-GN（浅绿色）	—	远光信号
5	PU（紫色）	—	近光信号
6	L-BU（浅蓝色）	—	前照灯继电器信号
7	OG（橙色）	—	前照灯蓄电池主电压

图 5-20　前照灯开关插接器端视图

信号灯不能正常工作的原因及排除方法　　表5-1

故障现象	原　　因	排除方法
两侧转向灯同时亮	转向开关失效	检查转向开关
两侧转向灯闪烁频率不同	(1)两侧灯泡的功率不等； (2)有灯泡坏	检查灯泡型号
转向灯常亮不闪	(1)闪光器损坏； (2)接线错误	检查闪光器及电路接线
闪频过高或过低	(1)灯泡功率不当； (2)闪光器工作不良,触点间隙过大或过小； (3)电源电压过高或过低	检查灯泡； 更换闪光器,调整触点； 调整电压调节器

第二节 仪表、报警系统

一、概述

为了使驾驶人随时掌握车辆的各种状况,并及时发现和排除潜在的故障,在驾驶人座位前方的仪表板上装有各种测量仪表。一般计量、测量仪表及报警指示灯在仪表板上的布置如图 5-21 所示。

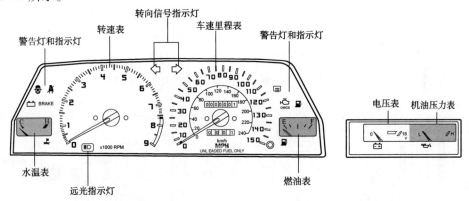

图 5-21 仪表板总成

由于传统的仪表为驾驶人提供的数据信息已远远不能满足现代汽车新技术的发展要求,所以电子显示组合仪表逐渐成为汽车仪表发展的主流。相对于传统仪表具有易于辨认、精确度高、可靠性好及显示模式的自由化等特点,能够利用各种传感器传来的信号并根据这些信号进行计算,以确定车辆的行驶速度、发动机转速、发动机冷却液温度、燃油量及车辆其他情况的测量数据,并将这些数据以数字或条形图形式显示出来。

二、仪表结构及原理

1. 燃油表及油量传感器

下面以双金属片电阻型燃油表介绍其结构及原理。该燃油表的显示器装有一个双金属片元件,当电热丝发热时产生变形,带动表针摆动一定的角度以显示油量,如图 5-22 所示。

流经电热丝的电流大小取决于传感器中浮子式滑线电阻器浮子的位置。该变阻器的输出阻值依赖于浮子的位置,当油量多时,浮子的位置高,输出电阻小,电流大;当油量少时,浮子位置低,输出电阻大,电流小。

2. 水温表及冷却液温度传感器

水温表是用来显示发动机冷却水套中冷却液温度的。冷却液温度传感器有两种类型:双金属片电阻型和交叉线圈型,冷却液温度传感器使用了负系数可变电阻(热敏电阻)。即当冷却液温度低时,热敏电阻的电阻值很大,几乎无电流通过;当冷却液温度上升时,热敏电阻的电阻值下降,电流增大。

3. 电子显示组合仪表

电子显示组合仪表一般由传感器、电脑及显示装置组成。电脑收集各传感器的信息,然后驱动显示设备显示相应的信息。传统仪表的显示装置大多采用机械模拟式的显示设备,现在随着技术的发展,显示设备主要有步进电动机指针式和液晶显示装置。

燃油表、水温表、车速表、发动机转速表等都有使用电子仪表的,本节中主要介绍车速表、里程表、转速表。

1) 车速表

车速表是用来显示汽车行驶速度的,其传感器如图 5-23 所示,其中有一内置光电耦合器,将发光二极管和光敏晶体管组合在一起。在发出光线的二极管和接收这些光线的光敏晶体管之间,有一个开有 20 条狭槽的转轮旋转。开槽转轮连接在车速表传动软轴上,其转动速度根据车速的快慢而增减。当开槽转轮转动时,不停地隔断发光二极管和光敏晶体管之间的光线,从而使光敏晶体管时通时断,并因此也使晶体管时通时断。这使晶体管将 20 个 PPR(每转动 1 周的脉冲数)的信号传输至电脑端子,使电脑得知车速。

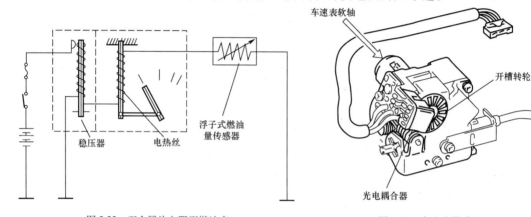

图 5-22 双金属片电阻型燃油表　　图 5-23 车速表传感器

电脑通过在一段预定的时间内从车速传感器传出的脉冲信号来计算车速,然后通过显示装置显示车速,如图 5-24 所示,同时可以通过英里与公里转换开关切换单位。在某些国家使用的车辆上装有车速警报器,当车速达到或超过 125km/h(78mile/h)时,电脑内的晶体管便反复接通和断开,使警报器发出警告蜂鸣。

2) 双制式短程里程表

双制式短程里程表的工作原理如图 5-25 所示,由微电脑计算车速传感器发出的速度信号,计算出行驶距离,然后将计算结果由显示装置显示在短程里程表上,可以通过复位开关进行复位归零,还可以通过模式转换开关转换模式,图中的显示装置为真空荧光显示器。

3) 转速表

转速信号来自点火线圈的脉冲信号,微电脑通过计算出每输入 6 个脉冲信号所用的时间,来计算出发动机转速,如图 5-26 所示,然后通过显示装置显示出来。

三、报警系统

现在车上应用的报警系统有两种形式:一种是利用系统开关控制警报灯或指示灯,例如机油压力过低报警、远光指示灯等；另一种是电脑控制，例如发动机故障报警、ABS 报警灯等。本节主要介绍系统开关控制的报警。

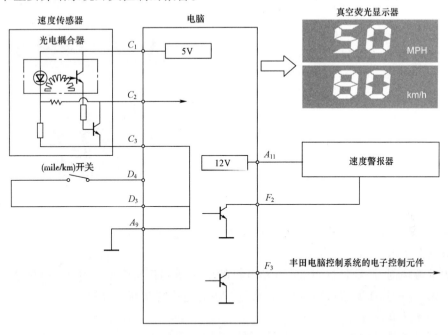

图 5-24 车速表的原理示意图

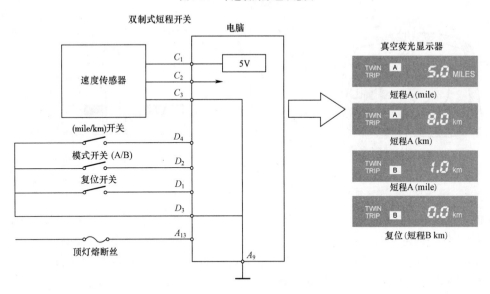

图 5-25 双制式短程里程表原理示意图

1. 机油压力警告灯

它用于提醒驾驶人注意发动机的机油压力低的异常情况。机油压力警报装置的报警开关一般装在主油道上，弹簧管式机油压力报警开关如图 5-27 所示。

其传感器为盒式，内有一管形弹簧，一端与接头相连，另一端与动触点相连，静触点与接线柱经接触片与接线柱相连，当机油压力低于 0.05~0.09MPa 时，管形弹簧变形很小，动触点和静触点闭合,电路接通,警告灯点亮;当机油压力高于 0.05～0.09MPa 时,管形弹簧变形较大,动触点和静触点分开,电路断开,警告灯熄灭。

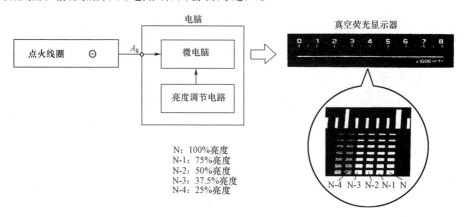

图 5-26 转速表原理示意图

2. 放电警告灯

蓄电池放电时,该警告灯点亮,当发电机的电压达到正常充电电压时,该警告灯熄灭。如果在正常行驶时,该警告灯亮,可以提醒驾驶人充电系统功能有故障。

3. 制动系统监测警告灯

它指示已使用驻车制动器或制动液不足,结构如图 5-28 所示。

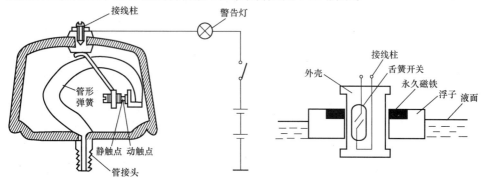

图 5-27 弹簧管式机油压力报警开关　　　图 5-28 制动液面报警开关

制动液面警告灯开关装在制动主缸的储液罐内,外壳的外面套装着浮子,浮子上固定有永久磁铁,外壳内部装有舌形开关,舌形开关的两个接线柱与警告灯和电源相连。当制动液面在规定值以上时,浮子浮在靠上的位置,永久磁铁的吸力不足,舌形开关在自身的弹力作用下保持断开的状态;当制动液面下降到一定值时,浮子位置下降,舌形开关在永久磁铁吸力作用下闭合,警告灯点亮。

四、仪表及报警电路

仪表及报警电路主要包括仪表电路、报警电路以及指示电路灯。下面以凯越 1.6 仪表及报警电路为例介绍仪表及报警电路。

凯越车仪表报警系统包括数字时钟、仪表组、仪表组指示灯、蜂鸣器模块等。

仪表组位于转向柱上部、仪表组装饰板内。仪表组中的仪表向驾驶人提供车辆性能信息。仪表组包括车速表、里程表、行程表、温度表、燃油表和各种指示灯。车速表用"km/h"测量车速,由仪表组上与变速驱动桥输出轴上的车速传感器相连接的表盘组成。里程表按"km"测量车辆生产后行驶的累计里程数,由仪表组上与变速驱动桥输出轴上的车速传感器相连接的表盘组成。行程表用于按测量上次归零后车辆行驶的里程数,由仪表组上与变速驱动桥输出轴上的车速传感器相连接的表盘组成。行程表可随时归零,因此驾驶人可从任何起点记录行驶的里程。燃油表由位于仪表组上与燃油箱中的传感器相连接的表盘组成。燃油表仅在点火开关接通或处于ACC(附件)位置时指示油箱中的燃油量。当点火开关转至LOCK(锁定)或START(起动)位置时,指针可能指向任何位置。温度表由位于仪表组上与发动机循环冷却液接触的温度传感器相连接的表盘组成,温度表指示冷却液温度。长时间在酷热天气下行驶或怠速运行,表针会超过中间位置。如果指针移到表盘上限值的红色区,表示发动机过热。

仪表组中的指示灯指示车辆工作时系统的特定功能或可能出现的故障,指示灯可以更换。凯越仪表板中指示灯、报警灯的规格见表5-2。

凯越仪表板中指示灯、报警灯的规格　　　　　　表5-2

指示、报警灯	颜　色	灯泡规格
防抱死制动系统(ABS)警告	黄色	14V　1.4W
气囊警告	红色	14V　1.4W
蓄电池充电指示灯	红色	14V　1.4W
检查发动机	黄色	14V　1.4W
车门未关警告	红色	14V　1.4W
发动机过热	红色	14V　1.4W
未系安全带警告	红色	14V　1.4W
远光警告灯	蓝色	14V　1.4W
燃油液面过低警告	黄色	14V　4W
机油压力警告	红色	14V　1.4W
驻车制动指示灯和制动液警告	红色	14V　1.4W
立即维修发动机警告	黄色	14V　1.4W
变速驱动桥动力模式指示灯	黄色	14V　1.4W
转向信号指示灯	绿色	14V　1.4W

蜂鸣器模块位于仪表板熔断丝盒上部,在遇到如下情况时鸣响,提醒驾驶人注意:
(1)灯亮,车门未关严且点火开关未在ACC(附件)、ON(接通)或START(起动)位置。
(2)当点火开关处于ON(接通)或START(起动)位置时,未系上安全带。
(3)当点火开关处于ON(接通)或START(起动)位置时,车门未关。
(4)当点火开关处于LOCK(锁定)且车门未关时,未拔点火钥匙。

五、仪表故障的诊断方法

当仪表不工作或工作不良时,应对其线路、机械传动装置和传感器进行检查。线路的通断情况可用万用表或试灯进行检查;机械传动装置用常规的检查方法检查即可;传感器的检查要根据其类型确定检查方法,如电阻型的可用万用表检测其通断。若线路、机械传动装置及传感器工作正常,而仪表不工作或工作不正常,则应更换仪表。

第三节 电喇叭

一、概述

电喇叭是汽车的音响信号装置。在汽车的行驶过程中,驾驶人根据需要和规定发出必须的音响信号,警告行人和其他车辆引起注意,保证交通安全,同时还用于催行与传递信号。

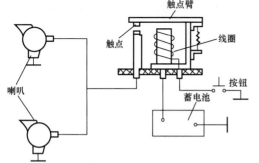

图 5-29 电喇叭电路

二、电喇叭电路

一般车上都装有两个电喇叭,为保护喇叭按钮,需要装电喇叭继电器,其电路如图 5-29 所示。

三、电喇叭的故障诊断

电喇叭的故障主要有喇叭本身故障、熔断器烧坏、喇叭按钮接触不良、线路短路、断路等。

第四节 风窗刮水和除霜系统

一、概述

为了保证汽车在雨天或雪天时驾驶人有良好的视线,确保其行驶安全,在汽车的风窗玻璃上装有刮水器。

二、风窗刮水器、除霜装置的结构和工作原理

1. 刮水器的组成

如图 5-30 所示,电动刮水器主要由直流电动机、蜗轮箱、曲柄、连杆、摆杆、摆臂和刮水片等组成。一般电动机和蜗杆箱结合成一体组成刮水器电动机总成。曲柄、连杆和摆杆等杆件可以把蜗轮的旋转运动转变为摆臂的往复摆动,使摆臂上的刮水片实现刮水动作。

2. 刮水器电动机的结构和工作原理

一般刮水器电动机有绕线式和永磁式。绕线式刮水器电动机的磁极绕有励磁绕组,通电流时产生磁场,而永磁式刮水器电动机的磁极用永久磁铁制成。

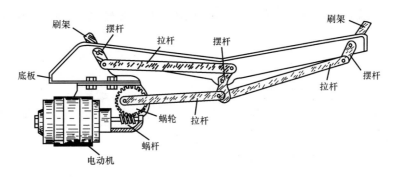

图 5-30 刮水器的组成

永磁式电动机体积小、质量轻、结构简单,使用广泛。

永磁刮水器电动机的结构如图 5-31 所示,主要由外壳及磁铁总成、电枢、电刷安装板及复位开关、输出齿轮及蜗轮、输出臂等组成。通电时电枢转动,经蜗轮和输出齿轮及输出轴后,把动力传递给输出臂。

为了满足实际的使用需要,刮水器电动机有低速、高速刮水、点动刮水、间歇刮水的挡位,且在任意时刻刮水结束后,刮水片应能自动回到风窗玻璃最下端。下面主要对低速、高速和复位问题进行讨论。

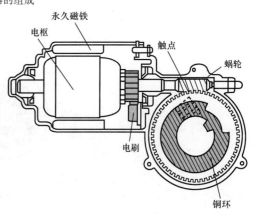

图 5-31 永磁刮水器电动机

1)绕线式刮水器电动机的变速原理

绕线式刮水器电动机可通过改变磁场强度来实现变速,改变磁场强度的方法可以通过改变励磁电路中电流的大小来实现。实际使用的绕线刮水器的开关控制励磁电路中电阻的大小来变化其转速,此处不进行理论分析。

2)永磁式刮水器电动机的变速原理

永磁式刮水器电动机是利用 3 个电刷来改变正、负电刷之间串联线圈的个数实现变速的,如图 5-32 所示。其原理是:刮水器电动机工作时,在电枢内同时产生反电势,其方向与电枢电流的方向相反。如要使电枢旋转,外加电压必须克服反电势的作用。当电动机转速升高时,反电势增高,只有当外加电压等于反电势时,电枢的转速才能稳定。3 个电刷的布置如图 5-32c)所示。

3)刮水器电动机的自动复位原理

图 5-33 所示为铜环式刮水器的控制电路,此电路具有自动复位的功能。下面分析一下其工作过程。

刮水器的开关有 3 个挡位,它可以控制刮水器的速度和自动复位。4 个接线柱分别接复位装置、电动机低速电刷、搭铁、电动机高速电刷。0 挡为复位挡,Ⅰ挡为低速挡,Ⅱ挡为高速挡。复位装置是在减速蜗轮(由塑料或尼龙材料制成)上嵌有铜环。此铜环分为两部分,其中一部分铜环与电动机外壳相连(为搭铁)。触点臂用磷铜片或其他弹性材料制成,其一端分别铆有触点。由于触点臂具有一定的弹性,因此在蜗轮转动时,触点与蜗轮的端面和铜滑环保持接触。

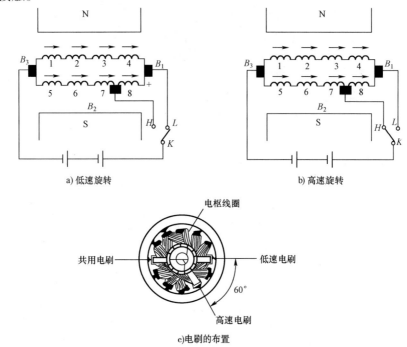

图 5-32 永磁式刮水器电动机的变速原理

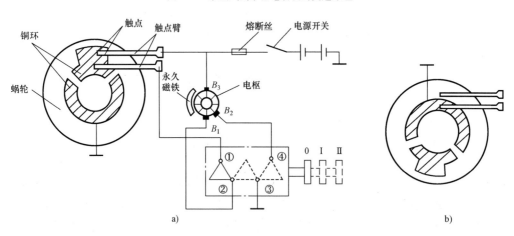

图 5-33 铜环式刮水器自动复位装置

当把刮水器开关退回到"0"挡时,如果刮水片没有停止到规定的位置,由于触点与铜环相接触,如图 5-32b)所示,则电流继续流入电枢,其电路为:蓄电池正极→电源开关→熔断丝→电刷 B_3→电枢绕组→电刷 B_1→接线柱②→接触片→接线柱①→触点臂→铜环→搭铁→蓄电池的负极。由此可以看出,电动机仍以低速运转直至蜗轮旋转到图 5-32a)所示的特定位置,电路中断。由于电枢的运动惯性,电动机不能立即停止转动,此时电动机以发电机方式运行。因此时电枢绕组通过触点臂与铜环接通而短路,电枢绕组将产生强大制动转矩,电动机迅速停止运转,使刮水片复位到风窗玻璃的下部。

3. 风窗玻璃洗涤装置

风窗玻璃洗涤装置与刮水器配合使用,可以使汽车风窗刮水器更好地完成刮水工作,并获得更好的刮水效果。

风窗洗涤装置的组成如图 5-34 所示,主要由储液罐、洗涤泵、输液管、喷嘴等组成。洗涤泵一般有永磁直流电动机和离心叶片泵组装成为一体,喷射压力可达 70~88kPa。

洗涤泵一般直接安装在储液罐上,但也有安装在管路内的。在离心泵的进口处设置有滤清器。

洗涤泵喷嘴安装在风窗玻璃的下面,其喷嘴方向可以根据使用情况调整,喷水直径一般为 0.8~1.0mm,能够使洗涤液喷射在风窗玻璃的适当位置。洗涤泵的连续工作时间不应超过 1min,对于刮水和洗涤分别控制的汽车,而且应先开洗涤泵,再接通刮水器。喷水停止后,刮水器应继续刮动 3~5 次,以便达到良好的清洁效果。

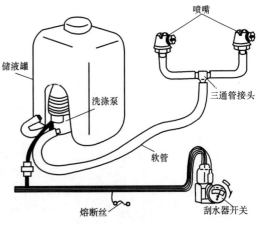

图 5-34 风窗洗涤装置

常用的洗涤液是硬度不超过 $205×10^{-6}$ 的清水。为了能刮掉风窗玻璃上的油、蜡等物,可在水中添加少量的去垢剂和防锈剂。强效洗涤液的去垢效果好,但会使风窗密封条和刮片胶条变质,还会引起车身喷漆变色以及储液罐、喷嘴等塑料件的开裂。冬季使用洗涤器时,为了防止洗涤液的冻结,应添加甲醇、异丙醇、甘醇等防冻剂,再加少量的去垢剂和防锈剂,即成为低温洗涤液,可使凝固温度下降到 $-20℃$ 以下。如冬季不用洗涤器时,应将洗涤管中的水倒掉。

风窗洗涤装置的控制电路结合下面的刮水器电路共同分析,此处不做单独分析。

4. 风窗刮水器控制电路

凯越车型所采用的刮水器功能包括:低速刮水、高速刮水、间歇刮水(间歇可调)、自动复位等。

凯越车型的风窗刮水器系统包括刮水器电动机、连杆、刮水器臂及刮水片和刮水器/洗涤器开关等。刮水器电动机采用永磁电动机,电动机总成内包含有蜗轮和凸轮板组成的复位装置。前风窗玻璃刮水器电动机安装在前围板上,与前风窗玻璃刮水器连杆直接连接。刮水器开关与洗涤器开关组成一个组合开关,操纵杆在转向柱的右侧。

部分凯越车型上还装有雨水传感器系统,该传感器安装在前风窗玻璃上,靠近后视镜。传感器按 45°角向前风窗玻璃发出近红外光。如果玻璃干燥,大部分光将反射到前风窗玻璃前部的传感器。如果玻璃上有水滴,就会以不同的方向反射。玻璃上的水越多,反射回传感器的光越少。当反射回传感器的光量下降到预先设定的值时,传感器中的电子器件和控制程序将起动刮水器。当刮水器开关处于自动(AUTO)位置时,该装置可按任何速度操作刮水器。控制程序根据刮水操作间隔中水的积累速度设定刮水器速度。该系统时常根据需要调节速度,以适应水聚积速度的变化。

图 5-35 为凯越刮水器的电路图。

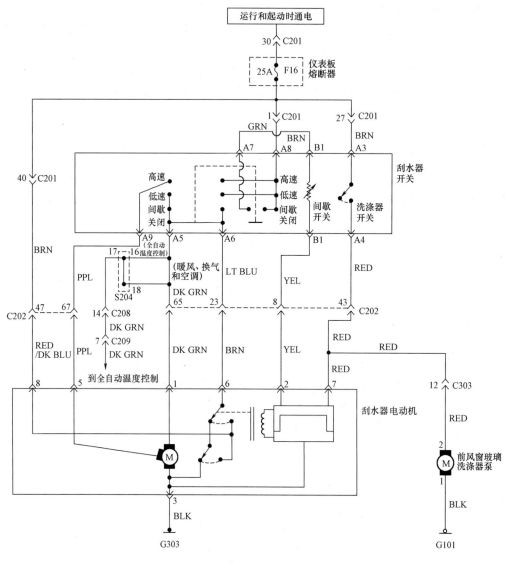

图 5-35 凯越刮水器的电路图

三、风窗刮水器、洗涤器的故障诊断

1. 风窗刮水器的故障

在对风窗刮水器系统的故障进行检修之前,首先要确定是电路故障还是机械故障。最简单的方法就是从电动机上拆下连接刮水片的机械臂。接通刮水器系统,观察电动机的运行。如果电动机工作正常,则是机械问题。

风窗刮水器系统常见的故障有:刮水器不工作、间断性工作、持续操作不停及刮水片不能复位等。

以凯越车型为例,如刮水器不工作,其检查思路如下:

(1)目测及用万用表检查熔断丝F16。

(2)断开刮水器电动机插接器,接通点火开关。将刮水器开关拧至HI(高速)。检查刮水器电动机插接器端子5上的电压。是否等于规定值,如图5-36和图5-37所示。

(3)刮水器开关断开,接通点火开关,检查刮水器开关插接器端子A8上的蓄电池电压,是否等于规定值。

(4)检查刮水器开关以及线路,见表5-3。

从以上的分析过程可以知道电路中的故障原因主要有:

(1)刮水器电动机断路;
(2)熔断丝熔断;
(3)线路连接松动、断线或搭铁不良;
(4)刮水器开关接触不良;
(5)电动机失效,如电枢短路等。

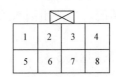

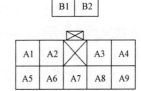

图5-36 凯越刮水器电动机插接器端子视图　　图5-37 凯越刮水器开关插接器端子视图

凯越刮水器开关接通情况　　表5-3

开关位置		A3 BRN	A4 RED	A5 DK GRN	A6 LT BLU	A7 GRN	A8 BRN	A9 PPL	B1 GRN	B2 YEL
刮水器	低速			○			○			
	高速							○	○	
	间歇			○	○	○				
	关闭			○						
洗涤器	通	○	○							
	断									

在各部件的检查过程中,可以参照上面的电路检查方法和步骤进行。

机械部分的故障原因主要有:

(1)蜗轮蜗杆脱离啮合或者损坏;
(2)杆件连接松脱或损坏;
(3)刮水片、传动机构等被卡住等。

2. 刮水器速度比正常慢或转动无力

电气或机械故障均能引起刮水器速度比正常慢。首先按照上述方法确定故障在电气部分,还是在机械部分。

大多数导致刮水器速度慢的电路故障是由于接触电阻大而引起的。如果故障表现为所有的速度挡都慢,应检查电源到刮水器开关之间的电路,主要是中间继电器、熔断丝和刮水器开关连接线端子插接是否牢固可靠。电源供电电路正常,则应检查刮水器开关中有无接触不良的现象。

如果电源供电回路正常,则应检查刮水电动机的搭铁回路是否正常,方法是将电压表的正表笔接电动机的搭铁端(或电动机壳体),负表笔接到电池负极,电压降不应超过0.1V,否则应修复电动机搭铁回路。

最后检查电动机轴承和蜗轮组的润滑情况。

3. 间歇刮水系统不正常

如果刮水系统只是在间歇挡位工作不正常,首先应检查间歇继电器的搭铁是否良好。如果搭铁正常,利用欧姆表检查继电器到刮水器开关之间的电路,如果连接线路也是良好的,则应更换间歇继电器。

4. 刮水器不能复位

造成刮水器不能复位的故障可能是复位开关的原因,也可能是刮水器开关内接触片变形所致。最常见的与复位开关有关的故障是当开关断开时,刮水器就停在该位置。首先要拆下电动机端盖,接通刮水器开关,观察复位开关的工作情况。当关闭刮水器开关时,复位开关应能使其常闭触点闭合到位,否则应更换复位开关。

由开关导通平面图检查刮水器开关,刮水器开关接通情况见表5-3。

5. 洗涤器的维修

许多风窗洗涤装置的故障都是因输液系统而引起的。因此,应首先拆下泵体上的水管,然后使电动泵工作,如果电动泵能够喷出清洗液,则故障在输液系统。否则,按照下列步骤查找故障:

(1)目测储液罐内的液体存储量。检查熔断丝和线路连接是否良好。

(2)打开洗涤器开关,同时观察电动机。如果电动泵工作但不喷液,检查泵内有无堵塞,排除泵体内的任何异物;如果没有堵塞,须更换电动泵。

(3)如果电动泵不运转,用电压表或试灯检查开关闭合时,洗涤泵电动机上有无电压。若有电压,用欧姆表检查搭铁回路,若搭铁回路良好,须更换电动泵。

(4)在第3步中,如果电动机上没有电压,须沿线路向开关查找,检测开关工作是否正常。如果开关有电压输入,但没有输出,须更换开关。

第五节 电动车窗、电动座椅、电动天窗、电动后视镜

一、电动车窗

电动车窗由电力驱动车窗玻璃的升降,为驾驶人或乘客提供所需的车窗开度。通常电动车窗能保证驾驶人在驾驶座位上,操作控制开关,使全部车窗玻璃自动升降,并能实现后座车窗的锁止。其操纵简便,有利于行车安全。部分汽车电动车窗还能实现锁车、自动关闭车窗等智能控制。

1. 电动车窗的组成

电动车窗主要由车窗玻璃、玻璃升降器、直流电动机、继电器、开关(主控开关、分控开关)等组成。其在车上的布置如图5-38所示。

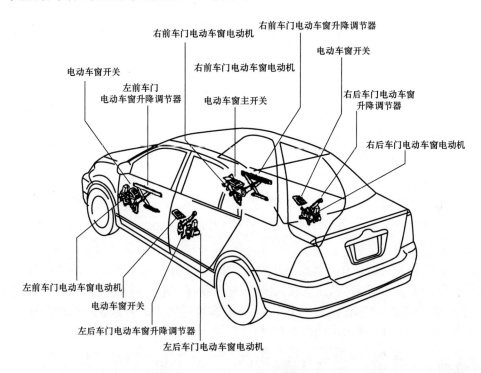

图5-38 电动车窗部件在车上的布置

1)玻璃升降器

玻璃升降器是把电动机的旋转运动变为车窗的上下移动。常见的玻璃升降器有钢丝滚筒式、交叉传动臂式。钢丝滚筒式多采用齿扇式传动,交叉传动臂式多采用齿条式传动。

齿条式玻璃升降器如图5-39所示。升降器采用柔性齿条和小齿轮结构。当电动机转动时,通过蜗轮蜗杆减速机构将动力传给小齿轮,小齿轮使齿条移动,齿条通过拉绳带动门窗玻璃进行升降。

2)电动机

电动车窗使用双向直流电动机,有永磁式和双绕组串励线绕式。现代汽车的每个车窗都装有一台电动机,通过开关控制电流的流动方向,使电动机正、反转,从而使车窗玻璃上升或下降。电动机的结构控制原理简如图5-40所示。

电动机内的传动装置是一种自锁蜗轮蜗杆结构,可防止自行打开或强力开启。与传动装置一体化的缓冲器,在车窗移到极限位置时,起到良好的缓冲特性。

为了防止电路过载,电动门窗控制电路中装有一个或多个热敏断路器,有的装在电动机内。当车窗完全关闭或由于结冰而使车窗玻璃不能自由运动时,即使操纵的开关没有断开,热敏断路器也会自动断开,以保护电路免受损失。断路器还具有防夹功能,能防止关闭车窗时夹住人的身体。

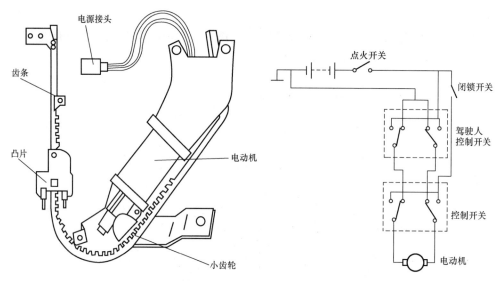

图 5-39 齿条式玻璃升降器　　　图 5-40 永磁式电动机的结构控制原理简图

3) 控制开关

电动车窗控制系统都装有两套控制开关,如图 5-41、图 5-42 所示。一套装在仪表板或驾驶人侧车门扶手上,为主开关,由驾驶人操作,可控制每个车窗的升降;另一套分别装在每个乘客门上,为分开关,可单独控制一个车窗,由乘客进行操作。大多数汽车在总开关中装有闭锁开关,当它断开时,乘客不能控制车窗升降。

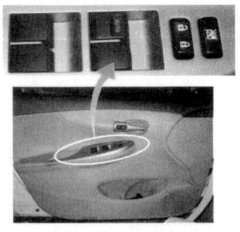
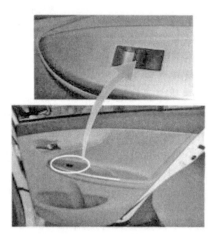

图 5-41 卡罗拉汽车主控开关　　　图 5-42 卡罗拉汽车分控开关

2. 电动车窗的控制电路

1) 凯越汽车电动车窗

凯越汽车电动车窗控制电路如图 5-43 所示。它采用永磁式电动机,当控制开关改变流过驱动电动机的电流方向时,驱动车窗玻璃升降。

2) 卡罗拉电动车窗控制

卡罗拉电动车窗控制电路如图 5-44 所示。它也采用永磁式直流电动机,控制方式与凯越汽车基本相同,不再赘述。

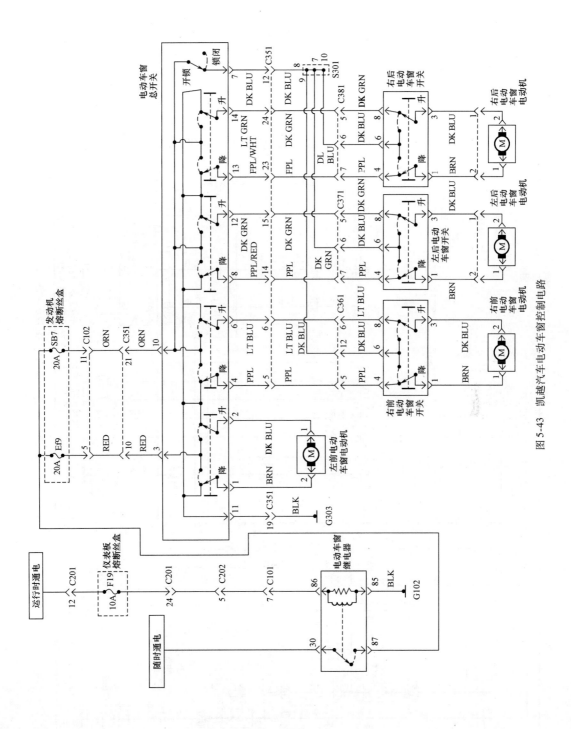

图 5-43 凯越汽车电动车窗控制电路

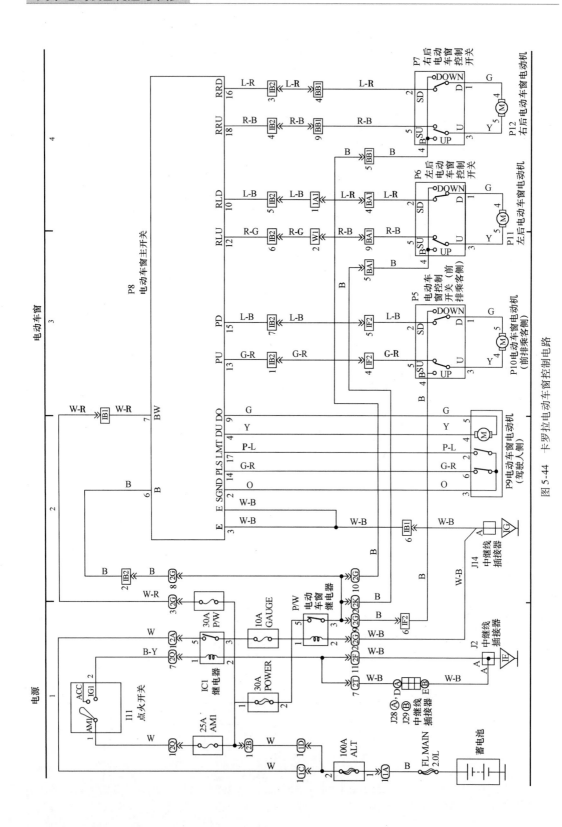

图 5-44 卡罗拉电动车窗控制电路

3. 电动车窗的常见故障及诊断思路

电动车窗常见的故障有:所有车窗均不能升降、部分车窗不能升降或只能向一个方向运动、某个车窗两个方向都不能运动、电动车窗有异响等。

1)所有车窗均不能升降

(1)故障原因:熔断器断路、总线路断路、主控开关损坏、搭铁不实。

(2)诊断思路:

①检查熔断器是否断路。

②若熔断器良好,将点火开关接通,检查总开关与分开关上的相线电压是否正常。如电压为零,应检查电源线路;若电压正常,检查搭铁线是否良好。

③若搭铁不良,应清洁、紧固搭铁线;若搭铁良好,应对主控开关进行检查。

2)部分车窗不能升降或只能向一个方向运动

(1)故障原因:该车窗的按键开关损坏、该车窗的电动机损坏、连接导线断路、主控开关损坏。

(2)诊断思路:

①检查主控开关的按键开关与该车窗的按键开关工作是否正常。

②检查该车窗的电动机正反转是否正常。

③检查连接导线。

④若车窗只能向一个方向运动,一般是按键开关或分线路断路,可先检查线路连接是否正常,再检修开关。

⑤若一个车窗两个方向都不能运动,应先检查电动机;若电动机正反转正常,应检修传动机构,多数是传动机构卡死。

4. 主要部件的检修

这里以卡罗拉车型为例。

1)电动车窗总开关的检修

卡罗拉电动车窗的总开关接线如图5-45所示。当总开关处于上升、关闭、下降的不同工作状态时,各端子之间的导通状态见表5-4,如果测得的结果与表5-4不符,说明车窗总开关已损坏,应更换新开关。

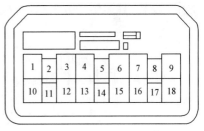

图5-45 卡罗拉电动车窗的总开关插接器

车窗工作状态导通状态　　　　　　　　　　表5-4

检查条件	前								后							
	左				右				左				右			
端子号 开关位置	3	6	4	9	3	6	13	15	3	6	10	12	3	6	16	18
上升	○─┼─○				○─┼─○				○─┼─○				○─┼─○			
关闭	○─○				○─○				○─○				○─○				
下降	○─○				○─○				○─○				○─○				

2)电动车窗分开关的检修

卡罗拉电动车窗的分开关插接器如图5-46所示。当分开关处于上升、关闭、下降的不同工作状态时,各端子之间的导通状态见表5-5,如果测得的结果与表不符,说明车窗总开关已损坏,应更换新开关。

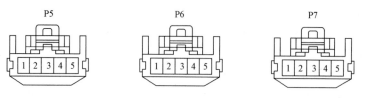

图5-46　卡罗拉电动车窗的分开关插接器图

车窗分开关工作状态导通状态　　　　　　　　　　　　　表5-5

端子号 开关位置	1	2	3	4	5
上升	○—	—○	○—	—○	
关闭	○—	—○	○—		—○
下降		○—	—○	○—	—○

3)电动车窗电动机的检修

电动车窗电动机的插接器如图5-47所示。将蓄电池的正极分别接4、5端子,电动机应能正、反转,且运转十分平稳。否则,说明电动机有故障,应更换。

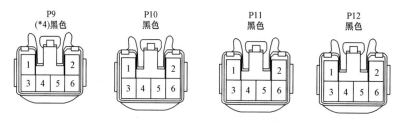

图5-47　卡罗拉电动车窗的电动机插接器图

4)车窗继电器的检修

车窗继电器的连接情况如图5-45所示。

(1)静态检测:将万用表置于R×1挡,测量1、2两个端子,应为通路,如不通,说明线圈烧坏,应更换。再测3、5两个端子,应断路,如为通路,说明触点烧结,应更换。

(2)动态检测:将12V蓄电池电压正极接1端子,负极接2端子,用万用表检测3、5端子,应为通路,否则说明继电器损坏,应更换。

二、电动天窗

现在越来越多的中高档汽车多装有电动天窗,电动天窗依靠汽车行驶过程中气流在汽车顶部的快速流动,有效地使车内空气流通,增加新鲜空气流入车内,给驾驶人和乘客带来健康、舒适的享受。

1. 电动天窗的组成

电动天窗主要由天窗玻璃、天窗电动机、传动机构、控制开关和继电器模块等组成。其在车上的布置如图5-48所示。

1) 天窗电动机

天窗电动机为双向直流电动机,它通过传动机构为天窗开闭提供动力,即通过改变流过电动机的电流方向来改变旋转方向,实现天窗的开闭。

2) 天窗的传动机构

电动天窗的传动机构包括滑动机构、连接机构和驱动机构。

(1) 滑动机构。电动天窗滑动机构结构简图如图5-49所示。它由驱动电动机、驱动齿轮、滑动螺杆和后枕座组成。

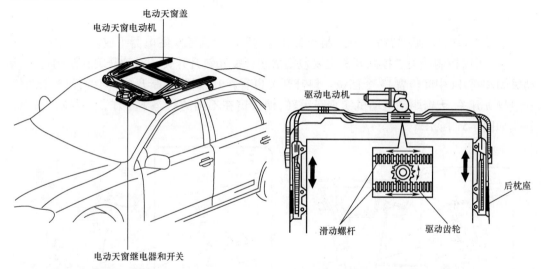

图5-48　电动天窗部件在车上的布置　　图5-49　电动天窗的滑动机构

天窗开关动作时,驱动电动机所产生的转矩由驱动齿轮传递给滑动螺杆,滑动螺杆带动后枕座滑动。电动机正、反转使后枕座前、后移动,决定天窗玻璃打开还是关闭。在电动机齿轮外壳内部有两个利用凸轮进行工作的限位开关。

(2) 连接机构。电动天窗连接机构结构简图如图5-50所示。

当天窗玻璃打开时,后枕座由于滑动螺杆的作用,向车辆后方推出。两个导向销分别沿着导向槽移动,首先把天窗后端向下方引出,落入车顶下部。其后,对螺杆压紧,向车辆后方滑动,当天窗玻璃关闭时,后枕座向车辆前方伸出滑动,导向销达到图示位置即为全闭。

从这种状态起,后枕座进一步向车辆前方移动,导向销也沿着导向槽向前移动,连杆即按箭头A方向移动,使天窗玻璃斜升。当天窗玻璃斜降开始时,后枕座按箭头B的方向收回合拢,使天窗玻璃斜降。斜降完成后,天窗玻璃才可进行滑动打开与关闭。

(3) 驱动机构。电动车窗的驱动机构由电动机、驱动齿轮、凸轮、限位开关等组成。

电动机通过蜗轮、中间齿轮进行减速,将动力传递给驱动齿轮,驱动齿轮一方面带动滑动螺杆移动,另一方面经减速后再传递给凸轮。

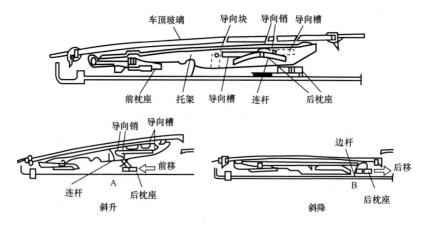

图 5-50 电动天窗的连接机构

3) 控制装置

电动天窗的控制装置由天窗控制开关、限位开关、天窗控制继电器组成。

(1) 天窗控制开关。控制开关主要包括滑动开关和斜升开关。滑动开关有滑动打开、滑动关闭和断开(中间位置)3 个挡位。斜升开关也有斜升、斜降和断开(中间位置)3 个挡位。通过操纵开关,天窗驱动电动机实现正反转,使天窗在不同的状态下工作,卡罗拉天窗控制开关如图 5-51 所示。

图 5-51 卡罗拉天窗控制开关

(2) 限位开关。限位开关主要是用来检测天窗所处的位置。限位开关靠凸轮转动来实现电路的接通和断开。凸轮安装在驱动机构的动力输出端。当电动机将动力输出时,通过驱动齿轮和滑动螺杆减速以后带动凸轮转动,于是凸轮周边的突起部位触动开关使其开闭,以实现对天窗的自动控制。限位开关的安装示意图和工作特性如图 5-52 所示。

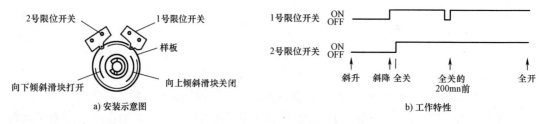

图 5-52 限位开关安装示意图和工作特性

(3)天窗控制继电器模块。天窗控制继电器模块是一个数字控制电路,并设有定时器、蜂鸣器和继电器等。其作用是接受开关输入的信息,通过数字电路进行逻辑运算,确定继电器的动作,给电动机发出指令,控制电动机正、反转,完成天窗的打开、关闭、斜升和斜降。

2. 电动天窗的工作原理及控制电路

1）凯越电动天窗控制

凯越电动天窗控制电路如图 5-53 所示。它采用永磁式电动机,当控制开关改变流过驱动电动机的电流方向时,驱动天窗玻璃动作。

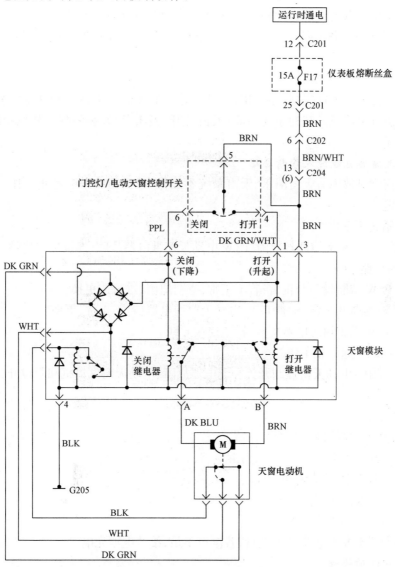

图 5-53 凯越电动天窗控制电路

天窗控制开关是一个拨动按钮,位于门控灯总成右侧。必须接通点火开关,天窗才能操作。

（1）天窗打开:接通点火开关,按下天窗控制开关后部,信号从天窗开关送到天窗控制模块,打开继电器工作,电动机转动,打开天窗。

(2)天窗关闭:接通点火开关,按下天窗控制开关前部,信号从天窗开关送到天窗控制模块,关闭继电器工作,电动机反向转动,关闭天窗。

(3)向上倾斜:接通点火开关,天窗关闭后,要想倾斜打开天窗后端,按住天窗控制开关前部,信号从天窗开关送到天窗控制模块,打开继电器工作,电动机转动,天窗向上倾斜。

(4)向下倾斜:接通点火开关,按住天窗控制开关后部,信号从天窗开关送到天窗控制模块,关闭继电器工作,电动机转动,关闭天窗。

按下天窗开关的任一侧可使天窗在中途停止。

有些天窗控制系统还具有倾斜提醒功能。当天窗处于向上倾斜时,将点火开关从 ON 挡转至 ACC 或 OFF 挡时,则天窗控制模块接通蜂鸣器,蜂鸣器响起以提醒驾驶人,天窗处于倾斜状态。

2)丰田卡罗拉电动天窗控制

丰田卡罗拉电动天窗控制电路如图 5-54 所示。它主要由天窗控制继电器和开关、天窗电动机和限位开关组成。它的主要功能:天窗打开、关闭、斜升和斜降。其控制原理与凯越相似不再赘述。

3. 电动天窗常见故障及诊断思路

电动天窗常见故障有天窗漏水、天窗系统不工作、天窗系统中途停止工作、天窗运行缓慢和时停时走等。

1)天窗系统不工作

(1)故障原因:P/W 熔断丝故障、P/W 电动天窗继电器故障、连接导线故障。

(2)诊断思路:

①检查 P/W 熔断丝是否正常;若不正常,查明原因,维修或更换。

②若 P/W 熔断丝正常,检查 P/W 电动天窗继电器;若不正常,更换。

③若 P/W 电动天窗继电器正常,检查连接导线。

2)天窗系统中途停止工作

(1)故障原因:电动天窗控制开关和继电器故障、电动天窗电动机和限位开关故障、连接导线故障。

(2)诊断思路:

①检查电动天窗控制开关的工作情况,若不正常,更换。

②若控制开关正常,检查电动天窗继电器;若不正常,更换。

③若继电器正常,检查连接导线。

3)天窗运行缓慢,时停时走

(1)故障原因:电源电压不够。

(2)诊断思路:检查蓄电池的电量,若电量不足,给蓄电池充电。

4. 主要部件的检修

这里以丰田卡罗拉电动天窗为例。

1)天窗功能的检查

(1)检查滑动开启操作情况。将点火开关转至 ON 位置,电动天窗开关位于 OPEN 侧时,检查电动天窗是否滑动并完全打开。

第五章 车身电器

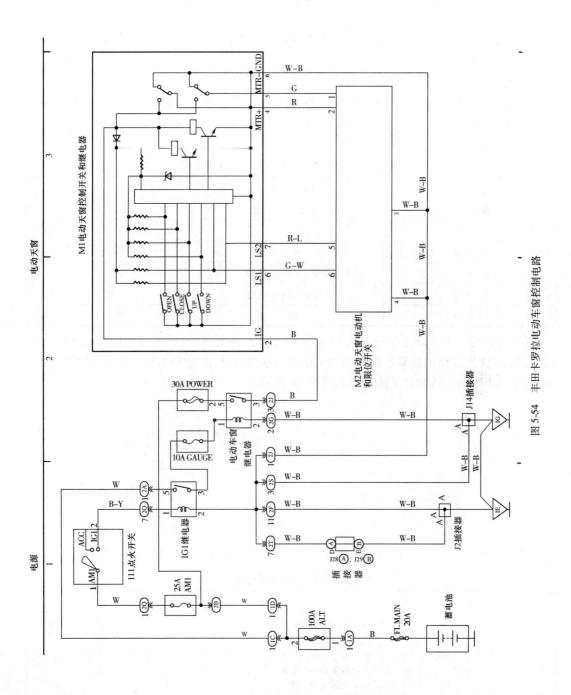

图 5-54 丰田卡罗拉电动车窗控制电路

(2)检查滑动关闭操作情况。将点火开关转至 ON 位置,电动天窗开关位于 CLOSE 侧时,检查电动天窗是否滑动并完全关闭。

(3)检查斜升操作情况。将点火开关转至 ON 位置,电动天窗开关位于 UP 侧时,检查电动天窗是否斜升。

(4)检查斜降操作情况。将点火开关转至 ON 位置,电动天窗开关位于 DOWN 侧时,检查电动天窗是否斜降。

2)天窗继电器和开关的检查

(1)断开电动天窗继电器和开关插接器,按表 5-6 中的要求,检查电动天窗继电器和开关配线侧插接器各端子间的电压和导通情况,若检测结果不符合要求,则检测相关电路。电动天窗继电器和开关插接器如图 5-55 所示。

电动天窗继电器和开关端子电压和导通情况　　　　表 5-6

测试端子	测试条件	标 准 值
2—车身	点火开关在 ON 位置	0～14V
4—车身	无	不导通
5—车身	无	不导通
6—车身	1 号限位开关在 ON 位置	导通
7—车身	2 号限位开关在 ON 位置	导通
8—车身	无	导通

(2)插回电动天窗继电器和开关插接器,按表 5-7 的要求,从插接器背面检测电动天窗继电器和开关配线侧插接器各端子间的电压和导通性,若检测结果不符合要求,则检测相关电路,电动天窗继电器和开关插接器如图 5-56 所示。

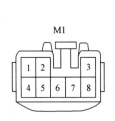

图 5-55　电动天窗继电器和开关插接器

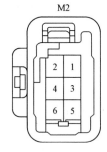

图 5-56　天窗电动机与限位开关插接器

电动天窗继电器和开关端子电压和导通性　　　　表 5-7

测试端子	测试条件	标 准 值
4—车身	每个开关在 OFF 位置	导通
5—车身	每个开关在 OFF 位置	导通
4—车身	(1)点火开关在 ON 位置 (2)电动天窗完全关闭 (3)1 号限位开关在 ON 位置 (4)2 号限位开关在 ON 位置 (5)滑动开关(OPEN 侧)OFF→ON	0～14V

续上表

测试端子	测试条件	标　准　值
5—车身	(1)点火开关在ON位置 (2)电动天窗完全打开 (3)1号限位开关在ON位置 (4)2号限位开关在ON位置 (5)滑动开关(CLOSE侧)OFF→ON	0~14V
4—车身	(1)点火开关在ON位置 (2)倾斜 (3)1号限位开关在OFF位置 (4)2号限位开关在OFF位置 (5)倾斜开关(DOWN侧)OFF→ON	0~14V
5—车身	(1)点火开关在ON位置 (2)停止倾斜 (3)1号限位开关在OFF位置 (4)2号限位开关在OFF位置 (5)倾斜开关(UP侧)OFF→ON	0~14V

(3)天窗电动机与限位开关总成的检查。

①天窗电机工作情况检查。将蓄电池正极与电动天窗电动机2端子连接,负极与1端子连接,电动机顺时针转动;反之,电动机应能逆时针转动,且没有异常声音,说明电动机正常。若不符合要求,应更换天窗电动机。天窗电机与限位开关插接器如图5-56所示。

②限位开关导通情况的检查。1号限位开关在OFF位置时,电动天窗限位开关3、6端子不导通;1号限位开关在ON位置时,电动天窗限位开关3、6端子应导通;2号限位开关在OFF位置时,电动天窗限位开关5、6端子不导通;1号限位开关在ON位置时,电动天窗限位开关5、6端子应导通;若导通情况不符合要求,则应更换天窗限位开关。

三、电动座椅

为了提高汽车乘坐的舒适性,减少驾驶和长时间乘车的疲劳,现代汽车都安装了电动座椅。如图5-57所示,驾驶人或乘客通过操纵座椅控制开关,可对座椅的前后、上下、座椅的前部上下、后部上下、靠背、腰部支撑和头枕等一个或多个部位进行调节,以保证获得最佳的驾驶或乘坐位置。

1.电动座椅的组成与工作原理

目前汽车上使用的电动座椅有两种类型:无存储功能的普通电动座椅和具有存储功能的自动座椅。

1)普通电动座椅

(1)基本组成

普通电动座椅由若干个双向电动机、传动机构和控制开关等组成,其结构和电动机的安装位置如图5-58所示。

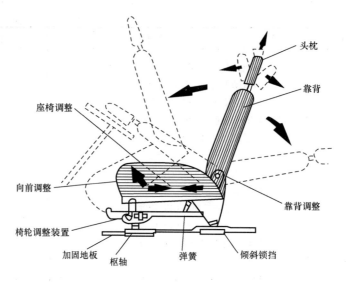

图 5-57 电动座椅工作图

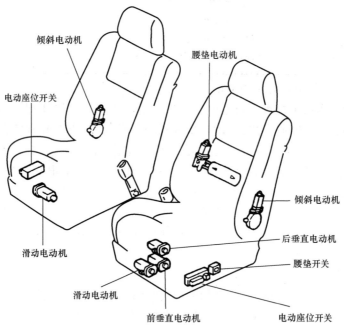

图 5-58 普通电动座椅基本组成

①双向电动机。电动座椅的电动机一般采用永磁式电动机,有的汽车也使用串励式电动机。改变流经电动机电流的方向,可以完成电动机两个方向的旋转。电动机的数量取决于电动座椅调节的方向和功能,通常两向移动的座椅装有 2 个电动机,四向移动的座椅装有 4 个电动机,有的电动座椅使用的电动机数量甚至达到 8 个。电动机内通常还装有断路器,以防止电动机过载损坏。

②传动机构。电动座椅传动机构的作用是把电动机产生的旋转运动,转变为座椅的位置调整,主要由变速器(蜗轮蜗杆)、联轴节、软轴、螺旋千斤顶、传动机构等组成,传动方式有齿轮齿条式和蜗轮蜗杆式。

③控制开关。控制开关是驾驶人或乘客用以调整座椅位置的装置,根据座椅调节功能分别包括座椅前后滑动调节开关、座椅上下调节开关、座椅靠背前后倾斜调节开关、座椅腰部支撑控制开关等,图5-59所示为丰田卡罗拉驾驶人电动座椅控制开关外形。

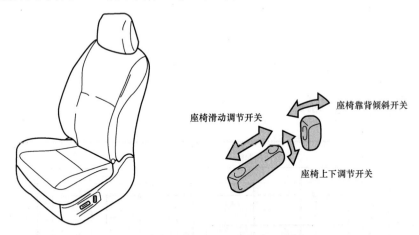

图5-59　丰田卡罗拉驾驶人电动座椅的控制开关

(2) 工作原理

图5-60所示为丰田卡罗拉驾驶人座椅的控制电路图。该电动座椅共设置有座椅前后滑动调节、座椅上下调节和靠背前后倾斜调节3个电动机,能够实现6个方向的调节功能,下面以座椅前后滑动调节为例,来介绍其工作原理。

①座椅向前滑动调节。按下座椅控制开关向前滑动键时,驾驶人座椅控制开关的端子1、6接通、端子9、4接通,其电路为:

蓄电池正极→30A乘客座椅熔断器→插接器L(46)端子9→插接器L(46)端子6→驾驶人座椅控制开关端子1→驾驶人座椅控制开关端子6→座椅前后滑动电动机→驾驶人座椅控制开关端子9→驾驶人座椅控制开关端子4→搭铁→蓄电池负极。此时驾驶人座椅向前滑动。

②座椅向后滑动调节。按下座椅控制开关向后滑动键时,驾驶人座椅控制开关的端子1、9接通、端子6、4接通,其电路为:

蓄电池正极→30A乘客座椅熔断器→插接器L(46)端子9→插接器L(46)端子6→驾驶人座椅控制开关端子1→驾驶人座椅控制开关端子9→座椅前后滑动电动机→驾驶人座椅控制开关端子6→驾驶人座椅控制开关端子4→搭铁→蓄电池负极。此时驾驶人座椅向后滑动。

2) 自动座椅

(1) 基本组成

如图5-61所示,自动座椅一般由电子控制单元(ECU)、位置传感器、双向电动机、传动装置和座椅调节装置等组成,其中双向电动机和传动装置的结构和驱动方式与普通电动座椅相似,这里就不再赘述。

①电子控制单元(ECU)。自动座椅的ECU控制座椅电源的通断、存储和执行复位动作。当收到自动座椅控制开关的信号,ECU内的继电器动作,控制自动座椅移动。座椅的存

储与复位,分别由倾斜和伸缩 ECU 及自动座椅的 ECU 相互联系进行控制。

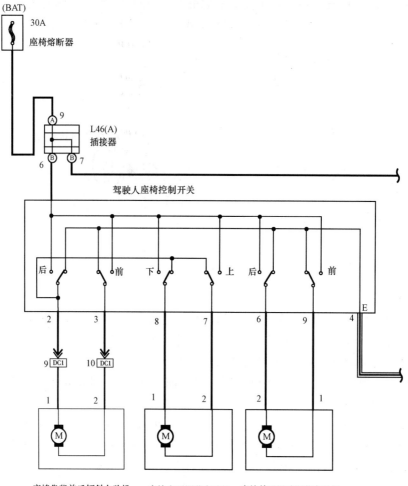

图 5-60　丰田卡罗拉驾驶人座椅的控制电路图

②位置传感器。位置传感器将每个电动机(前后滑动调节、上下调节、靠背倾斜调节等)的位置信号送至 ECU,储存在存储器内。位置传感器主要有两种形式:一种是滑动电位器式,如图 5-62 所示;另一种是霍尔式,如图 5-63 所示。

滑动电位器式位置传感器主要由座椅电动机驱动的齿轮和螺杆、电阻丝以及能在螺杆上滑动的滑块组成。当电动机驱动座椅的同时,也驱动齿轮带动螺杆,驱动滑块在电阻丝上滑动,相当于一个可变电阻,通过电阻阻值的变化将座椅位置信号转变成电压信号输给 ECU。

霍尔式位置传感器主要由永久磁铁和霍尔集成电路组成。根据霍尔原理,霍尔元件中磁通量变化时会产生霍尔电压。永久磁铁安装在由电动机驱动的轴上,由于转轴上磁铁的转动引起通过霍尔元件中磁通量的变化,从霍尔元件产生霍尔电压,再经霍尔集成电路进行放大并处理,然后取出旋钮的脉冲信号输给 ECU。

第五章 车身电器

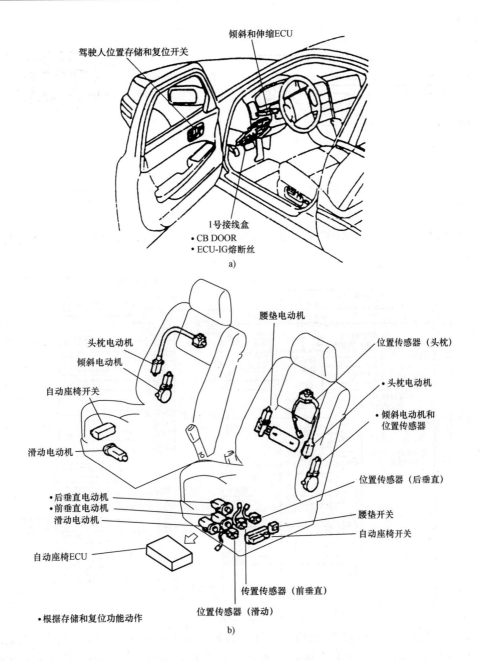

图 5-61 自动座椅的基本组成

③座椅调节装置。自动座椅调节装置包括自动座位开关、腰垫开关、位置存储和复位开关等。其中自动座位开关和腰垫开关是手动开关,驾驶人或乘客根据自身的需要操作相应的开关,向 ECU 输入座椅滑动、前垂直、后垂直、靠背倾斜、腰垫伸缩等位置信号,从而实现自动座椅位置的调整。而存储和复位开关为自动开关,当座椅位置调好时,按下此开关,ECU 就把各位置传感器的信号储存起来,以备下次恢复座椅位置时使用。当下次使用时,再次按下此开关,则 ECU 就驱动各电动机,将座椅调整到原来的位置。

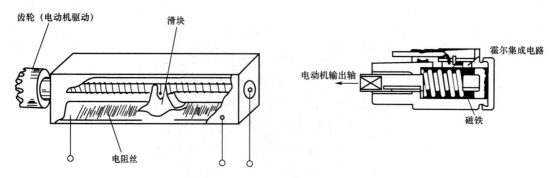

图 5-62 滑动电位器式位置传感器结构示意图　　图 5-63 霍尔式传感器结构示意图

(2) 工作原理

图 5-64 所示为自动座椅的控制电路,以座椅向前滑动和自动记忆或复位为例分析其工作原理。

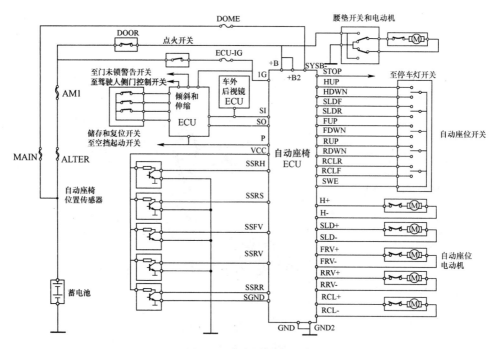

图 5-64 自动座椅控制电路

按下自动座位开关向前滑动键时,自动座椅 ECU 收到向前滑动信号,从而向滑动电动机通电,通过传动装置驱动电动机向前滑动。按下存储和复位开关时,通过倾斜和伸缩 ECU,自动座椅 ECU 收到相应记忆或复位信号,自动座椅 ECU 存储各位置传感器的相应信号或给各电动机通电,使座椅调整到原来的位置。

2. 电动座椅故障检修

1) 普通电动座椅故障检修

(1) 常见故障

电动座椅最常见的故障是:电动座椅完全不能动作或某个方向不能动作。

(2) 故障原因

电动座椅不能动作的主要原因有：熔断器熔断、线路断路、座椅控制开关损坏等。

电动座椅某个方向不能动作的主要原因有：座椅控制开关损坏、该方向对应的电动机损坏、线路断路等。

（3）故障检修步骤

①电动座椅完全不能动作：首先检查熔断器是否熔断；若熔断器良好，则检查所在线路及其插接器是否正常，最后再检查座椅控制开关。

②电动座椅某个方向不能动作：首先检查所在线路是否正常，再检查座椅控制开关和电动机。

（4）故障检修实例

下面以丰田卡罗拉驾驶人电动座椅控制电路为例，来分析和阐述电动座椅故障检修步骤：

①检查30A座椅熔断器：用万用表或目测检查30A座椅熔断器是否熔断，若熔断，则更换，若良好，则检查控制电路的供电是否良好。

②检查控制电路的供电：用万用表测量插接器L46（A）A9端子（正极）与车身搭铁点（负极）的电压，正常值为蓄电池电压（12V），否则应检查蓄电池与30A座椅熔断器、30A座椅熔断器与插接器L46（A）间线束是否断路、插接器L46（A）连接是否牢固。

③检查连接线束：用万用表检查蓄电池与30A座椅熔断器、30A座椅熔断器与插接器L46（A）间线束是否导通，如不导通，则说明线束断路或与端子连接不良，应更换或检修；若导通，则要检查各插接器是否良好。

④检查插接器：首先检查插接器各端子插接是否牢固，其次用万用表检查插接器L46（A）A9端子与B6、B7端子是否导通，正常情况应导通，否则应更换插接器L46（A）。

⑤检查电动座椅控制开关：使电动座椅控制开关处于不同的调节位置，用万用表检查各端子的导通情况，应符合表5-8的要求，若导通状况不符合规定，则应更换电动座椅控制开关。

电动座椅开关检查 表5-8

开关位置	端子	1	2	3	4	6	7	8	9
座椅滑动调节开关	向前	○—	—	—○		○—	—○		○—	—○
	向后	○—	—	—○			○—	—○		○
座椅上下调节开关	向上	○		○—|—|—|—|—○			
	向下	○			○—	—○			
靠背前后调节开关	向前	○—	—	—○	○—	—○				
	向后	○—	—○		○—	—○			

2）自动座椅故障检修

自动座椅常见的故障以及检修的步骤与普通电动座椅相似，所不同的是除检修座椅开关、连接线束、插接器、相应的调节电动机以外，还需要检修位置传感器和自动座椅 ECU 等部件。下面就以雷克萨斯 LS400 驾驶人自动座椅为例，分析位置传感器的检查步骤：

(1) 拆下驾驶人座椅。

(2) 拆下前垂直调节器上的螺栓并将坐垫略微抬高。坐垫不宜抬得过高，否则线束会被拉出，夹箍可能会松动。

(3) 随插接器一起从坐垫下面的固定处拆下电动座椅 ECU。

(4) 把电动座椅 ECU 的端子 CHK 连接车身搭铁，使 ECU 进入检查状态，如图 5-65 所示。

(5) 测量电动座椅 ECU 的端子 SO 与车身搭铁间的电压（采用指针式电压表）。

(6) 检查应输出图示"已准备好"代码。

(7) 分别打开电动座椅手动开关并检查座椅各向移动时的电压变化。

(8) 输入信号正常和不正常时，输出电压的变化，如图 5-65 所示。

(9) 当座椅移动到极限位置时，电压应从正常代码变为不正常代码；当证实其他系统功能完好，并通过对电压表指针的摆动量比较，确认正常和不正常代码后，再进行分析处理。电压表指针摆动量取决于仪表。

四、电动后视镜

后视镜用来反映车辆后方、侧方和下方的情况，使驾驶人的视野更广阔。后视镜分为外后视镜和内后视镜，这里主要指外后视镜。驾驶人调整外后视镜的位置比较困难，特别是乘客一侧的，而使用电动后视镜就能很方便地解决这个问题。

1. 电动后视镜的基本组成

电动后视镜一般由镜片、电动机、驱动机构及控制开关等组成，如图 5-66 所示。在左右两个后视镜镜片的背后都有两套永磁式电动机和驱动机构，其中一套控制后视镜的左右运动；另一套控制后视镜的上下运动。后视镜的运动方向由操纵开关控制，当控制开关处于不同的位置时，流经电动机的电流方向以及电动机的转动方向就不同，从而后视镜的运动方向也就不同。

2. 电动后视镜的工作原理

如图 5-67、图 5-68 所示分别为丰田卡罗拉电动后视镜控制开关外形图和控制电路图。

3. 带驾驶人姿势存储功能的电动后视镜

目前汽车上使用的还有一种带驾驶人姿势存储功能的电动后视镜，该电动后视镜的基本结构与驱动方式与前面介绍的电动后视镜相似，不同之处是在原有结构的基础上加装了一套电子控制装置。电子控制装置在车上的布置如图 5-69 所示，电子控制装置主要包括驾驶人姿势存储和复位开关、倾斜/伸缩转向柱 ECU、后视镜 ECU、位置传感器等。

图 5-70 为带驾驶姿势存储功能的后视镜电子控制系统控制电路图，该后视镜主要由镜片、电动机（水平调节和垂直提调节）、位置传感器（H—水平，V—垂直）、后视镜 ECU、后视镜开关等组成。

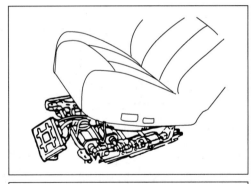
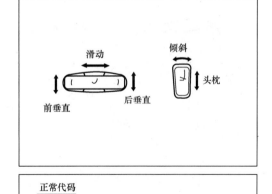
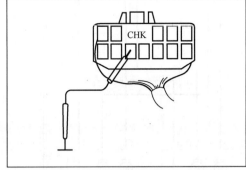

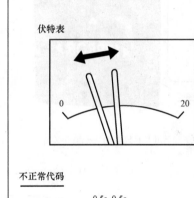
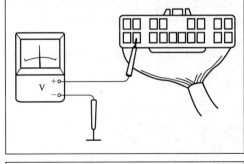
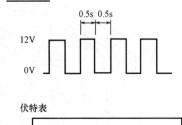
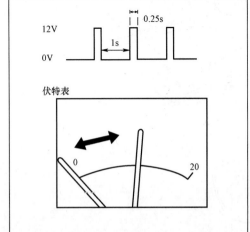
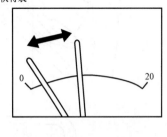

图 5-65 座椅位置传感器信号图

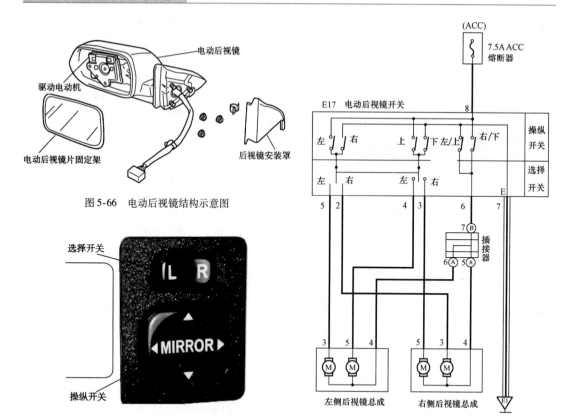

图 5-66 电动后视镜结构示意图

图 5-67 丰田卡罗拉电动后视镜开关外形

图 5-68 丰田卡罗拉电动后视镜控制电路图

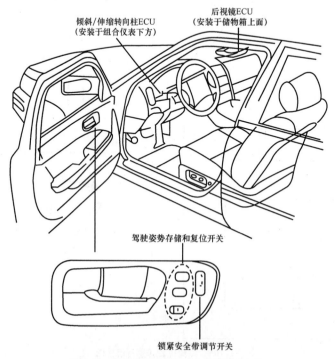

图 5-69 带驾驶姿势存储功能的电动后视镜

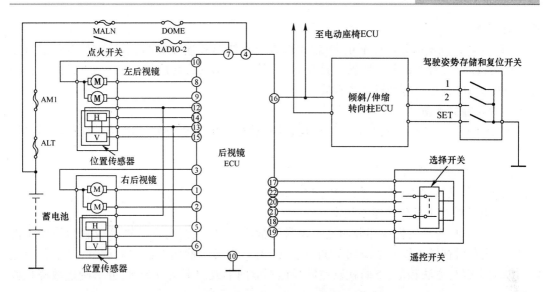

图 5-70 带驾驶姿势存储功能的后视镜控制电路图

每个后视镜里装有 2 个位置传感器(水平和垂直),其主要作用是检测后视镜所处的位置。其结构如图 5-71 所示,主要由霍尔集成电路和永久磁铁(安装于螺旋枢轴内)两大部分组成。工作时,由后视镜 ECU 给霍尔集成电路提供 5V 电源电压,当后视镜的转动引起螺旋枢轴前、后移动时,螺旋枢轴的相对位置发生改变,从而使安装在上的永久磁铁的磁场发生变化,导致位置传感器输出信号也有所变化。根据后视镜的位置,后视镜 ECU 将位置传感器的电压信号储存到存储器里,与 ECU 所设定的准电压进行比较,直至后视镜的位置与所存储的位置相适合,后视镜调节系统才开始调节。

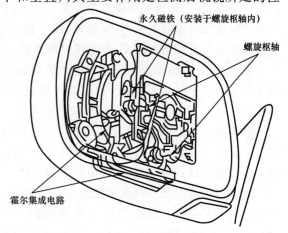

图 5-71 后视镜位置传感器结构

后视镜 ECU 的主要功用是控制后视镜的工作,同时也可根据倾斜/伸缩转向柱 ECU 和各种位置传感器送来信号,储存和恢复后视镜的位置。

4. 电动后视镜故障检修

1)常见故障

电动后视镜的常见故障有:电动后视镜都不工作、电动后视镜部分功能不正常。

2)故障原因

电动后视镜都不工作的主要原因:熔断器熔断、线路断路、控制开关损坏等。

电动后视镜部分功能不正常的主要原因:线路断路、控制开关损坏、电动机有故障等。

3)故障检修步骤

(1)电动后视镜都不工作:首先检查熔断器是否熔断;若熔断器良好,则检查各线路及插接器的连接情况,查看连接是否松动或断路;若线路和插接器正常,最后再检查控制开关各端子通断情况。

(2)电动后视镜部分功能不正常：首先检查所在线路和连接器的插接情况,查看连接是否有松动或断路;若线路和插接器连接良好,则检查控制开关相应端子的通断情况;若控制开关良好,则检查相应电动机是否有故障。

4)故障检修实例

下面以丰田卡罗拉驾驶人电动后视镜控制电路为例,分析和阐述电动后视镜故障检修步骤：

(1)电动后视镜都不工作

参照电动座椅都不工作原因分析。

(2)电动后视镜部分功能不正常

丰田卡罗拉电动后视镜部分功能不正常的故障,主要表现为左后视镜或右后视镜不能动作、左或右后视镜不能向上或向下调节、左或右后视镜不能向左或向右调节,以上各个故障检修的步骤与方法相似,下面就以左后视镜不能向上或向下调节为例,分析阐述故障检修步骤：

①检查控制开关：用试灯、发光二极管或万用表检查电动后视镜控制开关端子4与车身的搭铁情况,按下电动后视镜选择开关L键,按住操纵开关向上键,此时试灯应点亮,否则表明电动后视镜控制开关损坏,应更换;按下操纵开关向下键,用试灯检查电动后视镜控制开关端子6与车身的搭铁情况,此时试灯应点亮,否则表明电动后视镜控制开关损坏,应更换。

②检查连线束：用万用表检查电动后视镜控制开关端子4与左后视镜上下调节电动机端子5之间连接线束的导通情况,如不导通,则说明线束断路或端子连接不良,应更换或检修。

③检查上下调节电动机：用试灯检查上下调节滑动电动机插接器端子5和端子4,且分别按下电动后视镜向上或向下键,试灯应分别点亮,否则说明左后视镜上下调节电动机插接器端子接触不良或电动机损坏,应检修或更换。

以上是无驾驶姿势存储功能的电动后视镜常见故障的检修步骤,对于带驾驶姿势存储功能的电动后视镜,除按照以上步骤进行检修外,还要检查电动后视镜电子控制单元(ECU)、倾斜/伸缩转向柱 ECU,以及电源电路及其搭铁线是否正常,其检查步骤与前面相似,这里就不再赘述。

第六节　中控门锁和防盗系统

一、中控门锁

为了方便驾驶人和乘客开关车门,现在大部分汽车中都安装了中央控制门锁系统。安装了中控门锁后,驾驶人可以在锁住或打开自己车门的同时锁住或打开其他的车门,而除了中控门锁控制外,乘客还可以利用各车门的机械式弹簧锁来开关车门。

1. 中控门锁的组成

中控门锁系统一般包括门锁控制开关、钥匙操纵开关、门锁总成、行李舱开启器及门锁控制器等。

图 5-72 所示为中央门锁控制系统及其组件的安装位置。

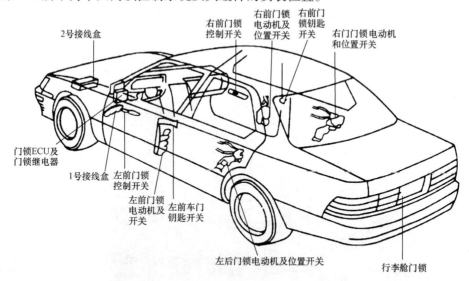

图 5-72 中控门锁系统各部件的安装位置

1) 门锁控制开关

门锁控制开关一般安装在驾驶人侧前门内的扶手上,通过门锁控制开关可以同时锁上和打开所有的车门。图 5-73 所示为丰田汽车门锁控制开关的位置图。

2) 门锁总成

门锁总成主要由门锁传动机构、门锁位置开关、外壳等组成,结构示意图如图 5-74 所示。

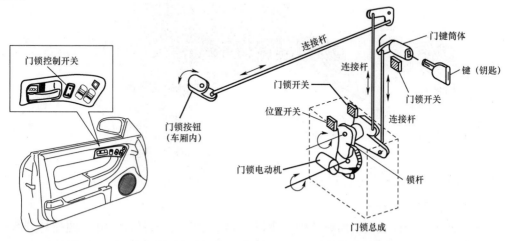

图 5-73 门锁控制开关的位置　　图 5-74 门锁机构示意图

门锁传动机构主要由门锁电动机、蜗轮齿轮组等组成,如图5-75所示。门锁电动机是门锁的执行器,当门锁电动机转动时,蜗杆带动蜗轮转动,蜗轮推动锁杆,车门被锁上或打开,然后蜗轮在复位弹簧的作用下返回原位置,防止操纵门锁钮时电动机工作。

门锁位置开关位于门锁总成内,用来检测车门的锁紧状态,它由一个触点片和一个开关底座组成。当锁杆推向锁门位置时,位置开关断开,推向开门位置时接通。即当车门关闭时,此开关断开,当车门打开时,此开关接通。图5-76所示为门锁位置开关在车门锁紧和打开时的状态。

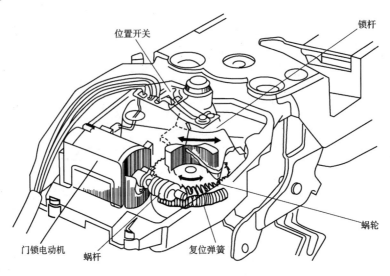

图5-75 门锁的传动机构

3)钥匙操纵开关

钥匙操纵开关装在每个前门的钥匙门上,当从外面用钥匙开门或关门时,钥匙控制开关便发出开门或锁门的信号给门锁控制ECU或门锁控制继电器。钥匙操纵开关的位置如图5-77所示。

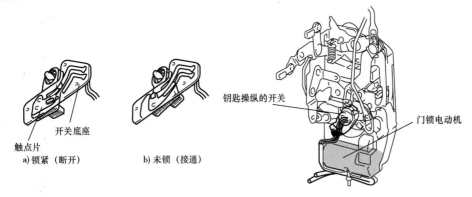

图5-76 门锁位置开关的工作情况　　图5-77 钥匙操纵开关的位置

4)行李舱门开启器开关

一般该开关位于仪表板下面或驾驶人座椅左侧车厢底板上,拉动此开关便能打开行李舱门,如图5-78所示。行李舱的钥匙门靠近其开启器,推压钥匙门,断开行李舱内主开关,此时再拉开启器开关也不能打开行李舱门。将钥匙插进钥匙门内顺时针旋转打开钥匙门,主开关接通,这样便可用行李舱门开启器打开行李舱。

5)行李舱门开启器

行李舱门开启器装在行李舱门上,一般用电磁线圈代替电动机,由轭铁、插棒式铁芯、电磁线圈和支架组成,如图 5-79 所示。当电磁线圈通电时,插棒式铁芯将轴拉入并打开行李舱门。线路断路器用以防止电磁线圈因电流过大而过热。

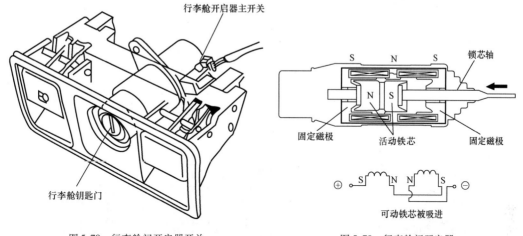

图 5-78 行李舱门开启器开关　　　　　图 5-79 行李舱门开启器

2. 中控门锁的工作原理

中控门锁控制的常见形式有继电器式、集成电路(IC)—继电器式、电脑(ECU)控制式等。

1)继电器控制的中控门锁控制系统

图 5-80 所示为使用门锁继电器的中控门锁控制电路。

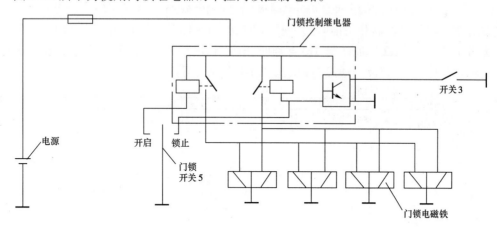

图 5-80 门锁继电器控制的中控门锁电路

当用钥匙转动锁芯,门锁开关 5 中的"开启"触点闭合时,这样电流便经过蓄电池的正极、熔断丝、开锁继电器线圈后经门锁开关搭铁,开锁继电器开关闭合,电流经过门锁电动机或门锁电磁线圈搭铁,4 个车门同时打开。当用钥匙转动锁芯,门锁开关 5 中的"锁止"触点闭合时,锁止继电器通电使其开关闭合,4 个车门同时锁住。开关 3 受车速的控制,可以实现自动闭锁。

2)集成电路(IC)—继电器控制的中控门锁系统

图 5-81 所示为集成电路(IC)—继电器控制的中控门锁系统电路。门锁控制器由一块

集成电路(IC)和两个继电器组成,IC电路可以根据各种开关发出的信号来控制两个继电器的工作情况。此电路中的D和P分别代表驾驶人侧和副驾驶人侧。

(1)用门锁控制开关锁门和开锁

①锁门。将门锁控制开关推向"锁门"(LOCK)一侧时,门锁继电器的端子10通过门锁控制开关搭铁,将Tr1导通。当Tr1导通时,电流流至1号继电器线圈,1号继电器开关闭合,电流流至门锁电动机,所有车门均被锁住,如图5-81所示。

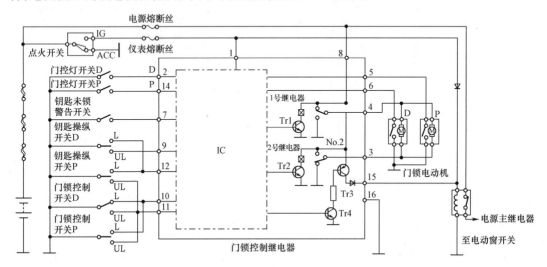

图5-81 集成电路(IC)—继电器控制的中控门锁控制电路

②开锁。将门锁控制开关推向"开锁"(UNLOCK)一侧时,门锁继电器的端子11通过门锁控制开关搭铁,将Tr2导通。当Tr2导通时,电流流至2号继电器线圈,2号继电器开关闭合,如图5-82所示,电流反向通过门锁电动机,所有的车门打开。

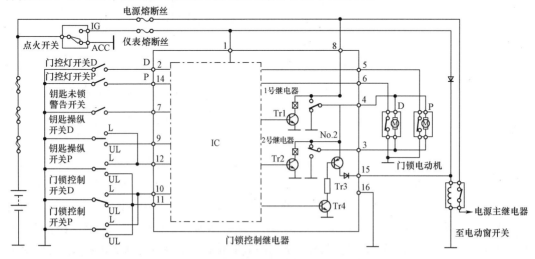

图5-82 集成电路(IC)—继电器控制的中控门锁开锁过程

(2)用钥匙操纵开关锁门和开锁。

①锁门。将钥匙操纵开关转向"锁门"(LOCK)一侧时,门锁继电器的端子12通过门锁

控制开关搭铁,将 Tr1 导通。当 Tr1 导通时,电流流至 1 号继电器线圈,1 号继电器开关闭合,电流流至门锁电动机,所有车门均被锁住。

②开锁。将钥匙操纵开关推向"开锁"(UNLOCK)一侧时,门锁继电器的端子 9 通过门锁控制开关搭铁,将 Tr2 导通。当 Tr2 导通时,电流流至 2 号继电器线圈,2 号继电器开关闭合,电流反向通过门锁电动机,所有的车门打开。

3. 遥控门锁

为了便于操作,现在很多汽车的中控门锁系统均配备了遥控发射器来实现锁门和开门等功能。图 5-83 所示为遥控发射器的外观图。

遥控门锁的基本原理是通过遥控门锁的发射器发出微弱电波,此电波由汽车天线接收后送至中控门锁系统中的 ECU 进行识别对比,若识别对比后的代码一致,ECU 将把信号送至执行器来完成相应的动作。其工作过程如图 5-84 所示。

例如凯越遥控门锁的工作过程如下:

手持式高频发射器通过向车内控制模块/发射器发送无线电波,锁闭和开锁车门。发射器的有效范围介于 5~10m,取决于是否有物体(如其他车辆)挡住无线电波。

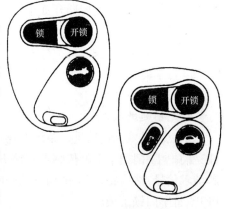

图 5-83 遥控发射器外观图

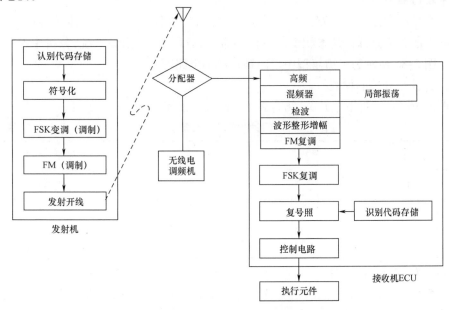

图 5-84 遥控门锁工作示意图

发射器有锁闭和开锁功能,且只有当点火开关关闭时工作。

(1)按开锁按钮可起到如下作用:

①开锁车门;

②转向信号灯灯泡闪烁两次;

③控制模块禁用。

（2）按锁闭按钮可起到如下作用：

①锁闭车门；

②转向信号灯灯泡闪烁一次；

③控制模块启用。

发射器电池可以更换，发射器电池的设计寿命至少为3年。

（3）自动锁车（安全锁）。遥控门锁系统具有自动锁车功能。如果在控制模块/接收器处于启用状态时，用遥控器开锁车门，车门将在30s后自动重新锁闭，除非发生如下事件：

①车门打开；

②点火开关接通；

③行李舱打开；

④发动机罩打开。

4. 无钥匙进入系统

别克新君威无钥匙进入系统的操作如下：当持有一把有效的遥控钥匙靠近车辆时，拉动任一门把手，门把手上的传感器会将开门请求信号传送给PEPS（模块），PEPS发出识别钥匙请求信号，然后钥匙通过RFA与BCM进行数据沟通，如果认定遥控钥匙有效，再通过PEPS将车门锁解锁。

5. 中控门锁的检修

各个车型的中控门锁电路区别较大，因此在进行检修时要结合具体的维修手册进行。但检修的方法和检修部位基本相似。下面结合丰田威驰中控门锁系统，分析中控门锁的检修过程。图5-85所示为丰田车型中控门锁系统的电路图。

1）门锁控制开关的检查

如图5-86所示，拆下主开关，结合表5-9检查门锁控制开关的导通性。

门锁开关端子检查　　　　　　　　　　　　　表5-9

端子号	开关位置	标准状态
1-5	LOCK	导通
—	OFF	不导通
1-8	Unlock	导通

2）检查左前门门锁总成

如图5-87所示，用蓄电池的正负极直接连接端子4和端子1，检查门锁电动机的工作情况。具体的标准见表5-10。

左前门锁端子的检查　　　　　　　　　　　　表5-10

测量条件	标准状态	测量条件	标准状态
蓄电池"+"—端子4 蓄电池"-"—端子1	上锁	蓄电池"+"—端子1 蓄电池"-"—端子4	开锁

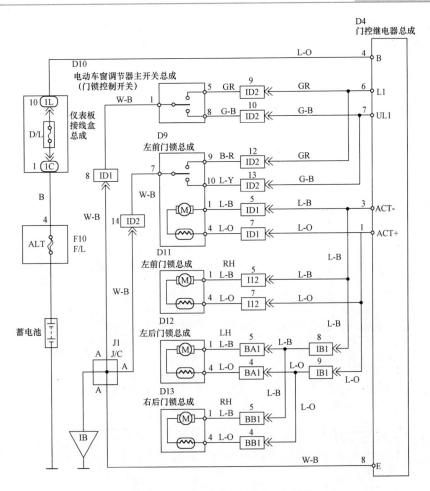

图 5-85 丰田车型中控门锁系统的电路图

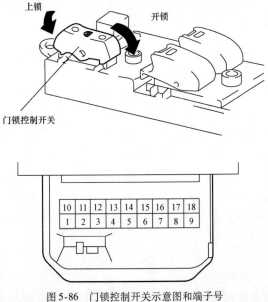

图 5-86 门锁控制开关示意图和端子号

其余3个车门门锁总成的检查与左前门锁总成的检查方法相同,此处不再重复。检查门锁在开锁和锁门时开关的导通情况。见图5-88和表5-11。

门锁总成端子的检查　　　　　　　　　表5-11

端 子 号	门锁位置	标准状态
7和9	上锁	导通
—	OFF	—
7和10	开锁	导通
7和8	上锁	不导通
	开锁	导通

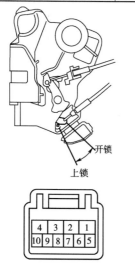

图5-87　左前门锁电动机的检查

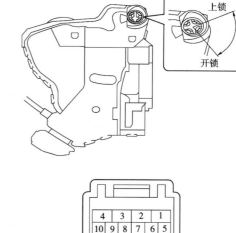

图5-88　门锁总成端子和开关的检查

3) 遥控门锁的检查

凯越遥控门锁故障或报警指示的检查:在按发射器开锁按钮后,控制模块/接收器将使驻车灯闪烁,指示遥控门锁和防盗系统信息。

(1) 正常条件:如果既没有侵入,也没有检测到故障,当按开锁按钮时,控制模块/接收器将发出状态正常信号。驻车灯将闪烁两次,每次闪亮0.5s,两次闪烁之间的间隔也是0.5s。

(2) 故障指示:如果遥控门锁和防盗系统有故障,当按开锁按钮时,控制模块/接收器将发出故障信号。驻车灯将闪烁两次,每次闪亮1s,两次闪烁之间的间隔是0.5s。

(3) 报警指示:如果自上次按锁闭按钮后有人侵入,则在按开锁按钮时,控制模块/接收器将发出有人侵入信号。驻车灯将闪烁两次,每次闪烁0.5s,两次闪烁之间的间隔为1.5s。

(4) 发送锁闭信息后,发射器下次启用控制模块/接收器时,将消除报警和故障信息。

二、汽车防盗

1. 概述

汽车防盗器可分为机械式和电子式,机械式防盗器是用机械的方法对油路、变速杆、转向盘、制动器等进行控制,如变速杆锁将变速杆锁住使其不能移动、转向盘锁(又称拐杖锁)挂在转向盘和离合器踏板之间等方法,虽然费用低,但是使用不便,因其安全性差,已经逐渐被淘汰。

当前主要采用的是电子式防盗器,按系统中是否使用微机处理系统,电子防盗系统可分为普通电子防盗系统和微机控制防盗系统。目前,中低档汽车上所采用的防盗系统多为振动触发的普通电子防盗系统,中高档汽车采用的防盗系统多为微机控制的电子钥匙式发动机防盗。

当电子式防盗系统起动后,如有非法移动车辆、划破玻璃、破坏点火开关锁芯、拆卸轮胎和音响、打开车门、打开燃油箱加注盖、打开行李舱门等,防盗器立刻报警。这种防盗系统的功能简单,只能报警和恐吓窃车贼,不能阻止车辆被开走或搬走,所以人们又从两个方面入手来加强防盗系统的功能:一是使中央门控锁功能增强,例如测量门锁钥匙电阻、加装密码锁、遥控器增加保险功能等;二是加强汽车的锁止功能,例如使起动机无法工作、使发动机无法工作、使发动机电脑处于非工作状态等。

2. 电子防盗系统

电子防盗系统的组成有三个部分:开关和传感器、防盗 ECU、执行机构,图 5-89 所示为防盗系统组成。

电子防盗系统主要有防盗器电脑和天线、振动传感器、报警喇叭、点火系统切断电路、转向灯控制电路、防盗指示灯、遥控器、制动控制电路、中控门锁控制电路。当用钥匙锁好车门时,系统进行自检,防盗灯点亮,30s 后防盗灯开始闪烁,表明系统起动进入警戒状态。当第三方试图开启门锁或打开车门时,系统则发出警报。

防盗控制电脑的主要输入信号由遥控模块、左右车门锁芯开关和 4 个车门微开开关提供。如果有人非法开启车门,使车门微开开关接通并将此信号送给防盗控制电脑,而遥控模块和车门锁芯开关并没将开门信号送给防盗控制电脑,所以防盗控制电脑即判断为非法进入,于是接通防盗扬声器和报警灯的电路。

3. 凯越车型防盗系统

别克凯越防盗系统由入侵防盗和阻断器防盗组成。

1)入侵防盗

(1)组成。入侵防盗可以感测对车辆的侵入并触发报警(声光报警),如图 5-90 所示,由遥控门锁控制模块接收器即防盗控制模块/接收器、安全指示灯、行李舱开启开关、行李舱锁固开关、前门锁固开关(锁固开关与锁芯连接,移动锁芯可启用锁固开关)、车门接触开关、中央门锁继电器、转向信号灯灯泡、报警器、发动机罩开启开关等组成。

(2)工作过程。当安全防盗系统启用时,若遥控门锁接收器(RCDLR)(防盗控制模块/接收器)检测到未授权的进入时,系统将使报警器响起,车外灯闪烁。未授权的进入包括下列情况:车门打开、强行进入行李舱、强行进入发动机舱、点火开关从锁止位置转换。

当有如下操作可关闭防盗系统:接到来自发射器的开锁信息;锁固开关检测到钥匙操作。

如果在出现如下状况前,控制模块/接收器检测到点火电压,将触发报警:接到来自发射器的开锁信息;锁固开关指示钥匙操作。

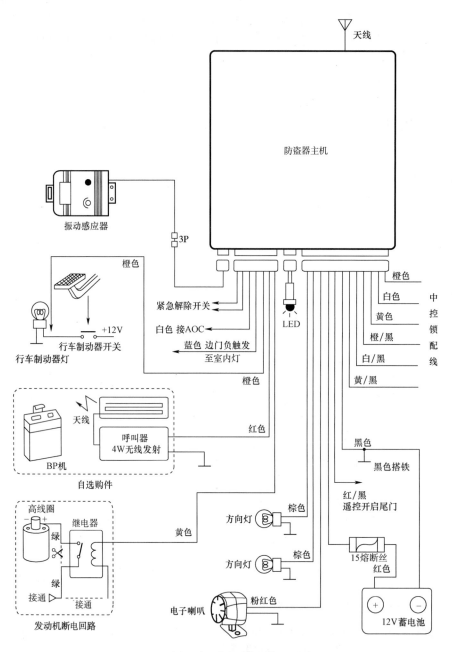

图 5-89 防盗系统组成

当点火开关关闭时,如果接收来自发射器的锁闭信息,遥控门锁系统启用。当系统启用时,如果发生如下情况,将触发报警器并闪烁转向信号灯 28s:

①关闭所有车窗;

②将点火钥匙拧到 LOCK(锁定)位置并拔出钥匙;

③让所有乘客下车;

④关闭所有车门、发动机罩和行李舱盖;

⑤当系统启用时,控制模块/接收器检测到点火电压。

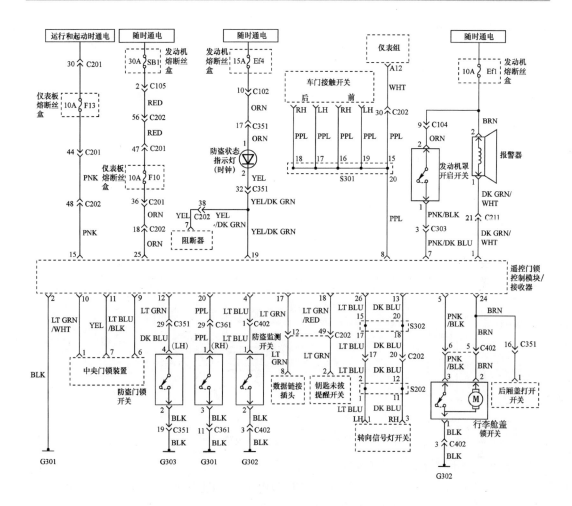

图 5-90　凯越防盗系统控制电路（一）

在系统启用后,如果发生如下情况,报警器将不工作:

①用钥匙打开车门;

②用钥匙打开行李舱;

③在触发报警器后 2s 内按遥控器上的开锁或锁闭按钮。

遥控门锁控制模块/接收器位于地板控制台中。模块/接收器处理来自遥控发射器和各种开关的信号,在检测到侵入时触发报警。控制模块/接收器还具有显示故障码的自诊断功能。将故障诊断仪连接到数据链接插头(DLC)上,可以显示故障码。由于可能的电子密码组合超过 40 多亿种,因此控制模块接收器不会与其他车辆发射器通信。发射器密码相同的可能性极小。控制模块/接收器用天线检测发射器号。

2）阻断器

阻断器系统可以防止非法用户起动或驾驶车辆(钥匙防盗)。外置 LED 指示灯显示阻断器状态,如图 5-91 所示。

组成:最多 5 把嵌入收发器的点火钥匙;螺线管线圈(检测线圈),用于激励和读点火开关上的收发器;阻断器控制单元;发动机控制模块。

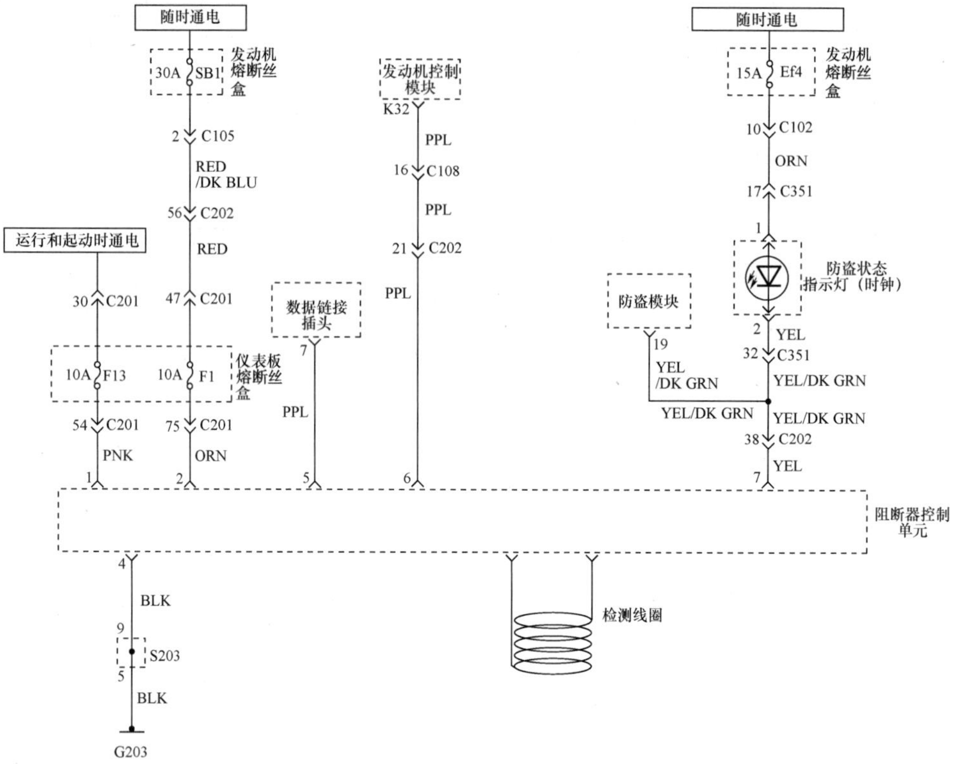

图 5-91 凯越防盗系统控制电路(二)

(1)电子编码钥匙。每个有效点火开关钥匙有一个内部读/写收发器。收发器的加密算法具有 96 位用户可配置密钥(存储在 EEPROM 中),通过调制电磁场振幅与阻断器控制单元进行数据通信,接收数据和指令。

(2)检测线圈。螺线管线圈安装在锁芯前部的点火开关中。与线圈壳体上固定的、具有 4 端子插接器的阻断器控制单元连接,负责检测钥匙编码。

(3)阻断器控制单元。阻断器电子控制单元(ICU)的作用是:
①读取输入信息"点火开关接通/关闭";
②控制状态指示灯;
③控制收发器读/写进程(调制、解调、解码、将代码与有效钥匙代码比较);
④在点火开关接通后与发动机控制模块通信(接收发动机控制模块请求和发送开释信息);
⑤计算和处理车辆识别号的特殊功能。

(4)发动机控制模块(ECM)。发动机控制模块向阻断器控制单元请求车辆识别号。只要发动机控制模块接收两个与车辆识别号相同的连续正确通信帧,发动机控制模块即将其读入。在电源锁定阶段结束时,车辆识别号存储在非挥发性存储器中,发动机控制模块进入"学习"模式。在点火开关接通后,发动机控制模块将按正常起动和运行方式控制发动机,同时等候来自阻断器的解除响应信息。

(5)基本原理。当点火开关接通时,阻断器防盗系统测试钥匙。当阻断器控制单元读取钥匙代码时,并与阻断器控制单元存储器中保存的钥匙代码进行比较。如果检测钥匙有效,阻断器控制单元将向发动机控制模块(ECM)发送一条串行数据开释信息,汽车起动。

第七节　主动安全系统

为预防汽车发生事故,避免人员受到伤害而采取的安全设计,称为主动安全设计,如汽车制动防抱死系统(ABS)、电子制动力分配系统(EBD)、车道偏离预警系统(LDWS)等都是主动安全设计。它们的特点是提高汽车的行驶稳定性,尽力防止车祸发生。其他如高位制动灯、前后雾灯、后窗除雾等,也是主动安全设计。目前安全技术逐渐在完善,有更多的安全技术将被开发并得到应用。

一、汽车制动防抱死系统(ABS)

汽车制动防抱死系统(Anti-Lock Braking System,ABS)是汽车上的一种制动安全装置,其作用是在汽车制动时,防止车轮抱死在路面上滑拖,以提高汽车制动过程中的方向稳定性、转向控制能力和缩短制动距离,使汽车制动更为安全有效。

汽车制动防抱死系统由传统的普通制动系统和防止车轮抱死的电子控制系统组成。这里只介绍 ABS 电子控制系统。现代 ABS 尽管采用的控制方式各不相同,一般都是由传感器、电子控制单元(ECU)、执行器及警告灯等组成,其中传感器主要指车轮转速传感器,执行器主要指制动压力调节器,如图 5-92 所示。

二、汽车驱动防滑转电子控制系统(ASR)

汽车驱动防滑转电子控制(Anti Slip Regulation,ASR)系统,又称牵引力控制(Traction Regulation Control,TRC)系统,其作用是以驱动力为控制对象,防止汽车在起步加速过程中驱动轮打滑,特别是防止汽车在非对称路面或转弯时驱动轮空转。

由于 ASR 和 ABS 之间由许多共同之处,通常将 ASR 与 ABS 组合成一体,构成有制动防抱死和驱动防滑转功能的防滑控制(ABS/ASR)系统,如图 5-93 所示。

采用 ASR 的汽车一般都装有 ASR 关断开关,驾驶人可通过此开关对 ASR 系统是否起作用进行人为干预。该开关闭合,ASR 不起作用,ASR 关断指示灯会持续点亮。

ASR 也具有自诊断功能和失效保护功能,系统正常工作时,ASR 警告灯闪亮,提示驾驶人现在可能正在湿滑路面行驶,需谨慎驾驶;ECU 一旦发现系统有影响正常工作的故障时,ASR ECU 会自动关闭 ASR 系统,并将 ASR 警告灯持续点亮,向驾驶人发出检修警示信号。

三、电子制动力分配系统(EBD)

电子制动力分配系统(Electronic Brakeforce Distribution,EBD)必须配合 ABS 使用,在汽车制动的瞬间,分别对四个轮胎附着的不同地面进行感应、计算,得出摩擦力数值。根据各轮摩擦力数值的不同分配相应的制动力,避免因各轮制动力不同而导致的打滑、倾斜和侧翻等危险。

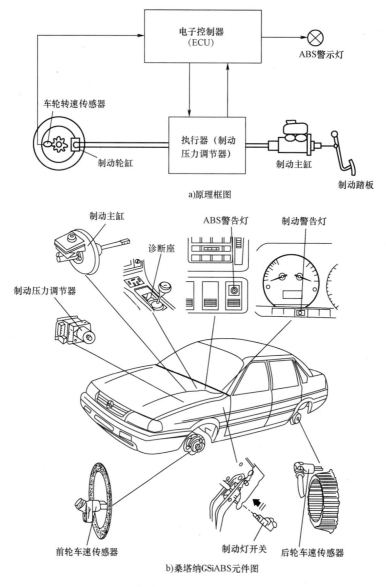

图 5-92 制动防抱死系统(ABS)的基本组成

四、紧急制动辅助系统(EBA)

紧急制动辅助系统(Electronic Brake Assist,EBA)通过驾驶人踩踏制动踏板的速率来理解它的制动行为,如果它察觉到制动踏板的制动压力恐慌性增加,EBA 会在几毫秒内起动全部制动力,其速度要比大多数驾驶人移动脚的速度快得多。EBA 可显著缩短紧急制动距离并有助于防止在停停走走的交通中发生追尾事故。EBA 系统靠时基监控制动踏板的运动。它一旦监测到踩踏制动踏板的速度陡增,而且驾驶人继续大力踩踏制动踏板,它就会释放出储存的 18MPa 的液压施加最大的制动力。驾驶人一旦释放制动踏板,EBA 系统就转入待机模式。由于更早地施加了最大的制动力,紧急制动辅助装置可显著缩短制动距离。

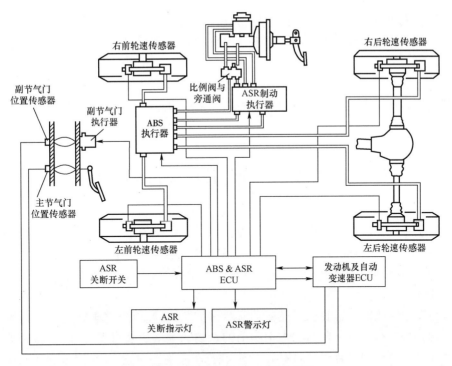

图 5-93 典型的 ABS/ASR 系统示意图

五、车道偏离预警系统(LDWS)

车道偏离预警系统(Lane Departure Warning System,LDWS)提供智能的车道偏离预警,在无意识(驾驶人未打转向灯)偏离原车道时,能在偏离车道 0.5s 之前发出警报,为驾驶人提供更多的反应时间,大大减少了因车道偏离引发的碰撞事故。此外,使用 LDWS 还能纠正驾驶人不打转向灯的习惯。该系统的主要功能是辅助过度疲劳或长时间单调驾驶引发的驾驶人注意力不集中等情况。

六、汽车轮胎压力监测系统(TPMS)

汽车轮胎压力监测系统(Tire Pressure Monitoring System,TPMS)是在轮胎出现危险征兆时及时报警,驾驶人可采取措施,将事故消灭在萌芽状态。

(1)间接式(Wheel-Speed Based TPMS,WSB),该系统是通过汽车 ABS 系统的轮速传感器来比较轮胎之间的转速差别。

(2)直接式(Pressure-Sensor Based TPMS,PSB),该系统是利用安装在每一个轮胎里的压力传感器来直接测量轮胎的气压,利用无线发射器将压力信息从轮胎内部发送到中央接收器模块上的系统,然后对各轮胎气压数据进行显示。当轮胎气压太低或漏气时,系统会自动报警。

综上所述现在汽车能够主动采取措施,避免事故的发生。在这种汽车上装有汽车规避系统,包括装在车身各部位的防撞雷达、多普勒雷达、红外雷达等传感器以及盲点探测器等设施,由计算机进行控制。在超车、倒车、换道、大雾、雨天等易发生危险的情况下随时以声、光形式向驾驶人提供汽车周围必要的信息,并可自动采取措施,有效防止事故发生。另外在计算机的存储器内还可存储大量有关驾驶人和车辆的各种信息,对驾驶人和车辆进行监测控制。

主动安全性其实包括很多方面,上面列举的都是电子设备配合机械,让车辆处于安全范围里。其实如底盘技术也是属于主动安全的。安全性的优劣很大程度还取决于驾驶人本身的驾驶意识。

第八节 被动安全系统

被动安全系统要求在发生碰撞时能够保护乘员。在碰撞事故中,要使车厢的变形减至最小,并且要使乘员在车厢内移动发生第二次碰撞的机会最小。该系统包括:气囊、安全带、车门防撞、收缩式转向柱、踏板防撞机构、可收缩保险杠等。下面介绍汽车安全气囊电子控制系统(SRS)。

汽车在交通事故时普遍装有气囊被动安全保护装置,以减少汽车发生正面碰撞对驾驶人所造成的伤害。有些汽车在驾驶人副座前的杂物箱上端也装有安全气囊,以保护乘客免受伤害。还有些汽车同时装有侧向安全气囊,在汽车发生侧向碰撞时,以减少侧向碰撞对驾乘人员的伤害。电子式安全气囊系统的组成部分分布在汽车的不同位置,各型汽车所采用部件的结构和数量有所不同,但其基本组成和工作原理都大致相同。

一、气囊系统的组成

气囊系统的基本构成如图 5-94 所示,气囊组件包括 SRS 气囊、气体发生器和点火器等装置,安装在转向盘中。前碰撞传感器分别安装在驾驶室间隔板左、右侧及中部;中心的安全气囊传感器与电子控制装置(SRS 的 ECU)安装在一起,用来检测碰撞减速力、碰撞强度,作为电子控制装置计算气囊是否动作的参数。电子控制装置(ECU)是 SRS 的控制中心,其功能是接受传感器输入的信号,判断是否启动气囊系统,并进行故障自诊断。

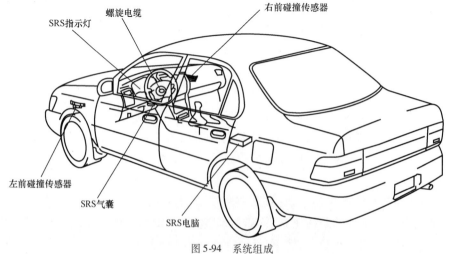

图 5-94 系统组成

二、气囊系统的工作原理

当汽车行驶中遭受到正面或侧面碰撞时,气囊系统的工作原理基本相同。现以图 5-95 所示的正面碰撞为例,说明气囊系统的工作原理。

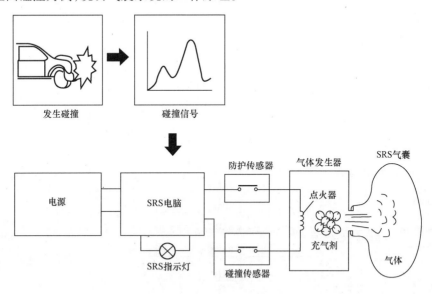

图 5-95　气囊系统的工作原理

当汽车受到前方一定角度范围内的高速碰撞时,车体会受到强烈的振动,同时车速急剧下降。安装在汽车前端的碰撞传感器和与 SRS ECU 安装在一起的防护碰撞传感器(安全传感器)就会检测到汽车突然减速和撞击强度的信号,当达到规定的强度时,传感器即向 SRS ECU 发出信号。SRS ECU 接收到信号后,与其原存储信号进行比较,若达到气囊的展开条件,则由驱动电路向气囊组件中的气体发生器送去启动信号。气体发生器接到启动信号后,引爆电雷管引燃气体发生剂,产生大量气体,经过滤并冷却后进入气囊,使气囊在极短的时间内突破衬垫迅速展开,在驾驶人或乘客的前部形成弹性气垫,并及时泄漏、收缩,将人体与车内构件之间的碰撞变为弹性碰撞,通过气囊产生的变形吸收人体碰撞产生的动能,从而有效地保护人体头部和胸部,使之免于伤害或减轻伤害程度。

三、气囊系统控制电路

在一般情况下,安全传感器动作所需的惯性力或减速度值比前碰撞传感器动作所需的惯性力或减速度值要小一些。当安全传感器动作时,将 SRS 的点火电路接通。只有当安全传感器与任意一只前碰撞传感器同时接通时,SRS 回路才能接通,使气囊动作。安全传感器的作用是防止因前碰撞传感器短路而造成气囊误爆。SRS ECU 根据安全传感器送出的信号确定是否发生碰撞。在安装或检查前碰撞传感器时,如不慎将其插接器的端子短路,就会引起气囊误爆。设置安全传感器后,只要安全传感器的触点不闭合,气囊的点火电路始终开路,从而避免了气囊的误爆。图 5-96 为丰田雅阁气囊控制电路。

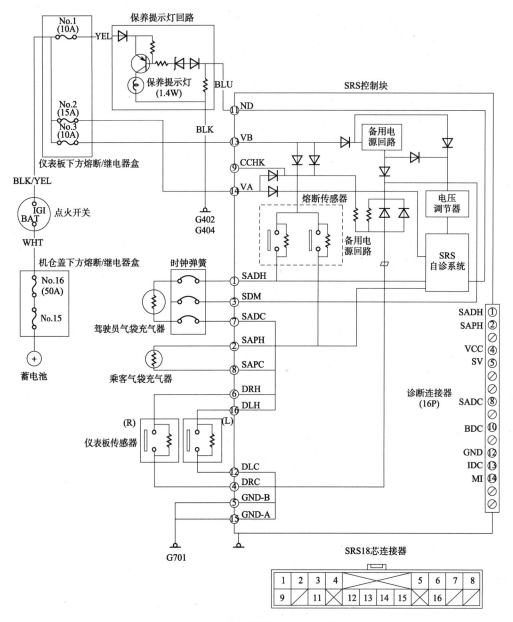

图 5-96 本田雅阁气囊系统控制电路

四、气囊系统的故障诊断

气囊系统均有故障自诊断功能,系统一旦出现故障,可通过诊断系统进行故障诊断。

1. 诊断注意事项

在维修、检测气囊系统时,要严格按正确顺序进行操作,否则,会使气囊系统在检修过程中意外展开而造成严重事故,或致使气囊系统不能正常运作,因此,在排除故障之前,一定要注意以下几点:

(1) 由于气囊系统的故障症状难以确诊,故障排除时最重要的信息来源就是故障码。因此在进行气囊系统故障排除时,务必要检查故障码。

(2)检修工作必须在将点火开关转到 LOCK 位置并拆下蓄电池搭铁线 30s 或更长一些时间才能开始。这是因为气囊系统配有备用电源,如果检修工作在拆下蓄电池搭铁线后 30s 之内进行,就有可能使气囊打开。

(3)即使只发生轻微碰撞而气囊未打开,也要对前气囊传感器和气囊组件进行检查。但绝对不可使用其他车辆上的气囊组件。如需更换,务必使用新零件。在检修过程中,如有可能对气囊传感器产生冲击,那么在修理之前应将气囊传感器拆下。

(4)中心气囊传感器总成含有水银。更换之后,不要将换下的旧零件随意毁掉,当报废车辆或只更换气囊中心传感器总成本身时,应拆下气囊中心传感器总成并作为有害废弃物处置。

(5)绝不要试图拆卸和修理前气囊传感器、气囊中心传感器总成或气囊组件以供重新使用。如果前气囊传感器、气囊中心传感器总成或气囊组件跌落过,或在壳体、托架或插接器上有裂纹、凹陷或其他缺陷,应更换新件。不要将前气囊传感器、气囊中心传感器总成或气囊组件直接暴露在热空气和火焰面前。

(6)对电路进行检查时,要使用高阻抗(至少 10k/V)伏特/欧姆表来诊断电路系统的故障。

(7)手持气囊时,不要使气囊和盖指向身体,放置于工作台或其他表面时,要使装饰面朝上;展开气囊时,需戴手套和安全眼镜。因为气囊内表面可能残留有氢氧化钠,若接触到皮肤可用冷水冲洗。

(8)所有与气囊系统有关的检修工作,必须在气囊系统正确拆除后进行,安装气囊时不要试探任何连接处。如果在车上检修气囊系统,在气囊组件安全拆除前,不要坐在气囊附近。

(9)传感器安装方向是气囊系统发挥正常功能的关键,应将其恢复到原来位置。配线作业要十分小心,在作业前必须使气囊组件安全拆除。

(10)检修完成后,不要急于将气囊组件接入电路,应先进行电气检查,确认无误时,再将气囊组件接入。气囊系统检修工作结束之后,应进行气囊系统警告灯的检查。

在气囊系统零部件的外表面上有说明标牌,必须遵照这些注意事项。

2. 故障诊断方法

气囊系统的故障诊断是比较难的,一般有三种方法来确定故障的部位,即气囊警告灯法、参数测量法和扫描仪法。诊断中充分利用电脑提供的故障码,可以减小故障诊断的难度。

(1)从气囊警告灯读取(保养提示灯法)。

①故障显示。当接通点火开关或起动发动机后,仪表板上的气囊(或 AIR – BAG)警告灯长亮不熄时,表明系统已检测到故障,应对气囊系统进行故障码检查。

②用户故障分析。向用户进行尽可能详细的故障查询。

③警告灯的检查。检查气囊警告灯的运作,如果灯一直亮,则表明在气囊控制装置中,存有一个或多个故障码。如果气囊警告灯不亮,则警告灯电路有故障,当该警告灯有故障时,系统会显示故障码,则进行相应故障码的检查。

如果气囊警告灯电路出现断路,气囊警告灯就不会亮,故障码也不会输出。如果在进行下一步检查之前,首先要排除警告灯电路故障。

④故障码的检查及记录。检查故障码,记录输出的任何故障码,如果输出正常故障码,则电源电路曾经有不正常现象或电源电压过低,因此要进行电源电压检查。

⑤在上一步检查中输出故障码只能说明与该故障码有关的电路曾经发生过故障,但不表明现在故障是否仍然存在或已消失。据此,有必要清除故障码后,在重新进行故障码检查以确定现在的情况。如果忽略这一步骤,而仅用上一步输出的故障码进行故障诊断,会使寻找故障部件的工作更加困难且容易误诊。

⑥再一次检查及记录故障码。如输出正常故障码,则表明系统曾发生过故障但现已排除;如输出故障码,则进行相应的电路检测。

⑦故障排除。将点火开关重复开、关(开等待20s,关20s)5次后,检查故障码。如果有故障码输出,则故障仍然存在,应对应故障码表进行检查,对出现故障码的有关电路进行故障排除分析。在检修工作结束后,应用模拟法进行证实试验。

注意:在检查故障码和清除故障码的工作中,拆下和连接蓄电池搭铁线时,必须在点火开关处于LOCK位置时进行。在接好蓄电池搭铁线后,必须在2s后才能将点火开关转至ACC或ON的位置。如果蓄电池搭铁线在点火开关位于ACC或ON位置时被连接,或在连接蓄电池电缆2s内转至ACC或ON的位置,就会造成自诊断系统工作不正常。

⑧根据诊断系统输出的故障码按连接顺序进行电路检查。

(2)扫描仪法。现代汽车基本上都用扫描仪诊断故障,当安全气囊系统故障警告灯提示系统存储有故障时,用扫描仪调取故障码,再根据手册的指导进行具体的检查。接通点火开关时,故障警告灯如果亮约6s后不熄灭,说明系统有故障存在,如果警告灯根本不亮,说明故障警告灯线路中有故障。

扫描仪检查程序为:

①将点火开关置于OFF(断开)挡;

②将扫描仪电源线插到点烟器座上;

③将扫描仪接到诊断通信链路或检查插接器诊断插口上;

④接通点火开关,启动扫描仪,检查故障码;

⑤断开点火开关进行故障排除分析,之后再接通点火开关,在扫描仪消去所存的故障码;

⑥摘下扫描仪。

虽然人们采用各种方法来保证驾驶人的安全,但是如何避免事故发生才是我们对于未来车辆安全的讨论重点。因为只有最大程度地减少事故发生率,才能最好地体现车辆安全。在不断完善被动安全系统的同时,逐渐发展和应用主动安全系统,尽量避免事故的发生,结合行人保护的概念和技术的引入,完善对行人的保护是当今汽车安全的发展趋势。通过数据总线进行系统集成,可以将汽车安全的很多方面(例如防驾驶瞌睡装置、轮胎压力监测报警装置、行人碰撞保护装置)集成在一起,提高汽车的安全性能。未来智能行人保护系统(IPPS)、高级驾驶员辅助系统、保持车道状态系统、夜视系统、高灵敏度雷达传感器和激光雷达技术的应用将大大提高汽车主动安全的水平。

实训

实训一 灯光系统实训

一、实训目的

1. 能正确指认灯光照明系统、信号系统；
2. 能正确分析前照灯的控制电路；
3. 能正确检测前照灯的常见故障。

二、实训项目

1. 照明系统、信号系统的结构认识；
2. 前照灯常见故障的检修步骤和方法。

三、实训器材

1. 汽车、各种灯具、开关、继电器、导线、插接器、熔断丝等；
2. 万用表、跨接线、试灯；
3. 常用工具。

四、实训要求

1. 学生能准确对照实车说出照明系统、信号系统；
2. 学生能独立简述前照灯的控制电路；
3. 学生能够检修前照灯的常见故障。

实训二 仪表系统实训

一、实训目的

1. 能对照仪表板正确指认各仪表、指示灯和报警灯，并说出含义；
2. 能对照实车找出仪表、报警灯对应的传感器；
3. 能正确分析仪表的控制电路；
4. 能正确检测仪表的常见故障。

二、实训项目

1. 仪表板仪表认识，指示灯、报警灯的认识以及对应的传感器的认识；
2. 仪表、报警灯常见故障的检修步骤和方法。

三、实训器材

1. 实车、仪表板、各种传感器等；
2. 万用表、跨接线、试灯；
3. 常用工具。

四、实训要求

1. 学生能准确指认仪表系统、指示灯、报警灯以及对应的传感器；

2. 学生能对照电路图简述仪表的控制电路；
3. 学生能够检修仪表系统的常见故障。

实训三　喇叭电路实训

一、实训目的

1. 能对照喇叭简述结构，并调整喇叭音量；
2. 能正确分析喇叭的控制电路；
3. 能检测喇叭的常见故障。

二、实训项目

1. 喇叭结构、音量调整；
2. 喇叭常见故障的检测。

三、实训器材

1. 实车、喇叭；
2. 万用表、跨接线、试灯；
3. 常用工具。

四、实训要求

1. 学生能准确指认喇叭的结构；
2. 学生能调整喇叭的音量；
3. 学生能够检修喇叭的常见故障。

实训四　刮水系统实训

一、实训目的

1. 能对照刮水系统简述结构；
2. 能正确分析刮水系统的控制电路；
3. 能检测刮水系统的常见故障。

二、实训项目

1. 刮水系统的结构；
2. 刮水系统常见故障的检修。

三、实训器材

1. 实车、刮水器电动机、开关、导线、插接器等；
2. 万用表、跨接线、试灯；
3. 常用工具。

四、实训要求

1. 学生能准确指认刮水系统的结构；
2. 学生能对照电路图简述刮水系统控制电路；
3. 学生能够检测刮水系统的常见故障。

实训五　电动座椅的检修实训

一、实训目的

1. 能正确指认电动座椅各组成部件；
2. 能叙述电动座椅的工作原理；
3. 能对照电动座椅电路图，正确分析电动座椅的控制电路，能正确检修电动座椅的常见故障。

二、实训项目

1. 电动座椅组成部件的结构认识；
2. 电动座椅常见故障的检修步骤和方法。

三、实训器材

1. 带电动座椅的车型或电动座椅试验设备；
2. 万用表、跨接线、试灯；
3. 常用工具。

四、实训要求

1. 学生能准确说出指定零件的名称及安装位置；
2. 学生能熟练地分析与叙述电动座椅的工作原理和控制电路；
3. 学生能够熟练地分析检修电动座椅的常见故障。

实训六　电动后视镜的检修实训

一、实训目的

1. 能正确指认电动后视镜各组成部件；
2. 能叙述电动后视镜的工作原理；
3. 能对照电动后视镜电路图，正确分析电动后视镜的控制电路，能正确检修电动后视镜的常见故障。

二、实训项目

1. 电动后视镜组成部件的结构认识；
2. 电动后视镜常见故障的检修步骤和方法。

三、实训器材

1. 带电动后视镜的车型或电动后视镜试验设备；
2. 万用表、跨接线、试灯；
3. 常用工具。

四、实训要求

1. 学生能准确说出指定零件的名称及安装位置；
2. 学生能熟练地分析与叙述电动后视镜的电路；
3. 学生能够熟练地分析检修电动后视镜的常见故障。

实训七 中控、防盗系统实训

一、实训目的
1. 能在实车上认识中控门锁、防盗系统的组成；
2. 能正确分析中控门锁、防盗系统的控制电路；
3. 能正确检测中控门锁、防盗系统的常见故障。

二、实训项目
1. 中控门锁、防盗系统的认识；
2. 中控门锁、防盗系统常见故障的检修步骤和方法。

三、实训器材
1. 实车；
2. 万用表、跨接线、试灯；
3. 常用工具、诊断设备。

四、实训要求
1. 学生能准确指认中控门锁、防盗系统；
2. 学生能对照电路图简述中控门锁、防盗系统的控制电路；
3. 学生能够检修中控门锁、防盗系统的常见故障。

实训八 ABS系统实训

一、实训目标
1. 指认汽车ABS各组成部件在车上的安装位置；
2. 了解卡罗拉ABS的基本控制方法，熟悉各控制元件的作用；
3. 能用万用表检测电路在什么状态下接通，在什么状态下断开。

二、实训组织
1. 本实训安排2学时；
2. 本实训分组进行，人数以每组5~10人为宜。

三、实训准备
1. 丰田卡罗拉4辆；
2. 万用表4块。

四、安全注意事项
1. 万用表的正确使用；
2. 操作时应相互协作，及时提醒，防止发生事故。

五、实训步骤
1. 指认汽车ABS各组成部件在车上的安装位置；
2. 通过观察说明卡罗拉ABS的基本控制方法和主要控制元件的作用；
3. 对照电路图检测主要电路在何种状态下接通、在何种状态下断开。

六、实训成果

写出汽车ABS各组成部件在车上的安装位置。

实训九　汽车气囊系统实训

一、实训目标

1. 认识气囊系统各组成部件及在车上的安装位置；
2. 了解卡罗拉气囊系统的基本控制方法，熟悉各控制元件的工作条件。

二、实训组织

1. 本实训安排1学时；
2. 本实训分组进行，人数以每组5～10人为宜。

三、实训准备

丰田卡罗拉4辆。

四、安全注意事项

1. 不要误引爆气囊；
2. 操作时应相互协作，及时提醒，防止发生事故。

五、实训步骤

1. 指认汽车气囊系统各组成部件在车上的安装位置；
2. 通过观察说明卡罗拉气囊系统的基本控制方法和主要控制元件的作用。

六、实训成果

写出气囊系统各组成部件及在车上的安装位置。

复习思考题

一、填空题

1. 汽车仪表由_____组成。
2. 汽车常用的报警指示灯由_____组成。
3. 将点火开关在_____位置时，变速器变速杆在_____位置时，倒车灯将启亮。
4. 仪表指示灯采用三种颜色显示，分别是_____，_____和_____。
5. 写出下列表中图标的含义。

序号	含义	图标	序号	含义	图标
1			2		

续上表

序号	含 义	图 标	序号	含 义	图 标
3			4		
5			6		

二、选择题

1. 前照灯的远光灯丝应位于反射镜的(　　)。
   A. 焦点上　　　B. 焦点的上方　　　C. 焦点的上前方　　　D. 焦点下方

2. 对汽车前照灯照明的要求,下列说法哪种是正确的(　　)。
   A. 有防炫目装置　　　　　　　　B. 照亮前方100m以上
   C. 灯泡亮度随外界环境自动调节　　D. 灯泡是卤钨灯泡

3. 在对具有双灯丝的前照灯进行光束位置调整时,应以调整(　　)光束为主。
   A. 近光　　　B. 远光　　　C. 远光和近光

4. 打开前照灯开关,近光暗淡则(　　)。
   A. 熔断器断开或熔断丝熔断　　B. 蓄电池接头松动或锈蚀使电阻增大
   C. 灯丝烧断　　　　　　　　　D. 电压过高

5. 能将反射光束扩展分配,使光形分布更适宜汽车照明的器件是(　　)。
   A. 放射镜　　　B. 配光镜　　　C. 配光屏

6. 参照图5-97所示的停车灯系统。故障现象:当开关闭合时,只有左停车灯不工作。此故障不可能的原因是(　　)。
   A. 停车灯灯泡损坏　　　　B. 区域A开路
   C. 区域A短路搭铁　　　　D. 区域B开路

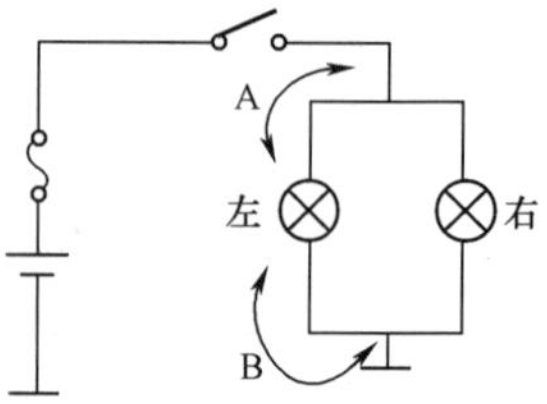

7. 车辆的照明系统,不属于车外灯有(　　)仪表灯、阅读灯等。
   A. 前照灯(远光)　　　　　B. 侧位置灯
   C. 门控灯　　　　　　　　D. 倒车灯

图5-97　停车灯电路

8. 制动时,左右制动灯正常,但高位制动灯不亮,最可能的原因是(　　)。
   A. 制动开关故障
   B. 灯泡坏了
   C. 制动开关与搭铁短路
   D. 从熔断丝到制动开关之间断路

9. 负温度系数电阻的阻值随温度变化的规律是(　　)。
   A. 温度升高,阻值增加
   B. 温度升高阻值变化不大
   C. 温度升高,阻值减小

10. 凯越车的机油压力不足,它的(　　)的机油压力警告灯将点亮。
    A. 绿色　　　　B. 红色　　　　C. 蓝色　　　　D. 黄色

11. 永磁式刮水器电动机是通过改变(　　)实现变速的。
    A. 磁场强弱
    B. 正、负电刷之间串联线圈的个数
    C. 电流大小

12. 在讨论刮水器无低速工作原因时。甲认为,故障在刮水器洗涤器开关损坏,乙认为,故障在刮水器洗涤器继电器损坏,你认为(　　)。
    A. 甲正确　　B. 乙正确　　C. 甲乙均正确　　D. 甲乙都不正确

13. 当刮水器开关打到 OFF 挡时,刮水器电动机不复位,甲认为,复位开关有故障,乙认为,刮水器开关有故障。你认为(　　)。
    A. 甲正确　　B. 乙正确　　C. 甲乙均正确　　D. 甲乙都不正确

14. 间歇刮水功能不起作用,甲认为,连接线路断路或连接点松脱,乙说,刮水器继电器有故障,你认为(　　)。
    A. 甲正确　　B. 乙正确　　C. 甲乙均正确　　D. 甲乙都不正确

15. 接通点火开关,拨动刮水器开关至间歇挡,刮水器不工作,其他各挡工作正常。甲认为,刮水器继电器损坏;乙认为,刮水器洗涤器开关损坏;你认为(　　)。
    A. 甲正确　　B. 乙正确　　C. 甲乙均正确　　D. 甲乙都不正确

16. 中央控制门锁已经锁住车门,但却不能解锁,技师甲说,电动机失效,技师乙说,解锁继电器有故障。你认为(　　)。
    A. 甲正确　　B. 乙正确　　C. 两人均正确　　D. 两人均不正确

17. 车内物品防盗系统,技师甲认为是靠鸣喇叭,技师乙认为是靠灯的闪烁来阻止偷车,你认为(　　)。
    A. 甲正确　　B. 乙正确　　C. 两人均正确　　D. 两人均不正确

18. 中控门锁系统中的门锁控制开关用于控制所有门锁的开关,安装在(　　)。
    A. 驾驶人侧门的内侧扶手上
    B. 每个门上
    C. 门锁总成中

19. 门锁控制开关的作用是(　　)。
    A. 在任意一车门内侧实现开锁和锁门动作
    B. 在任意一车门内侧实现开锁和锁门动作
    C. 在驾驶人侧车门内侧实现开锁和锁门动作

20. 制动压力调节器是 ABS 执行器,作用是接受 ECU 的指令,驱动调节器中的电磁阀动作,调节_____,使车轮始终处于_____状态(　　)。

A. 制动主缸的制动压力　　　纯滑动

B. 制动轮缸的制动压力　　　边滚边滑

C. 制动主缸的制动压力　　　纯滚动

21. 以下关于ASR与ABS的叙述不正确的是(　　)。

　A. ABS系统是防止制动时车轮抱死而滑移

　B. ASR与ABS两者都需要轮速传感器

　C. ASR系统是防止车轮原地不动而不停地滑转

22. 气囊前碰撞传感器的有效作用范围是汽车正前方±(　　)角。

　A. 30°　　　　B. 35°　　　　C. 40°　　　　D. 45°

23. 对气囊的任何作业等拆下蓄电池搭铁线(　　)以上方可进行。

　A. 20s　　　　B. 25s　　　　C. 30s　　　　D. 15s

24. 气囊警告灯常亮而输出正常码,则表示(　　)。

　A. 电路故障　　B. 电源电压低　　C. 诊断系统故障　　D. 电脑故障

三、判断题(正确的画"√",错误的画"×")

1. 配光镜可以起到防炫目的作用。　　　　　　　　　　　　　　　　　　(　　)
2. 远、近光双光束前照灯调整时,以调整远光光束为主。　　　　　　　　(　　)
3. 汽车信号系统的主要信号设备有位灯、转向信号灯、后灯、制动灯和倒车灯等。(　　)
4. 前照灯由反射镜、配光屏和灯泡组成。　　　　　　　　　　　　　　　(　　)
5. 前照灯检验的技术指标为光束照射位置、发光强度和配光特性。　　　　(　　)
6. 在调整光束位置时,对具有双丝灯泡的前照灯,应该以调整近光光束为主。(　　)
7. 氙灯由石英灯泡、变压器和电子控制器组成,没有了传统的钨丝。　　　(　　)
8. 电热式闪光器安装在转向开关和灯泡之间,用以控制灯泡的闪光频率。　(　　)
9. 更换卤素灯泡时,可以用手触摸灯泡部位。　　　　　　　　　　　　　(　　)
10. 车轮转速传感器是ABS系统最主要的一个传感器,其作用是检测车轮速度信号。
　　　　　　　　　　　　　　　　　　　　　　　　　　　　　　　　　(　　)
11. 汽车驱动防滑转电子控制只是防止汽车在起步加速过程中驱动轮打滑。(　　)
12. 气囊属于被动安全装置。　　　　　　　　　　　　　　　　　　　　　(　　)
13. 副驾驶人侧气囊一般比驾驶人侧气囊大。　　　　　　　　　　　　　　(　　)
14. 本田车的SRS碰撞传感器短路而造成气囊误爆。　　　　　　　　　　(　　)
15. 奔驰车气囊的引爆信号采用的是碰撞传感器。　　　　　　　　　　　　(　　)
16. 转向轮的位置不会影响螺旋线圈的安装。　　　　　　　　　　　　　　(　　)
17. 废弃的气囊组件和气囊中心传感器总成属于有毒废弃物。　　　　　　(　　)
18. 为检测气囊点火器的好坏,可以使用万用表测量点火器的电阻。　　　(　　)

四、简答题

1. 前照灯有几部分组成?各部分的作用是什么?
2. 前照灯电路由几部分组成?
3. 根据图5-19简述带继电器触点式晶体管闪光器的工作过程?
4. 根据图5-17分析别克凯越左侧前照灯近光不亮的原因?检测步骤?

5. 简述前照灯不亮的原因?
6. 简述检测灯开关的步骤?
7. 根据图5-18分析别克凯越温度表、燃油表电路。
8. 简述当发动机水温高时双金属电阻型水温表的工作过程?
9. 简述燃油表不工作时的诊断步骤?
10. 叙述丰田卡罗拉电动车窗主控开关和分控开关控制右前车窗玻璃上升、下降的电流流程。
11. 画出别克凯越电动车窗总开关的导通状态图。
12. 叙述双向直流电动机的检测方法。
13. 叙述丰田卡罗拉电动天窗滑动打开与倾斜关闭的电流流程。
14. 叙述别克凯越电动天窗的工作原理。
15. 图5-98为别克凯越门锁控制电路,简述其工作过程。

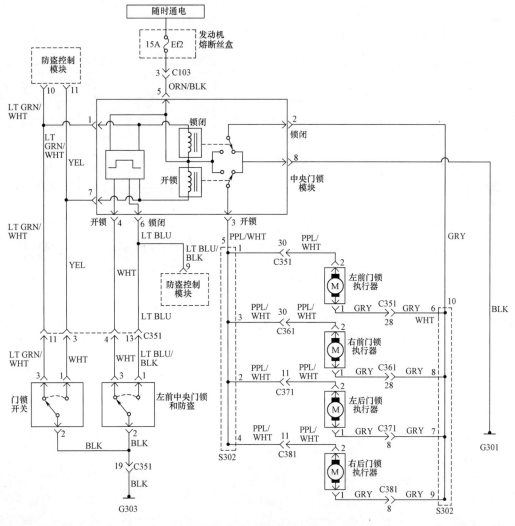

图5-98 别克凯越门锁控制电路

16. ABS 的工作分几个阶段？试述各阶段工作过程。
17. ASR 系统的主要控制方式有哪些？
18. 如何处置气囊？
19. 故障诊断时为什么要进行故障码的检查、清除再检查？
20. 简述气囊系统的基本组成及工作原理？
21. 根据电路分析桑塔纳防盗电路的工作过程？

五、分析题

1. 图 5-99 中所示为桑塔纳刮水器控制电路,分析其工作过程？（提示：f 为点动挡,j 为间歇挡）

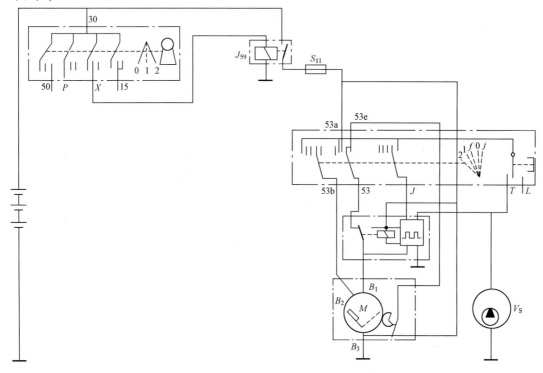

图 5-99　桑塔纳刮水器控制电路

2. 当刮水器不工作时,故障原因是什么？诊断步骤？

第六章 空调系统

> **学习目标**
>
> 1. 能正确描述空调系统的基本组成及基本工作原理；
> 2. 能简单描述暖风系统的类型、组成和基本工作原理；
> 3. 能正确描述空调制冷系统的组成、基本工作原理和主要组成件的结构及工作原理；
> 4. 能正确描述通风系统和空气净化系统的结构及工作原理；
> 5. 能正确描述空调控制系统的功能、电路和基本工作原理；
> 6. 会对暖风系统的故障进行诊断和排除；
> 7. 会对空调制冷系统维护和排除简单故障；
> 8. 会进行对通风系统和空气净化系统的维护作业；
> 9. 会利用电路图判断空调控制电路故障。

第一节 概 述

汽车空调是用来改善汽车舒适性的设备，它可以对车内空气的温度、湿度进行调节，并保持车内的空气清洁。汽车空调通常都具备以下功能（图6-1）：

(1) 调节温度：将车内的温度调节到人体感觉适宜的温度；
(2) 调节湿度：将车内的湿度调节到人体感觉适宜的湿度；
(3) 调节气流：调节车内出风口的位置、出风的方向及风量的大小；
(4) 净化空气：滤去空气中的尘土和杂质，或对空气进行杀菌消毒。

为完成空调的上述功能，汽车空调系统通常应包括：

(1) 暖风装置：用以提高车内的温度；
(2) 制冷装置：用以降低车内的温度，并降低车内的湿度；
(3) 通风装置：用以调节车内的气流和换气；
(4) 空气净化装置：用以过滤空气及对空气进行消毒处理。

目前，汽车空调系统已经成为汽车的标准配置。图6-2为空调系统的组成部件在车上的布置，图6-3为手动控制空调的控制面板，图6-4为自动控制空调控制面板。

空调系统控制有手动控制和自动控制之分。手动空调需要驾驶人通过旋钮或拨杆对控制对象进行调节，如改变温度等；自动空调只需驾驶人输入目标温度，空调系统便可按照驾驶人的设定自动进行调节。

图 6-1 空调系统的功能

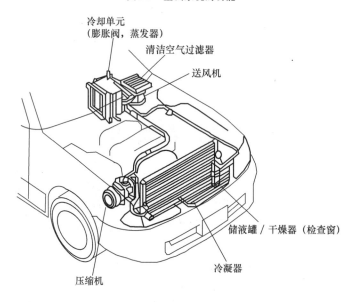

图 6-2 空调系统在车上的布置

图 6-3 手动控制空调的控制面板

图 6-4 自动控制空调的控制面板

第二节 空调的基本知识

一、制冷基本原理

1. 制冷的基本思路

人们在游完泳时,会有冷的感觉,在手臂上涂抹酒精也有凉爽的感觉,如图 6-5 所示,这都是因为液体的蒸发带走了热量。

图 6-5 蒸发带走热量

这给我们一个启发,利用液体的蒸发可以吸收周围环境的热量。为此制作一个如图6-6所示的装置,将一个带有开关的容器装在一个绝热良好的盒子内,容器中装有常温常压下容易挥发的液体,将开关打开时,容器内的易挥发液体由于压力下降便开始蒸发,同时吸收绝热盒子内的热量,吸收了热量的液体转化为气体,从开关排出。盒内的温度便会低于盒外的温度。如果容器内的易挥发液体能得到不断的补充,冷却的效果便会持续下去。

从制冷装置的运作情况看,制冷过程中热量的转移是靠液体的状态变化实现的,将这种液体称为制冷剂。

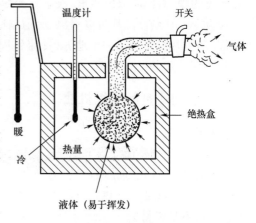

图 6-6 制冷装置

2. 制冷循环

为了使前述的制冷装置的制冷过程持续下去,就必须不断地向容器中补充制冷剂,从开关放出的制冷剂也应回收加以反复利用。为此,有必要制作一套装置使制冷剂能够在装置中循环,不断地将热量带走。

根据前述物质的沸点与压强的关系,降低压强可以使物质的沸点降低,使其更加容易蒸发而吸收热量;提高压强可以使物质的沸点升高,使其更加容易转化为液体而放出热量。为此，将前述装置从开关放出的气体制冷剂回收回来，使其进入一台压缩机，提高压强，再通过一个称为冷凝器的装置，经强制冷却放出热量变为液体，并将这种液体制冷剂暂时存放在一个储液罐中，以备再次使用，如图6-7所示。

高压的液体通过一个小孔，可以使其体积迅速膨胀而压强降低，在这种情况下，液体由于压强的降低而非常容易气化而吸热。因此将储液罐中的制冷剂通过一个小孔（膨胀阀）放出，让其进入一个称为蒸发器的容器，由于制冷剂的压强下降，所以很快便会蒸发，吸收蒸发器周围的热量，使蒸发器周围得到冷却，如图6-8所示。

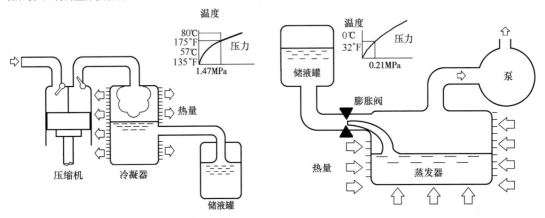

图6-7 通过压缩使制冷剂转化为液体并放出热量　　图6-8 通过膨胀阀液体制冷剂转化为气体吸收热量

将上述两个过程组合起来，就可以形成一个制冷循环，储液罐中高压的液态制冷剂从膨胀阀喷出，压强下降，体积迅速膨胀，转化为气体，吸收周围的热量，使周围的温度下降。气态的制冷剂再经压缩机加压成为高压气态的制冷剂，高压气态制冷剂进入冷凝器冷却，从气态转变为液态，同时放出热量，液态制冷剂再进入储液罐，以备再次使用，这就是一个完整的制冷循环。从制冷循环可以看出，所谓制冷就是通过制冷剂的状态变化，将一个地方（蒸发器周围）的热量带到另一个地方（冷凝器周围）。制冷循环中的各种装置都是围绕这种热量的转移而设置的。

二、制冷剂和压缩机油

1. 制冷剂

制冷剂是制冷循环当中传热的载体，通过状态变化吸收和放出热量，因此要求制冷剂在常温下很容易气化，加压后很容易液化，同时在状态变化时要尽可能多地吸收或放出热量（较大的气化或液化潜热）。同时制冷剂还应具备以下性质：

（1）不易燃易爆；

（2）无毒；

（3）无腐蚀性；

（4）对环境无害。

制冷剂的英文名称为Refrigerant，所以常用其首字母R来代表制冷剂，后面表示制冷剂名称，如R12、R22、R134a等。

过去常用的制冷剂是 R12(又称氟立昂),这种制冷剂各方面的性能都很好,但是有一个致命的缺点,就是对大气环境的破坏,它能够破坏大气中的臭氧层,使太阳的紫外线直接照射到地球,对植物和动物造成伤害。我国目前已停止生产和使用 R12 作为汽车空调系统的制冷剂。

目前汽车空调系统上广泛采用的是 R134a,在标准大气压下的沸腾点为 -26.9℃,在 98kPa 的压力下沸腾点为 -10.6℃(图 6-9)。如果在常温常压的情况下,将其释放,R134a 便会立即吸收热量开始沸腾并转化为气体,对 R134a 加压后,它也很容易转化为液体。R134a 的特性如图 6-10 所示。该曲线上方为气态,下方为液态,如果要使 R134a 从气态转变为液态,可以降低温度,也可以提高压力,反之亦然。

注意:R12 和 R134a 两种制冷剂不可以互换使用。

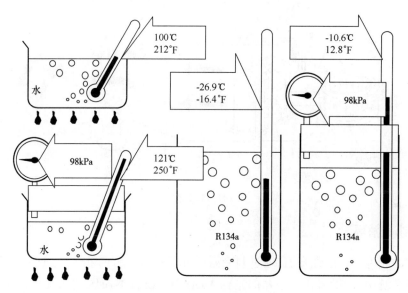

图 6-9　R134a 在不同压力下的沸点

2. 冷冻润滑油

在空调制冷系统中,需要对有相对运动的部件进行润滑。由于制冷系统中的工作条件比较特殊,所以需要专门的润滑油——冷冻润滑油。冷冻润滑油除了起到润滑作用以外,还可以起到冷却、密封和降低机械噪声的作用。制冷系统中的润滑油还有一个特殊的要求,就是要与制冷剂相溶,并且随着制冷剂一起循环。因此在冷冻润滑油的选用上,一定要注意正确选用冷冻润滑油的型号,切不可乱用,否则将造成严重后果。

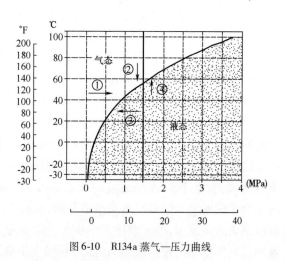

图 6-10　R134a 蒸气—压力曲线

第三节 制冷系统

制冷系统的作用是将车内的热量通过制冷剂在循环系统中循环转移到车外,实现车内降温,其工作情况如图6-11所示。制冷系统主要包括制冷循环系统和控制系统等部分。目前各种车辆的制冷循环系统无多大区别,而控制系统在各车型中差别较大。本节主要介绍制冷循环部分。

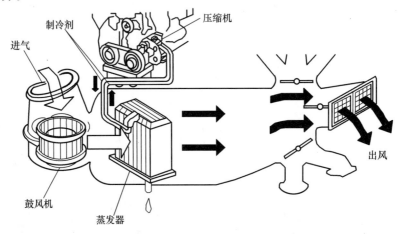

图6-11 制冷系统

一、制冷循环

从前述的制冷原理已经知道,通过制冷循环可以将车内的热量转移到车外,目前车辆上采用的循环系统中,冷凝器和蒸发器的结构大同小异,没有本质区别。按照压缩机的不同,可以分为定排量压缩机和变排量压缩机两种,按照降压节流装置的不同可分为膨胀阀式和膨胀管式,将压缩机和节流降压装置进行不同的组合可以形成4种循环方式,以CC表示定排量压缩机,VD表示变排量压缩机,在节流降压装置中,以OT表示膨胀管,TXV表示膨胀阀,这样就可以形成4种不同的组合,即:CCOT、VDOT、CCTXV和VDTXV4种循环,下面主要以OT和TXV循环介绍其工作原理。

1. 膨胀阀(TXV)式制冷循环

膨胀阀(TXV)式制冷循环如图6-12所示。

这种制冷循环的工作原理是压缩机将气体的制冷剂提高压力(同时温度也提高),目的是使制冷剂比较容易液化放热。高压的气体制冷剂进入冷凝器,冷凝器风扇使空气通过冷凝器的缝隙,带走制冷剂放出的热量并使其液化。液化后的制冷剂进入储液干燥罐,滤掉其中的杂质、水分,同时存储适量的液态制冷剂,以备制冷负荷发生变化时制冷剂不会断流。从储液干燥罐出来的制冷剂流至膨胀阀,从膨胀阀中的节流孔喷出形成雾状制冷剂,雾状的制冷剂进入蒸发器,由于制冷剂的压力急剧下降,便很快蒸发气化,吸收热量,蒸发器外部的风扇使空气不断通过蒸发器的缝隙,其温度下降,使车内温度降低,蒸发器出来的气态制冷剂再进入压缩机重复上述过程。这种循环系统中的膨胀阀,可以根据制冷负荷的大小调节制冷剂的流量。

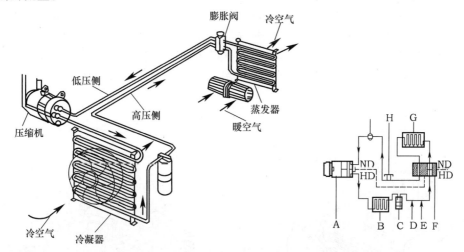

图 6-12　膨胀阀式制冷循环系统

2. 膨胀管(OT)式制冷循环

膨胀管式的制冷循环系统从制冷的工作原理来看,与膨胀阀式的制冷循环系统无本质的差别,只不过将可调节流量的膨胀阀换成不可调节流量的膨胀管,使其结构更加简单,其制冷循环如图6-13所示。为了防止液态的制冷剂进入压缩机而造成压缩机的损坏,故这种循环系统将储液干燥罐安装在蒸发器的出口,并按照它所起的作用更名为集液器,同时进行气液分离,液体留在罐内,气体进入压缩机,其他部分的工作过程与膨胀阀式的制冷循环相同。

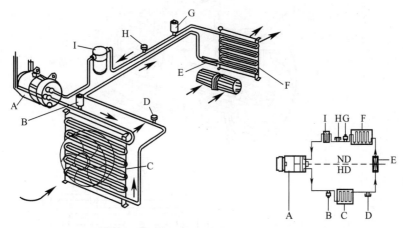

图 6-13　膨胀管式制冷循环系统

二、制冷循环系统的组成部件

制冷循环系统中各部件在车上的安装位置如图6-14所示,下面对各主要组成部件分别予以介绍。

1. 压缩机

压缩机的作用是将从蒸发器出来的低温、低压的气态制冷剂通过压缩转变为高温、高压的气态制冷剂,并将其送入冷凝器。目前,在汽车空调系统中所采用的压缩机有多种类型,比较常见的有斜盘式压缩机、叶片式压缩机、涡旋式压缩机、曲轴连杆式压缩机等。此外,压缩机还可分为定排量和变排量的两种形式,变排量压缩机可根据空调系统的制冷负荷自动改变排量,使空调系统更经济运行。图 6-15 至图 6-18 为各类压缩机的结构。

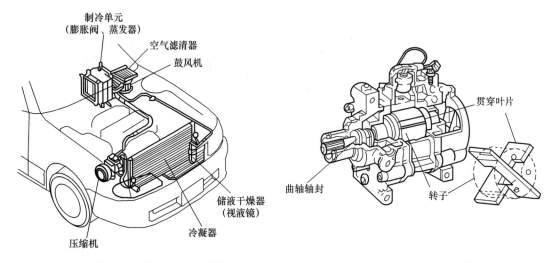

图 6-14 制冷循环系统各部件的安装位置　　　图 6-15 叶片式压缩机的结构

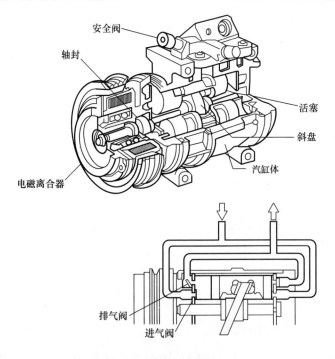

图 6-16 旋转斜盘式压缩机的结构

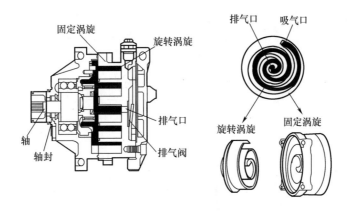

图 6-17 涡旋式压缩机的结构

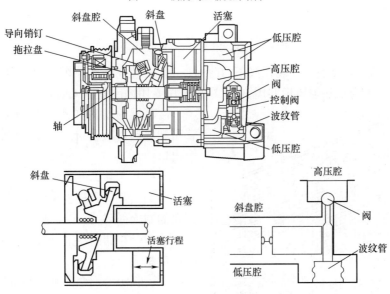

图 6-18 摇板式压缩机的结构

摇板式压缩机是一种目前广泛采用的变排量压缩机,它的变排量原理如图 6-19 所示。这种压缩机可以根据制冷负荷的大小改变排量,制冷负荷减小时,可以使斜盘的角度减小,减小活塞的行程,使排量降低;负荷增大时则相反。下面以负荷减小为例来说明压缩机排量如何减小,制冷负荷的减小会使蒸发器出口的制冷剂温度下降,从而导致其压力下降,由于蒸发器出口与压缩机低压腔连通,所以压缩机低压腔压力降低,低压腔压力降低可使压缩机内的波纹管膨胀而打开控制阀,高压腔的制冷剂便会通过控制阀进入斜盘腔,使斜盘腔的压力升高,斜盘腔的压力升高后使活塞压缩的阻力增大,斜盘的角度变小,使活塞的行程减小,从而减小了压缩机的排量。

2. 冷凝器

冷凝器的作用是将压缩机送来的高温、高压的气态制冷剂转变为液态制冷剂,制冷剂在冷凝器中散热而发生状态的改变。因此冷凝器是一个热交换器,将制冷剂在车内吸收的热量通过冷凝器散发到大气中。

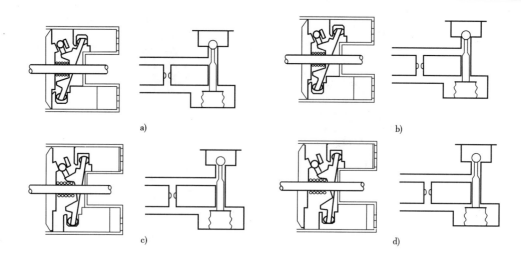

图6-19 摇板式压缩机变排量的工作过程

小型汽车的冷凝器通常安装在汽车的前面(一般安装在散热器前),通过风扇进行冷却(冷凝器风扇一般与散热器风扇共用,也有车型采用专用的冷凝器风扇)。

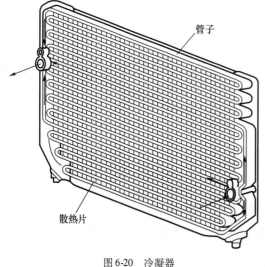

图6-20 冷凝器

冷凝器的结构如图6-20所示,其主要由管路和散热片组成,有一个制冷剂的进口和一个出口。

3. 储液干燥器和集液器

(1)储液干燥器。储液干燥器用于膨胀阀式的制冷循环,其作用是:

①暂时存储制冷剂,使制冷剂的流量与制冷负荷相适应;

②去除制冷剂中的水分和杂质,确保系统正常运行(如果系统中有水分,有可能造成水分在系统中结冰,堵塞制冷剂的循环通道,造成故障,如果制冷剂中有杂质,也可能造成系统堵塞,使系统不能制冷);

③部分储液干燥器上安装有观察玻璃,可观察制冷剂的流动情况,确定制冷剂的数量;

④有些储液干燥器上安装有易熔塞,在系统压力、温度过高时,易熔塞熔化,放出制冷剂,保护系统重要部件不被破坏;

⑤还有些储液干燥器上安装有维修阀,供维修制冷系统时安装压力表和加注制冷剂使用;

⑥有些车型的储液干燥器上安装有压力开关,可在系统压力不正常时,中止压缩机的工作。

储液干燥器的结构如图6-21所示,储液干燥器内有滤网和干燥器,储液干燥器的上方安装有观察玻璃及进口和出口。

(2)集液器。集液器用于膨胀管式的制冷系统,安装在蒸发器出口处的管路中。由于膨胀管无法调节制冷剂的流量,因此蒸发器出来的制冷剂不一定全部是气体,可能有部分液体。为防止压缩机损坏,故在蒸发器出口处安装集液器,一方面将制冷剂进行气液分离,另一方面起到与储液干燥器相同的作用,其结构如图6-22所示。

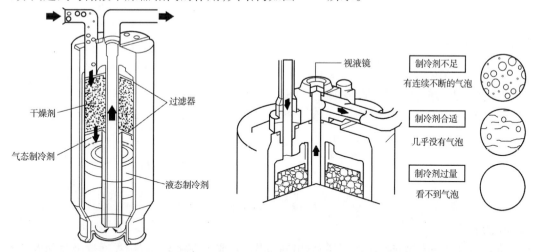

图6-21 储液干燥器

制冷剂进入集液器后,液体部分沉在集液器底部,气体部分从上面的管路出去进入压缩机。

4. 膨胀阀和膨胀管

(1)膨胀阀。膨胀阀安装在蒸发器的入口处,其作用是将储液干燥器来的高温、高压液态制冷剂从膨胀阀的小孔喷出,使其降压、体积膨胀,转化为雾状制冷剂,在蒸发器中吸热变为气态制冷剂;同时还可根据制冷负荷的大小调节制冷剂的流量,确保蒸发器出口处的制冷剂全部转化为气体。

目前,广泛采用的膨胀阀为H型膨胀阀,其结构如图6-23所示。

H型膨胀阀中有一个膜片,膜片的左方有一个热敏杆,热敏杆的周围是蒸发器出口处的制冷剂,制冷剂温度的变化(制冷负荷变化),可通过热敏杆使膜片右方的气体压力发生变化,从而使阀门的开度变化,调节制冷剂的流量以适应制冷负荷的变化。H型膨胀阀具有结构简单、工作可靠的特点,现在汽车上基本上都采用H型膨胀阀,过去汽车上采用的内、外平衡两种膨胀阀已经很少采用。

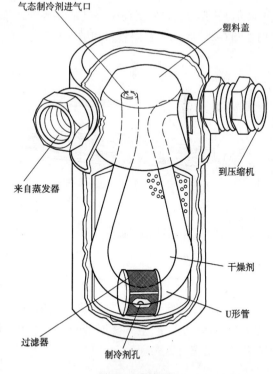

图6-22 集液器

(2)膨胀管。膨胀管的作用与膨胀阀的作用基本相同,只是将调节制冷剂流量的功能取消了,其结构如图 6-24 所示。膨胀管的节流孔径是固定的,入口和出口都有滤网。由于节流管没有运动部件,具有结构简单、成本低、可靠性高、节能的优点,因此美国、日本等国有许多高级车型采用膨胀管式制冷循环。

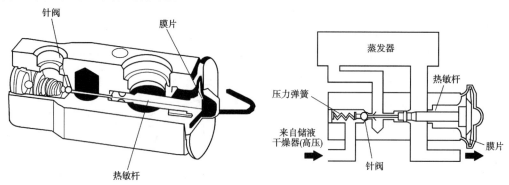

图 6-23　H 型膨胀阀

5. 蒸发器

蒸发器也是一个热交换器,膨胀阀喷出的雾状制冷剂在蒸发器中蒸发,通过吸收蒸发器周围空气中的热量,使其降温,达到制冷的目的。在降温的同时,溶解在空气中的水也会由于温度降低凝结出来,蒸发器还要将凝结的水排出车外。蒸发器安装在驾驶室仪表台的后面,其结构如图 6-25 所示,主要由管路和散热片组成,在蒸发器的下方还安装有接水盘和排水管。

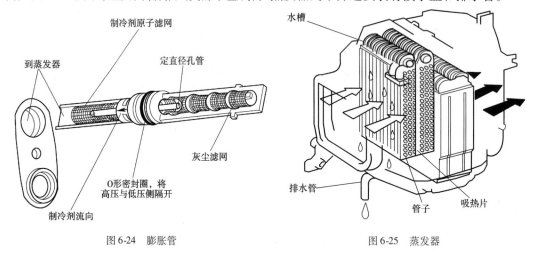

图 6-24　膨胀管　　　　　图 6-25　蒸发器

空调制冷系统工作时,鼓风机的风扇将空气吹过蒸发器,空气和蒸发器内的制冷剂进行热交换,制冷剂气化,空气降温,同时空气中的水凝结在蒸发器的散热片上,并通过接水盘和排水管排出车外。

三、空调的调节系统

空调的调节系统有手动调节和自动调节之分,为说明调节系统的工作情况,现以手动调节说明空调调节系统的工作情况。手动空调的调节包括温度调节、出风口位置调节、鼓风机风速调节和空气的内外循环调节等。调节是通过空调控制面板上的拨杆或旋钮进行的,空调的控制面板如图6-26所示。

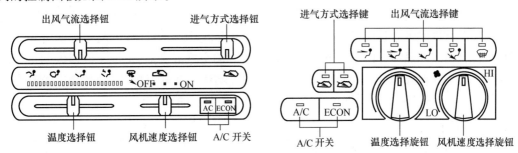

图6-26 空调的控制面板

空调控制面板上有温度调节、气流选择、鼓风机速度、空气进气选择(内外循环选择)、空调开关(A/C)和运行模式选择开关。其中温度调节、气流选择、空气进气选择是通过气道中的调节风门实现的(图6-27),空调开关和运行模式选择开关、鼓风机速度选择是通过电路控制实现。空调控制面板到调节风门的控制方式有拉线式和电动式,如图6-28所示。

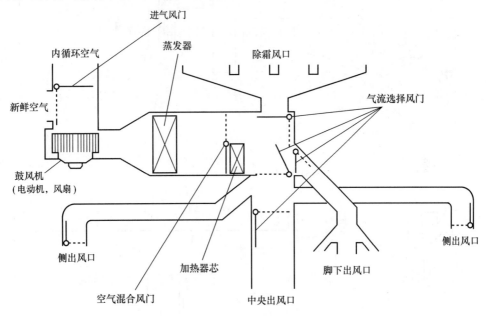

图6-27 空调调节系统的调节风门

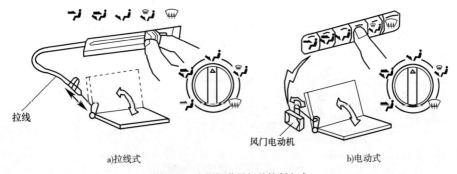

a)拉线式 b)电动式

图6-28 空调调节风门的控制方式

1. 温度调节

目前汽车的空调系统基本上都是冷气和暖风共用一个鼓风机,温度调节采用冷暖风混合的方式,在空气的进气道中,所有的空气都通过蒸发器,用一个调节风门控制通过加热器芯的空气量,通过加热器芯的空气和未通过加热器芯的空气混合后,形成不同温度的空气从出风口吹出,实现温度调节。在空调的控制面板上,设有温度调节拨杆或旋钮,用来改变调节风门的位置。温度调节风门的位置如图6-29~图6-31所示。

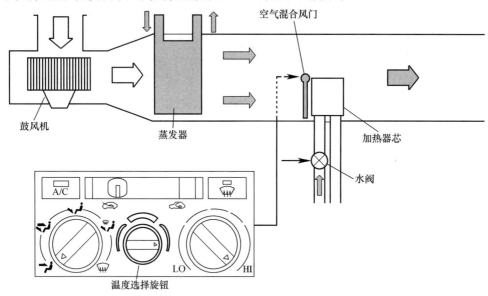

图6-29 温度调节风门在冷的位置

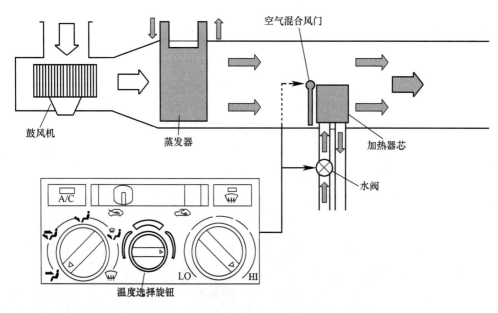

图6-30 温度调节风门在中间的位置

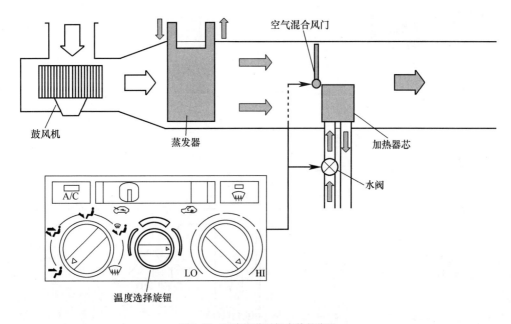

图 6-31　温度调节风门在热的位置

2. 气流选择调节（模式调节）

现代汽车空调系统分别设置了中央出风口、边出风口、脚下出风口和风窗玻璃除霜出风口等不同的出风口，可以根据需要，选择不同的出风口出风，这种功能是通过控制面板上的气流选择调节拨杆或旋钮进行调节，调节的情况如图 6-32～图 6-36 所示。

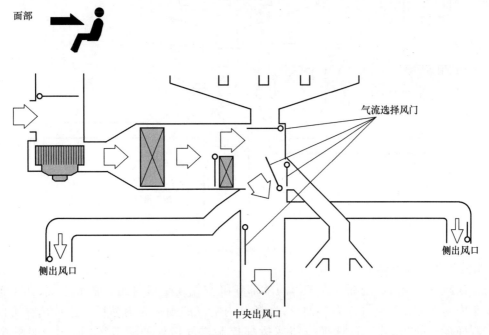

图 6-32　面部出风位置

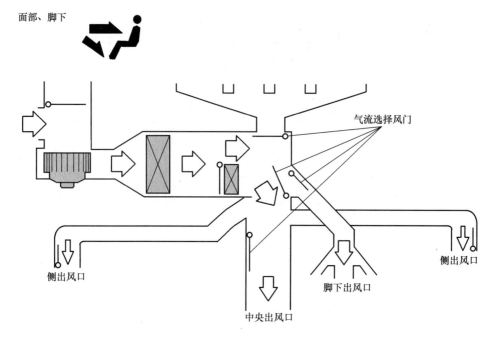

图6-33 面部和脚下出风位置

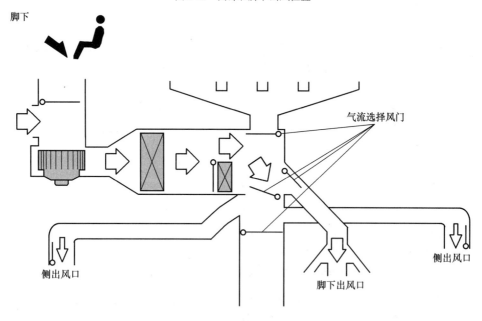

图6-34 脚下出风位置

3. 空气进气选择调节

空气调节系统可以选择进入车内的外部新鲜空气或是车内的非新鲜空气,如果选择进入车内的外部新鲜空气称为外循环,选择车内空气的则称为内循环。这种选择可以通过控制面板上的内、外循环选择按钮或拨杆控制进气口处的调节风门实现,如图6-37所示。

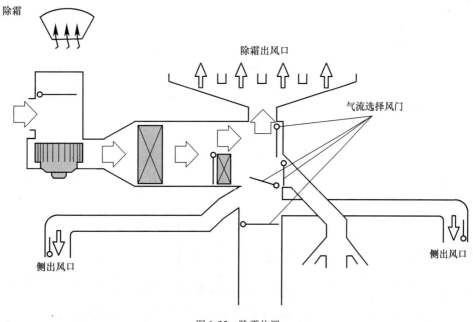

图 6-35　除霜位置

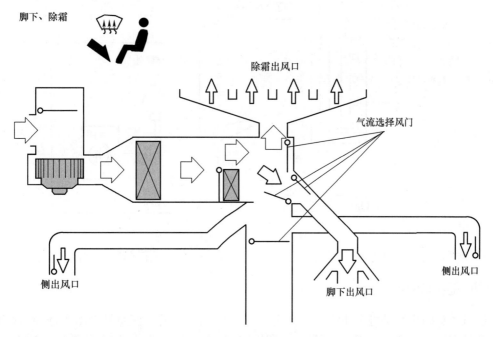

图 6-36　除霜和脚下位置

4. 鼓风机转速的调节

鼓风机转速的调节是通过在鼓风机电路中串入不同的电阻实现的,如图 6-38 所示,在鼓风机电路中串入 3 个电阻,通过开关控制,实现 4 个转速挡(空调控制面板上的 LO、2、3、HI)。如果将电阻改为电子控制,则可实现无级调速。

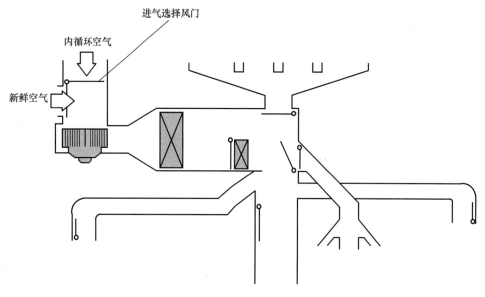

图 6-37 空气进气选择风门

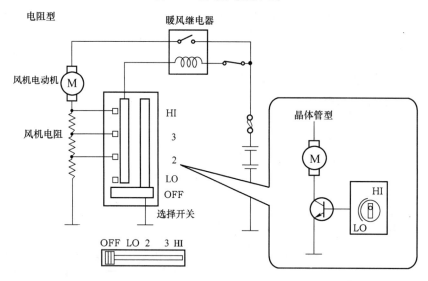

图 6-38 鼓风机转速的调节

自动空调系统可以根据空调的工作情况自动对上述内容进行调节和控制。

四、通风系统

通风系统的作用是将车外的新鲜空气引入车内,将车内的污浊空气排出车外,同时通风系统还具有风窗除霜的作用。通风系统可使车内的空气保持新鲜,提高乘员的舒适性。目前汽车上的通风有两种方式:一种是利用汽车行驶中产生的动压进行通风;另一种是利用车上的鼓风机进行强制通风。

1. 动压通风

动压通风是利用汽车在行驶时在汽车的各个部位所产生的不同压力进行通风的,汽车在行驶时的压力分布如图 6-39 所示,在考虑通风时,只要将进风口设在正压区,排风口设在负压区即可。这种通风方式不需要动力,比较经济;但汽车在行驶速度较低时,通风的效果较差。

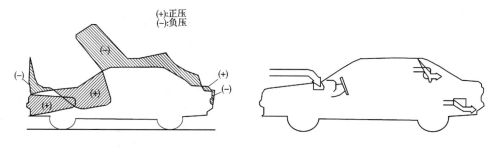

图 6-39　动压通风

2. 强制通风

强制通风是利用鼓风机进行通风,在进风口安装一台鼓风机,将车外的空气吸入车内,车内的空气从排风口排出,如图 6-40 所示。这种通风方式不受车速的限制,通风效果较好,目前汽车通常都是利用空调系统的鼓风机进行强制通风。

如果将上述两种通风方式结合起来,就形成了所谓的综合通风方式,汽车在低速行驶时采用强制通风,高速行驶时采用动压通风,这样就保证了汽车在各种工况下都能保持良好的通风效果,同时也降低了能耗。目前,小型汽车上基本上都采用了综合通风的方式。

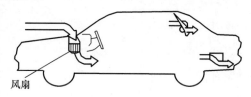

图 6-40　强制通风

五、空气净化系统

空气净化系统可以除去车内空气中的灰尘,保持车内空气清洁,部分车辆的空气净化系统还具备去除异味、杀灭细菌的作用,一些高级车型上的空气净化系统还装备了负氧离子发生器,使车内的空气更加清新。目前大多数车辆的空气净化系统所采用的方法是在空调系统的进气系统中安装空气滤清器(图 6-41),通过滤清器滤除空气中的尘埃,使车内的空气保持清洁。

有些车辆的空气净化系统在滤清器中加入活性炭,可吸收空气中的异味。还有些车辆在净化系统中设有香烟传感器,当传感器检测到车内存在烟气时,便通过放大器自动使鼓风机以高速挡运转,排出车内的烟气。

高档车辆的空气净化系统除上述

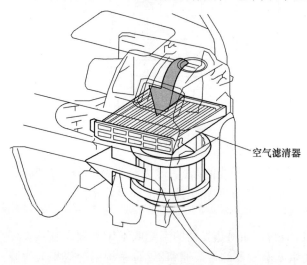

图 6-41　空调进气系统中的空气滤清器

功能外,在系统中还有杀菌灯和离子发生器。

六、空调控制系统

空调控制系统的功能是保证空调制冷系统正常运转,同时也要保证空调系统工作时发动机的正常运转。空调控制系统主要是通过控制压缩机电磁离合器的接合与分离实现温度控制与系统保护,通过对鼓风机的转速控制调节制冷负荷。

1. 电磁离合器

电磁离合器安装在压缩机上,其作用是控制发动机与压缩机的动力传递,空调制冷系统工作时,使发动机能驱动压缩机运转,制冷系统停止运行时,切断发动机到压缩机的动力传递。

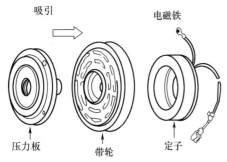

电磁离合器的结构如图6-42所示,主要包括压力板、带轮和定子线圈等部件,压力板与压缩机轴相连,带轮通过轴承安装在压缩机的壳体上,带轮通过传动带由发动机驱动,定子线圈也安装在压缩机的壳体上。

当接通空调开关,使空调制冷系统进入工作状态时,电磁离合器的定子线圈通电,线圈通电后产生磁力,将压力板吸向带轮,使两者接合在一起,发动机的动力便通过带轮传递到压力板,带动压缩机运

图6-42 电磁离合器的结构

转,如图6-43所示。

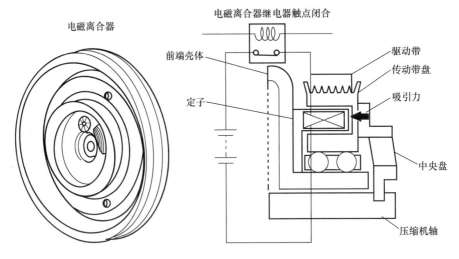

图6-43 电磁离合器的接合状态

当空调制冷系统停止工作时,电磁离合器的定子线圈断电,磁力消失,压力板与带轮分离,此时带轮通过轴承在压缩机的壳体上空转,压缩机停止运转,如图6-44所示。

2. 蒸发器的温度控制

蒸发器温度控制的目的是防止蒸发器结霜。如果蒸发器的温度低于0℃,凝结在蒸发器表面的水分就会结霜或结冰,严重时将会堵塞蒸发器的空气通路,导致系统制冷效果大大降低,为了避免这种情况的发生,就必须控制蒸发器的温度在0℃以上。控制蒸发器温度的方

法通常有两种:一种是利用蒸发压力调节器控制蒸发器的压力来控制蒸发器的温度;另一种是利用温度传感器或温度开关控制压缩机的运转来控制蒸发器的温度。

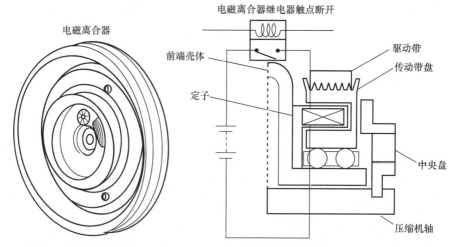

图 6-44 电磁离合器的分离状态

1)蒸发压力调节器(EPR)

根据制冷剂的特性,只要制冷剂的压力高于某一数值,其温度就不会低于0℃(对于R134a,此压力大约为0.18MPa),因此只要将蒸发器出口的压力控制在一定的数值,就可以防止蒸发器表面结霜或结冰。蒸发压力调节器可以根据制冷负荷的大小调节蒸发器出口处的压力,确保蒸发器出口的压力,使制冷剂不低于0℃。

蒸发压力调节器安装在蒸发器出口到压缩机入口的管路中,如图 6-45 所示。它主要由金属波纹管、活塞、弹簧等组成,在管路中形成了一个可调节制冷剂流量的阀门。当制冷负荷减小时,蒸发器出口处制冷剂的压力就会降低,作用在活塞上向左的力 P_e 减小,小于金属波纹管内弹簧向右的力 P_s,使活塞向右移动,阀门开度减小,制冷剂的流量也随之减小,并使蒸发器出口处的压力升高。反之,在制冷负荷增大时,活塞可向左移动,阀门开度增大,增加制冷剂的流量,适应制冷负荷增大的需要。

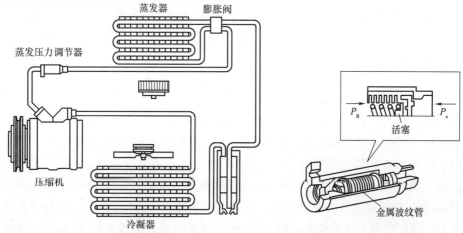

图 6-45 蒸发压力调节器

2）蒸发器温度控制电路

用热敏电阻作为温度传感器,将其安装在蒸发器的表面。当蒸发器表面的温度低于某一设定值时,空调 ECU 收到低温信号,便控制继电器切断压缩机电磁离合器电路,使压缩机停转,控制蒸发器温度不低于 0℃,如图 6-46 所示。

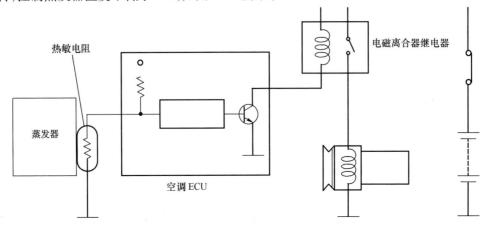

图 6-46　蒸发器温度控制电路

3. 冷凝器风扇控制

现在几乎所有汽车的冷却系统采用电风扇,同时空调制冷系统的冷凝器也采用同一风扇进行冷却。当冷却液温度较低时,风扇不工作,冷却液温度升高到某一规定值时,风扇以低速运转,如果温度进一步升高到另一个设定值时,风扇则以高速运转。当空调制冷系统开始工作时,不管冷却液温度高低,风扇都运转;如果制冷系统压力高过一定值时,风扇则以高速运转。

风扇转速的控制有两种:一种是用一个电风扇串联电阻的方式调节风扇的转速;另一种是利用两个电风扇以串联和并联的方式调节风扇的转速。

图 6-47 所示为一冷凝器和散热器风扇控制电路,用压力开关、冷却液温度开关和 3 个继电器控制冷凝器风扇和散热器风扇的转速。此电路可以实现风扇不转、低速运转、高速运转三级控制。3 号继电器只在空调制冷系统工作时起作用,使冷凝器风扇以低速或高速运转。2 号继电器为双触点继电器,用来控制冷凝器风扇的转速。1 号继电器用于控制散热器风扇。压力开关在空调制冷系统压力高时断开,压力低时接通。冷却液温度开关在冷却液温度低时接通,温度高时断开。

不开空调时,3 号继电器不工作,冷凝器风扇也不工作。如果冷却液温度过高,冷却液温度开关断开,1 号继电器线圈断电,触点闭合,散热器风扇运转,加强散热。

打开空调,3 号继电器线圈通电,触点闭合。如果冷却液温度较低、空调系统内压力也较低,2 号继电器线圈也通电,使其下触点闭合,形成了冷凝器风扇和散热器风扇的串联电路,两个风扇都以低速运转。如果冷却液温度升高或制冷系统内压力增大,压力开关或冷却液温度开关切断 2 号和 1 号继电器线圈电路,使 2 号继电器的上触点闭合,1 号继电器的触点接通,将冷凝器风扇和散热器风扇连接成并联电路,两个风扇都以高速运转。

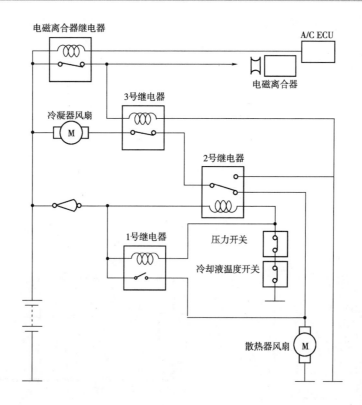

图 6-47　冷凝器和散热器风扇控制电路

4．制冷循环的压力控制

1）压力控制的功能

空调制冷循环系统中如果出现压力异常,将会造成系统不减的损坏。如果系统压力过低,说明制冷剂量过少,这种情况将造成润滑油不能随制冷剂一起循环,使压缩机缺油而损坏。如果由于制冷剂量大或冷凝器冷却不良造成系统压力过高,有可能造成系统部件损坏。因此,在空调制冷系统工作时,必须对系统压力进行监测,防止出现上述两种情况。常采用的方法是在系统的高压管路中安装压力开关,压力开关有低压开关和高压开关之分,低压开关安装在制冷循环系统中的高压管路中,用于监测制冷循环系统中高压管路压力是否过低,如果压力低于规定值,低压开关将切断压缩机的电路使压缩机停止工作。高压开关也安装在高压管路中,监测高压管路中压力是否过高,如果压力过高,有两种处理方法:一种是加强对冷凝器的冷却强度,使压力降低;另一种是切断电磁离合器的电路,使压缩机停止运转,如图 6-48 所示。通常加强冷却强度控制的压力要低于切断离合器控制电路的压力。目前空调系统中的压力开关通常都是将低压开关和高压开关制成一体,称为组合压力开关或多功能压力开关。多数组合压

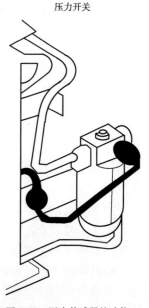

图 6-48　压力传感器的功能

力开关可实现低压切断离合器控制电路、高压接通冷凝器风扇高速挡或切断离合器控制电路的双重功能,还有一些车型利用压力传感器对压力进行控制,将压力信号转化为电信号传给控制单元,控制单元再对电磁离合器和冷凝器风扇进行控制。通常低压切断离合器电路的压力约为0.2MPa,高压接通冷凝器风扇高速挡的压力约为1.6MPa,高压切断电磁离合器的压力约为3.2MPa。

2)压力开关控制基本电路

压力开关控制基本电路如图6-49所示,压力开关一般的安装位置是储液干燥器或高压管路。图6-49所示的开关均为常闭开关,也有部分压力开关高压为常开开关,具体是何种形式要视车型而定。

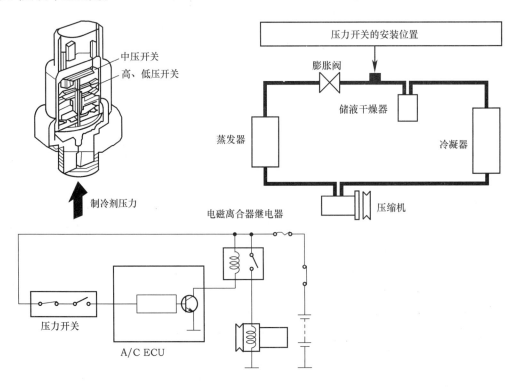

图6-49 压力开关控制电路

5. 发动机的怠速提升控制

在车流量较大的道路上行驶,汽车发动机经常处于怠速运转状态,发动机的输出功率低,如果此时开启空调的制冷系统,可能会造成发动机过热或停机,为防止这种情况的发生,在空调控制系统中采用了怠速提升装置,如图6-50所示。

当接通空调制冷开关(A/C)后,发动机的控制单元(ECU)便可接收到空调开启的信号,控制单元便控制怠速控制阀将怠速旁通气道的通路增大,使进气量增加,提高怠速。如果是节气门直动式怠速控制机构,控制单元便控制电动机将节气门开大,提高怠速。

6. 发动机失速控制

发动机带空调怠速运转时,一旦有其他影响因素使发动机转速下降,将造成发动机失速而熄火,为防止这种情况发生,空调控制电路中设有防止发动机失速的控制电路。空调的控制单元通过发动机转速传感器检测发动机的转速,当发动机的转速低于一定值时,将压缩机电磁离合器切断,保证发动机的正常工作。

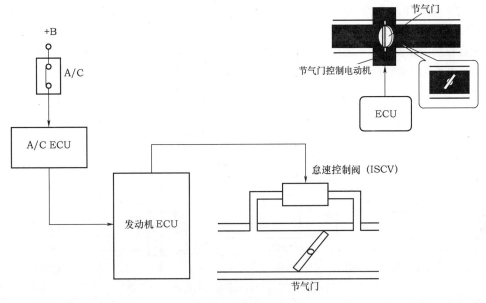

图 6-50　怠速提升控制

7. 传动带保护控制

当动力转向的油泵、发电机等附件与空调压缩机采用同一传动带驱动时,如果压缩机出现故障而锁死,传动带将被损坏,为了防止这种情况的产生,有些空调的控制电路中采用了传动带保护控制装置。传动带保护控制装置的作用原理如图 6-51 所示,空调放大器(或 ECU)同时接收发动机的转速信号和压缩机的转速信号,并对这两个转速进行比较,当这两个转速信号出现的差异超过某一限值时,空调放大器便认定压缩机出现故障,随后就切断压缩机电磁离合器的电源,使压缩机停止工作,以保证其他附件的正常运转。

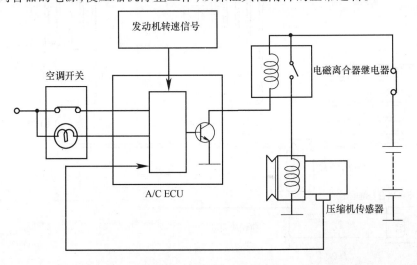

图 6-51　传动带保护控制电路

8. 压缩机双级控制

有些车辆为了提高车辆的燃油经济性,采用了压缩机双级控制,如图6-52所示,在空调开关上有两个开关,一个是A/C开关,另一个是ECHO开关。在接通A/C开关时,空调ECU根据蒸发器温度传感器的信号在较低的温度控制压缩机电磁离合器的通断;在接通ECHO开关时,空调ECU便在较高的温度控制压缩机电磁离合器的通断。这样就可以减少压缩机工作的时间,减少汽车的燃料消耗,同时在压缩机停机时,发动机的负载减少,汽车的动力输出可以提高。

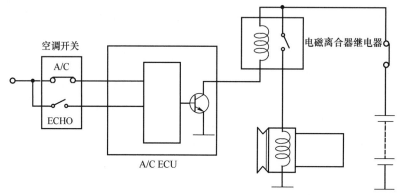

图6-52 压缩机的双级控制电路

9. 双蒸发器控制

现在有些车辆在前排和后排都有蒸发器,且两个蒸发器都采用一个压缩机,这样就面临着前后蒸发器分别控制的问题,为此,在两个蒸发器的入口处,安装两个电磁阀,用来分别控制前排座位和后排座位的温度。其示意图如图6-53所示。

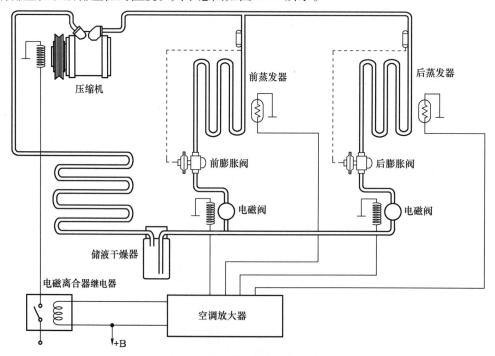

图6-53 双蒸发器控制

10. 其他控制

1）冷却液温度控制

为防止冷却液温度过高,有些空调控制电路中设有冷却液温度开关或传感器。当冷却液的温度高过一定值(一般为105℃)时,切断压缩机电磁离合器电路,使压缩机停止运转;在温度下降到某设定值(大约为95℃)时,再接通电磁离合器电路,使空调重新工作。

2）制冷剂温度控制

在部分叶片式压缩机和斜盘式压缩机上装有制冷剂温度开关,防止压缩机温度过高而损坏。如图6-54所示,当制冷剂的温度超过180℃时,制冷剂温度开关就断开,切断了压缩机电磁离合器的电路。

3）环境温度控制

部分车辆在控制电路中设有环境温度开关,在环境温度低于规定值时,环境温度开关断开,切断压缩机电磁离合器的电路,使空调的制冷系统不能工作。环境温度高于规定值时,制冷系统才能进入工作状态。

4）发动机负荷控制

在很多车辆的控制程序中都有发动机负荷控制。当汽车处于急加速或全负荷工作状态时,空调或发动机电脑会发出指令切断电磁离合器,使空调停止工作,确保发动机的动力输出。

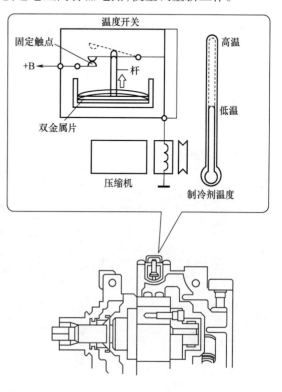

图6-54 制冷剂温度开关

11. 空调系统的控制电路

图6-55、图6-56所示为丰田威驰空调系统的控制电路图,主要控制内容有:蒸发器温度控制、制冷循环系统压力控制、鼓风机转速控制、冷凝器风扇控制等。

七、自动空调控制系统

1. 自动空调系统的组成和基本工作原理

目前中高档汽车空调控制系统普遍采用自动控制系统,在操作时只要设定合适的温度,按下自动控制(AUTO)按钮,控制系统即可按照所设定的温度自动运行。这套系统与其他电控系统一样,也是由传感器、控制单元和执行器组成,如图6-57所示。

自动空调系统的传感器主要包括内部温度传感器、环境温度传感器、阳光辐射传感器、蒸发器温度传感器、冷却液温度传感器(向发动机控制单元提供信号,再由发动机控制单元转发给空调控制单元)、压力开关等。控制单元包括空调控制单元和发动机控制单元,执行器包括空气混合伺服电动机、空气进气伺服电动机、气流方式伺服电动机、鼓风机电动机和鼓风机电动机控制器等,如图6-58所示。

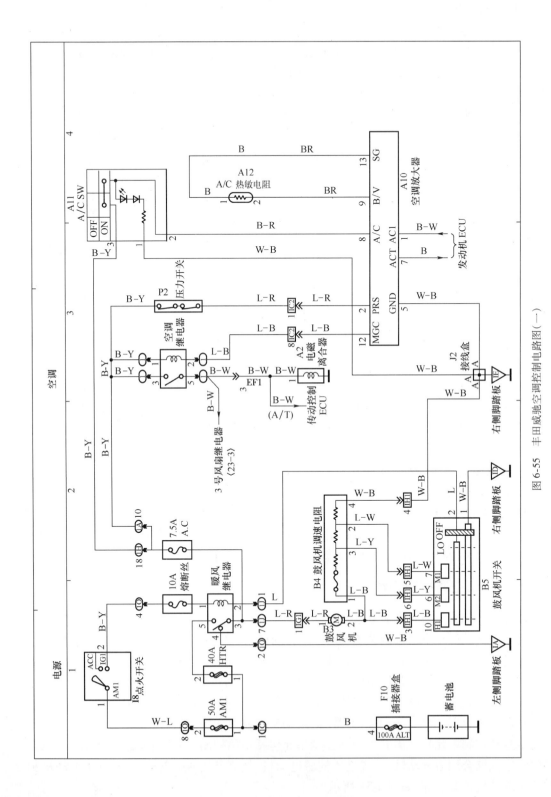

图 6-55 丰田威驰空调控制电路图（一）

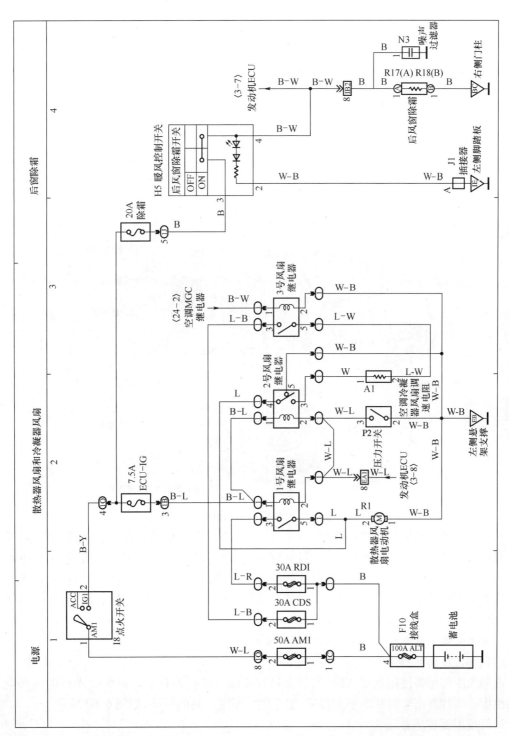

图 6-56 丰田威驰空调控制电路图（二）

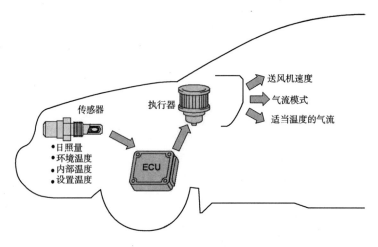

图 6-57 自动空调系统

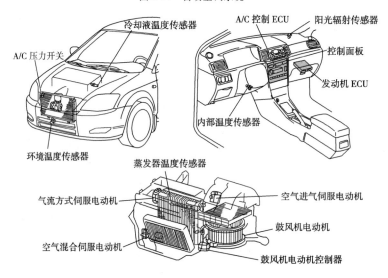

图 6-58 自动空调系统的组成

自动空调的控制原理图如图 6-59 所示，自动空调控制单元接受各个传感器的信号，经过计算控制空气混合伺服电动机、空气进气伺服电动机、气流方式伺服电动机、鼓风机电动机和鼓风机电动机控制器等运作，同时伺服电动机上的位置传感器再将电动机控制的风门位置反馈给空调控制单元，使控制单元能够准确地控制风门的位置，确保合适的温度、空气流速、出风位置等。

2. 自动空调系统各个组成部件的作用和结构

1）内部温度传感器

内部温度传感器使用热敏电阻，安装在带有通风口的仪表台处。测量吸入车辆内部空气的温度进而计算出车内部的平均温度，把它用作温度控制的基础，如图 6-60 所示。

2）环境温度传感器

环境温度传感器也使用热敏电阻，安装在冷凝器的前面。用于检测外部温度，控制由外部温度波动所引起的内部温度波动，如图 6-61 所示。

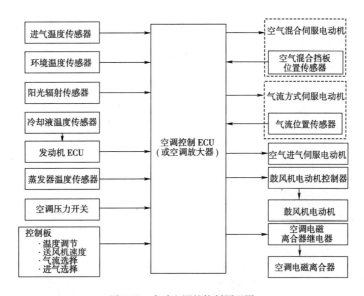

图6-59 自动空调的控制原理图

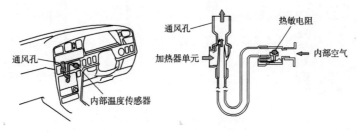

图6-60 内部温度传感器

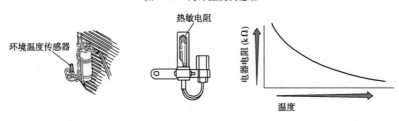

图6-61 环境温度传感器

3）太阳辐射传感器

太阳辐射传感器使用光敏二极管，并安装在仪表台的上部，检测日照的强度，用它来控制由日照波动引起内部温度的波动，如图6-62所示。

4）蒸发器温度传感器

蒸发器温度传感器使用热敏电阻，安装在蒸发器上，检测经过蒸发器的空气温度（蒸发器的表面温度），用于防止蒸发器结冰、控制气流的温度和延时气流控制，如图6-63所示。

5）冷却液温度传感器

冷却液温度传感器使用热敏电阻，它根据发动机冷却液温度传感器检测冷却液的温度。冷却液温度传感器信号送到发动机ECU，再由发动机ECU传送到空调ECU，用于温度控制、预热控制等，如图6-64所示。

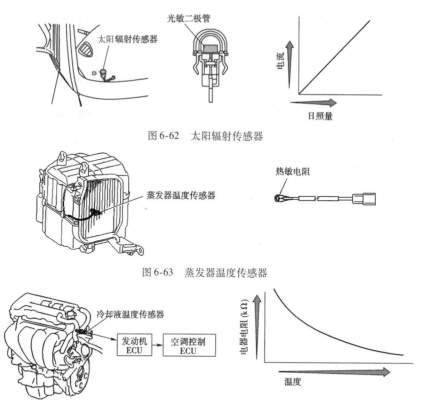

图 6-62　太阳辐射传感器

图 6-63　蒸发器温度传感器

图 6-64　冷却液温度传感器

6）空气混合伺服电动机

如图 6-65 所示，空气混合伺服电动机包括电动机、限位器、电位计和动触点等，它由 ECU 传送的信号控制。

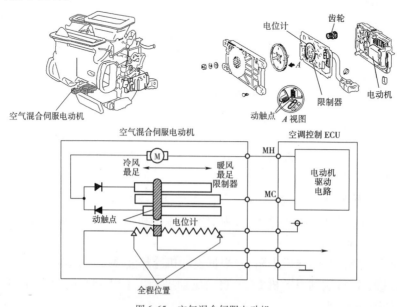

图 6-65　空气混合伺服电动机

7）空气进气伺服电动机

如图6-66所示，空气进气伺服电动机包括电动机、齿轮、移动盘等。

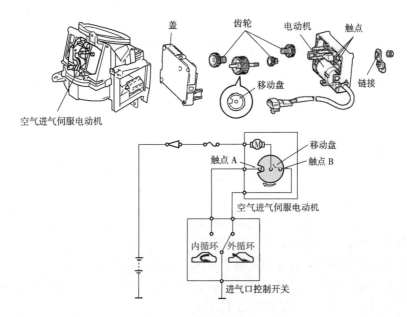

图6-66　空气进气伺服电动机

8）气流方式伺服电动机

如图6-67所示，气流方式伺服电动机包括电动机、动触点、电路板及电动机驱动电路等。

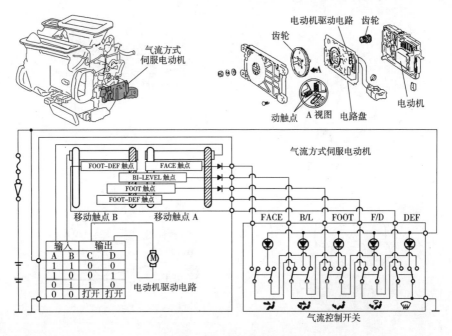

图6-67　气流方式伺服电动机

自动空调系统可通过指示灯显示系统出了故障,还可以通过诊断座用诊断仪调取故障信息,为维修提供指导。具体的方法可参见维修手册。

第四节　空调系统维护

一、空调维修注意事项

1. 处理制冷剂时应注意的安全问题

处理制冷剂时应注意的问题如图6-68所示。

(1) 不要在密闭的空间或靠近明火处处理制冷剂;
(2) 必须戴防护眼镜;
(3) 避免液体的制冷剂进入眼睛或溅到皮肤上;
(4) 不要将制冷剂的罐底对着人,有些制冷剂罐底有紧急放气装置;
(5) 不要将制冷剂罐直接放在温度高于40℃的热水中;
(6) 如果液体制冷剂进入眼睛或碰到皮肤,不要揉,要立即用大量的冷水冲洗,要立即到医院找医生进行专业处理,不要试图自己进行处理。

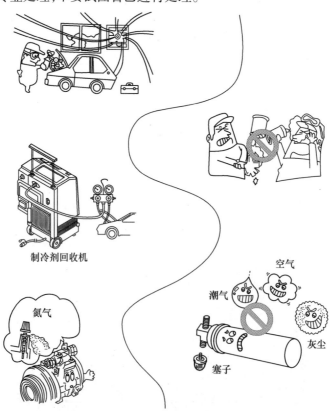

图6-68　处理制冷剂和更换零件时应注意的问题

2. 在更换零件或管路时要注意的问题

更换零件或管路时应注意的问题如图6-68所示。

(1) 用制冷剂回收装置回收制冷剂以便再次使用;

(2) 在未连接的管路或零件上要插上塞子,以免潮气、灰尘进入系统;

(3) 对于新的冷凝器、储液干燥器等零件不要拔了塞子放置;

(4) 在拔出新压缩机塞子之前,要从排放阀放出氮气,否则在拔塞子时,压缩机油将随氮气一起喷出;

(5) 不要用火焰加热进行弯管和管路拉伸。

3. 在拧紧连接零件时应注意的问题

在拧紧连接零件时应注意的问题如图6-69所示。

(1) 滴几滴压缩机油到O形密封圈上,可使紧固容易和防止漏气;

(2) 使用两个开口扳手紧固螺母,防止管路扭曲;

(3) 按规定的力矩拧紧螺母或螺栓。

4. 处理装有制冷剂的容器时应注意的问题

处理装有制冷剂的容器时应注意的问题如图6-69所示。

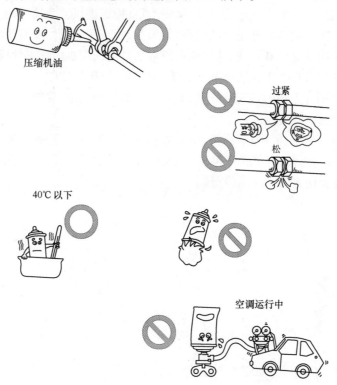

图6-69 在空调制冷系统开启补充制冷剂时应注意的问题

(1) 不要加热制冷剂容器;

(2) 当用温水加热制冷剂容器时,不允许将容器顶部的阀门浸入水中,防止水渗入制冷管路。

5. 在空调制冷系统开启补充制冷剂时应注意的问题

在空调制冷系统开启补充制冷剂时应注意的问题如图 6-69 所示。

(1) 如果制冷剂不足,有可能引起压缩机润滑不足,造成压缩机损坏,应注意避免这种情况的发生;

(2) 空调系统在运转时,如果开启高压阀,将引起制冷剂倒流入制冷剂容器,使制冷剂容器破裂,因此只允许开启低压阀;

(3) 如果将制冷剂容器倒置,制冷剂将以液态进入空调管路,造成压缩机液击,损坏压缩机,所以制冷剂必须以气态充入;

(4) 制冷剂不要充入过量,否则将造成制冷不良、发动机经济性变差、发动机过热等故障。

二、空调系统的检查

1. 直观检查

空调系统直观检查如图 6-70 所示。

(1) 检查压缩机驱动带是否过松,如果传动带过松按标准调整;

(2) 检查空调出风口的出风量,如果出风量不足,检查进风滤清器,如有杂物,进行清除;

(3) 听压缩机附近是否有非正常的响声,如果有,检查压缩机的安装情况;

(4) 听压缩机内部是否有杂音,这种杂音通常都是由压缩机内部零件损坏所引起;

(5) 检查冷凝器散热片上是否有脏物覆盖,如果有,将脏物清除;

(6) 检查制冷循环系统的各连接处是否有油渍,如果有油渍,说明该处有泄漏,应紧固该连接处或更换该处的零件;

(7) 将鼓风机开至低挡、中挡、高挡,听鼓风机处是否有杂音,检查鼓风机是否运转正常,如果有杂音或运转不正常,应更换鼓风机(鼓风机进入异物或安装有问题也会引起杂音或运转不正常,所以在更换之前要仔细检查)。

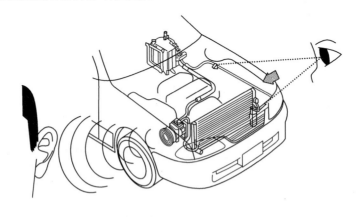

图 6-70 直观检查

2. 检查制冷剂的数量

检查制冷剂的数量有两种方法:一种是通过系统中安装的视液镜检查;另一种是通过检测系统压力检查。

1) 通过视液镜检查制冷剂的数量
(1) 检查条件：发动机转速为1500r/min。
(2) 鼓风机速度控制开关处于"高"位。
(3) 空调开关"开"。
(4) 温度选择器为"最凉"。
(5) 完全打开所有车门（图6-71）。
(6) 检查制冷剂的数量，如图6-72所示。

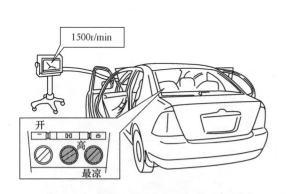

图6-71　检查条件　　　　　　　　图6-72　检查制冷剂的数量

① 正常：几乎没有气泡，这说明制冷剂量正常；
② 不足：有连续的气泡，这说明制冷剂量不足；
③ 空或过量：看不到气泡 这说明制冷剂储藏罐是空的或制冷剂过量。

2) 通过检查系统的压力检查制冷剂的数量
(1) 连接歧管压力表：将歧管压力表的高低压开关全部关闭（图6-73）；
(2) 把加注软管的一端和歧管压力表相连，另一端和车辆侧的维修阀门相连（图6-74），蓝色软管 → 低压侧，红色软管 → 高压侧。

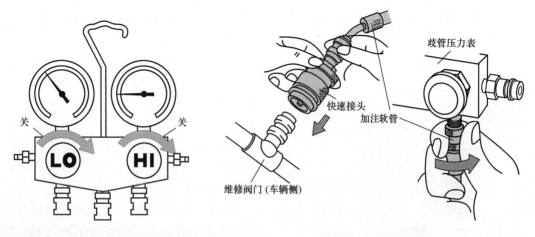

图6-73　关闭歧管压力表的高低压开关　　　　图6-74　连接歧管压力表

注意：

①连接时，用手而不要用任何工具紧固加注软管；

②如果加注软管的连接密封件损坏，要更换；

③由于低压侧和高压侧的连接尺寸不同，连接软管时不要装反；

④软管和车上的维修阀门连接时，把快速将接头接到维修阀门上并滑动，直到听见"咔嗒"声；

⑤和多功能表连接时，不要弄弯管道。

(3)检查制冷系统的压力：起动发动机，在空调运行时检查歧管压力表所显示的压力，规定压力读数(图6-75)：

低压侧：0.15～0.25MPa；

高压侧：1.37～1.57MPa。

提示： 多功能表所示压力随外部空气温度而有轻微的变化。

3. 检查制冷剂的泄漏

如图6-76所示，用检漏计检测主要可能泄漏的部位。

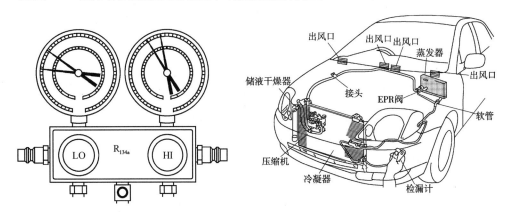

图6-75　制冷系统的正常压力　　　图6-76　主要可能泄漏的部位

4. 空调制冷功能的检查

空调制冷功能的检查车型不同，检查的方法也有所差异，下面以丰田车型为例介绍检查的方法(不同车型的检查方法，可参照该种车型的修理手册)。

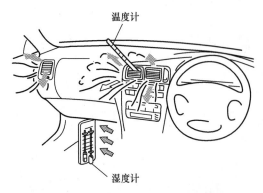

图6-77　测量进风口的温度、湿度及出风口的温度

(1)将车放在荫凉处。

(2)预热发动机到正常温度，将车门全开，气流选择为面部出风，进风选择为内循环，鼓风机速度选择最大，温度选择最冷，在发动机转速为1500r/min的情况下开启A/C开关，5～6min后测试进风口的湿度、温度及出风口的温度(图6-77)。

(3)用进风口处的干、湿球温度按图6-78(上)中的图表查出相对湿度，再算出进风口和出风口的温度差，检查其是否在图6-78(下)中的可接受范围内,如果在其范围内,则说明制冷性能良好。

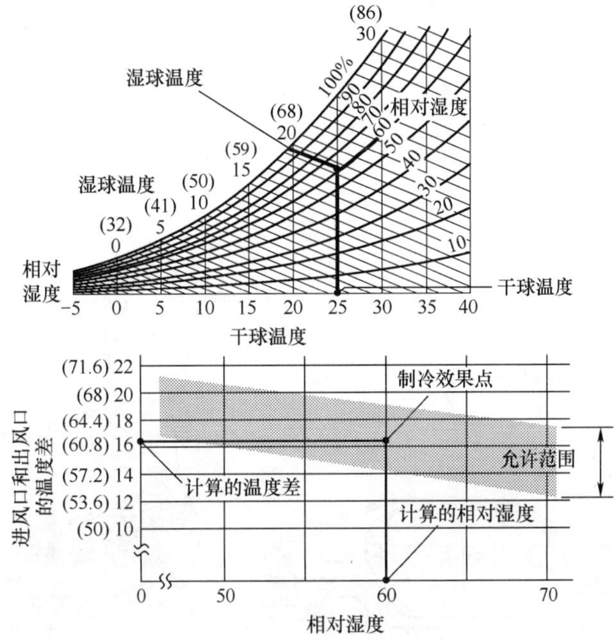

图 6-78 用干湿球温度查湿度和判断空调性能

5. 制冷剂的加注

制冷剂加注工作分为两种:一种是制冷系统内部制冷剂不足,进行补充;另一种是制冷系统中无制冷剂,重新加注。如果制冷剂不足,需检查系统是否有泄漏的地方,在确认系统无泄漏后,可进行补充。如果空调系统更换了零件或因其他原因制冷剂全部漏净,则需重新加注,重新加注制冷剂时应先对系统进行抽真空作业,以抽去制冷循环系统的水分,防止因水结冰堵塞制冷系统的管路。下面介绍重新加注制冷剂的步骤。

(1)按前述安装歧管压力表,将绿色软管的一端接压力表的中部,另一端接真空泵,如图 6-79 所示。

(2)打开歧管气压表高压侧和低压侧两侧的阀门,开启真空泵抽真空,抽真空至歧管气压表低压侧显示为 750mmHg(1mmHg = 133.322Pa)或更高,保持 750mmHg 或更高的显示压力抽空 10min,如图 6-80 所示。

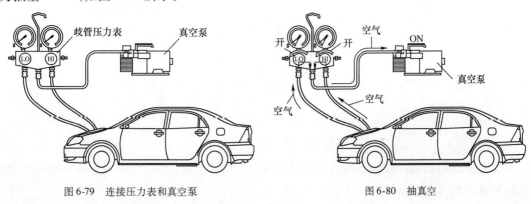

图 6-79 连接压力表和真空泵　　　　　　　图 6-80 抽真空

(3)关闭歧管气压表高压侧和低压侧两侧的阀门,关停真空泵(图6-81)。

注意:如果关停真空泵时两侧的阀门(高压侧和低压侧)都开着,则空气会进入空调系统。

(4)检查系统密封性:真空泵停止后,高压侧和低压侧两侧的阀门关闭5min,歧管气压表的读数应保持不变(图6-82)。

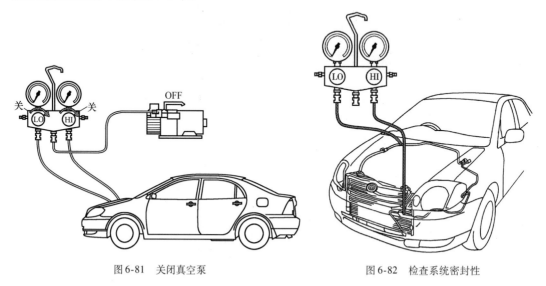

图6-81 关闭真空泵　　　　　　　　　图6-82 检查系统密封性

提示:如果显示压力增加,则有空气进入空调系统,检查O形密封圈和空调系统的连接状况。

注意:如果抽真空不足,空调管道内的水分会冻结,这将阻碍制冷剂的流动并导致空调系统内表面生锈。

(5)安装制冷剂罐(图6-83)。

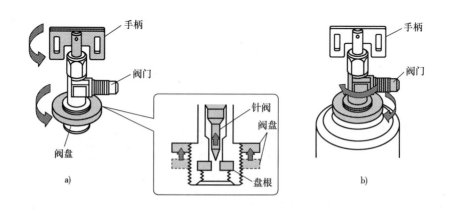

图6-83 连接阀门和制冷剂罐

①连接阀门和制冷剂罐。检查制冷剂罐连接部件的盘根,逆时针转动手柄升起针阀,逆时针转动阀盘升起阀盘。

注意：要在针阀升起前安装制冷剂罐，否则针阀会插进制冷剂罐从而导致制冷剂泄漏。把阀门旋进制冷剂罐直到和盘根紧密接触，然后紧固阀盘以卡住阀门。

注意：不要顺时针转动手柄，否则针阀将插进制冷剂罐，从而导致制冷剂泄漏。

②a. 把制冷剂罐安装到歧管气压表上（图6-84）完全关闭歧管压力表低压侧和高压侧的阀门；b. 把制冷剂罐安装到歧管压力表中间的绿色加注软管；c. 顺时针转动手柄直到针阀在制冷剂罐上钻个孔；d. 逆时针转动手柄退出针阀；e. 按下歧管压力表的空气驱除阀放出空气直到制冷剂从阀门释出。

注意：如果用手按下气体驱除阀，释放出的空调气体就会沾到手上等处，从而冻伤，因此要用螺丝刀等按住阀门。

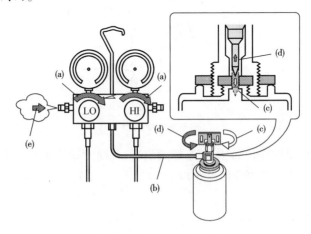

图6-84 把制冷剂罐安装到歧管气压表上

（6）从高压侧加注制冷剂（图6-85）。发动机不工作时，打开高压侧阀门加注制冷剂，直到低压表大约为0.98MPa，加注后关闭阀门。

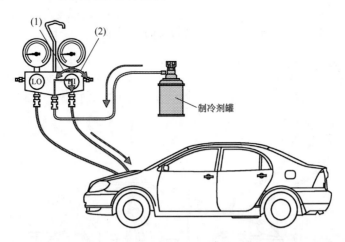

图6-85 从高压侧加注制冷剂

注意：一定不要让压缩机工作，空调压缩机运行时，不从低压侧加注将导致空调压缩机缺油拉伤；也不要打开低压侧阀门，制冷剂在空调压缩机内通常为气体状态，如果从高压侧加注而低压侧阀门开着，液态制冷剂进入低压侧，此时若空调压缩机开始工作就会出现液击而损坏。

（7）检查漏气（图6-86）。用电子检漏计按图示的部位检测系统漏气的情况。

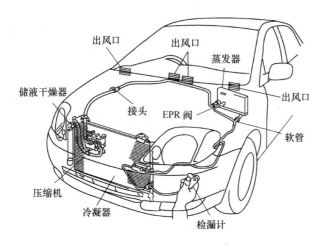

图6-86　检查漏气

（8）从低压侧加注制冷剂。关闭高压侧阀门后,起动发动机并运行空调（图6-87）,打开歧管压力计,加入规定量的制冷剂（图6-88）。

加注条件：

①发动机转速为1500r/min；

②鼓风机速度控制开关处于"高"位；

③A/C开关"开"；

④温度选择器为"最凉"；

⑤完全打开所有车门。

提示：加注量随车型不同而不同,应参照相关的说明书。

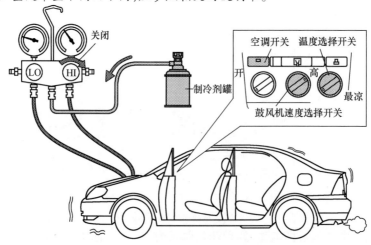

图6-87　关闭高压侧阀门起动发动机

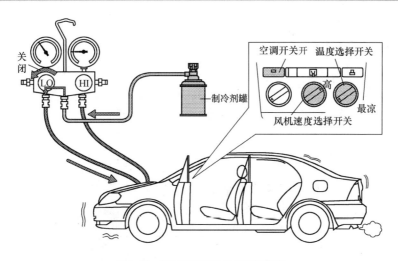

图6-88 打开低压侧阀门加注制冷剂

注意：

①低压侧加注制冷剂时，制冷剂罐倒置将使空调气以液态进入压缩机，压缩液体将损坏压缩机（图6-89）；也不要加注过量，否则将导致制冷不足。

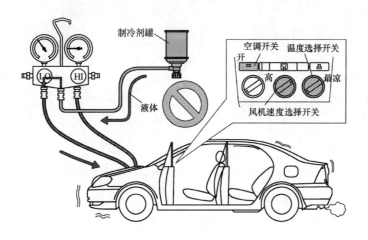

图6-89 低压侧加注制冷剂时不要将制冷剂罐倒置

②更换制冷剂罐时，关闭高低压两侧的阀门。

③更换后，打开驱气阀，从中部的软管（绿色）和歧管压力表中放出空气。

④发动机工作时不要打开高压侧的阀门，这将导致高压气回流至制冷剂罐，造成制冷剂罐破裂（图6-90）。

根据歧管压力表的压力显示检查制冷剂的加注量：在制冷剂加注量达到规定量时，歧管压力表的压力也应达到规定值，其规定的压力为（图6-91）：

低压侧：$0.15 \sim 0.25 \text{MPa}$；

高压侧：$1.37 \sim 1.57 \text{MPa}$。

提示： 歧管气压计所示压力随外部空气温度而有轻微的变化。

制冷剂加注量符合要求后，关闭低压侧阀门并关闭发动机（图6-92）。

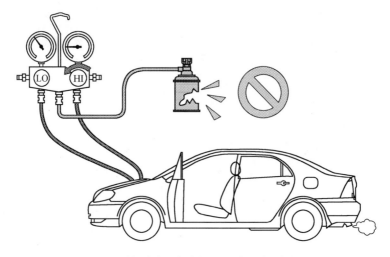

图 6-90　低压侧加注制冷剂时不要打开高压侧阀门

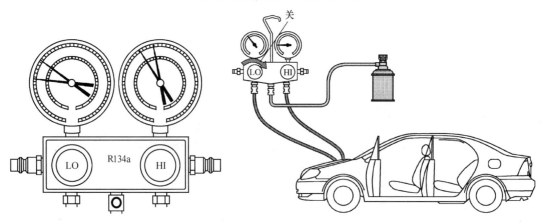

图 6-91　制冷剂加满时的规定压力　　　　图 6-92　关闭低压侧阀门并关闭发动机

把加注软管从车辆侧维修阀门和制冷剂罐阀门上拆掉（图 6-93）。

提示：歧管压力表所示压力随外部空气温度而有轻微的变化。

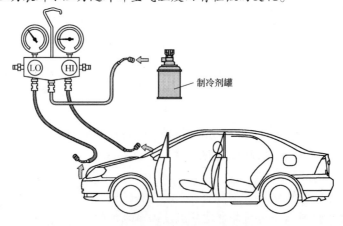

图 6-93　拆卸歧管压力表和制冷剂罐

外部温度高时,加注制冷剂困难,可用空气或冷水降低冷凝器的温度(图6-94);

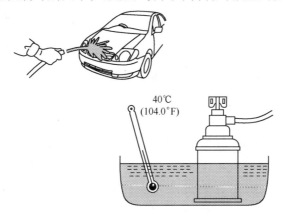

图6-94　用温水加热制冷剂罐或用冷水冷却冷凝器

外部温度低时,可用温水(40℃以下)加热制冷剂罐,这样可使加注比较容易(图6-94)。

最后检查制冷剂的加注量是否合适,空调系统运转是否正常:通过观察孔检查加注量;检查漏气;空调制冷状况(图6-95)。

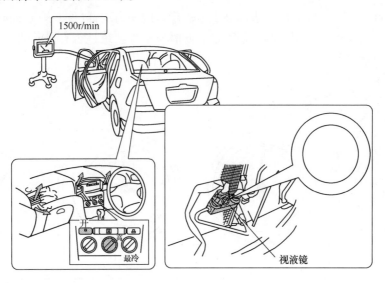

图6-95　检查制冷剂量和空调系统是否正常

近年来汽车4S店加注制冷剂基本已经将上述的方法淘汰,而采用制冷剂的加注回收设备。目前广泛采用的设备是罗宾耐尔的制冷剂加注回收设备。在制冷剂加注前,需要用制冷剂检测仪对制冷剂进行检测,如果制冷剂中所含R134a的纯度达不到要求,所回收的制冷剂不可再用,当制冷剂的纯度符合要求时可以再次使用。加注制冷剂时应先按照要求对制冷剂回收,回收完成后要进行抽真空和保压,最后按照车辆对制冷剂要求的数量将制冷剂一次加注完成,完成后再进行空调性能检测,合格后即完成加注。其具体的操作请参见相应设备的使用说明书和交通运输部颁发的相关标准。

第五节　空调系统故障诊断

空调系统故障包括暖风系统故障、制冷系统故障、通风系统故障等。其中暖风系统和通风系统故障主要表现为无暖风或暖风不足，检查时只需检查风道是否堵塞、暖风水路是否正常、风道中各种风门工作是否正常，故障部位比较直观，此处不再赘述。制冷系统故障较为复杂，故障的表现主要是不制冷或制冷不足，故障的原因可以分为制冷循环系统故障和电气控制系统故障，下面分别介绍。

一、利用歧管压力表诊断制冷循环系统故障

制冷循环系统故障基本上都可以用歧管压力表进行诊断，在系统无泄漏及压缩机电磁离合器能够吸合的情况下，将歧管压力表按前述的方法与制冷系统的维修阀连接，起动发动机，运转空调系统，检查系统高压及低压侧的压力。

系统正常的情况下，高压侧的压力应为 1.4~1.6MPa；低压侧的压力应为 0.15~0.25MPa，如图 6-96 所示。

如果空调制冷不足，歧管压力表的高低压表指示的压力均低（图 6-97），同时视液镜中可以看到大量气泡，这说明系统中制冷剂不足。此时应检查系统是否有泄漏的地方，在排除了泄漏故障后，将制冷剂补足。

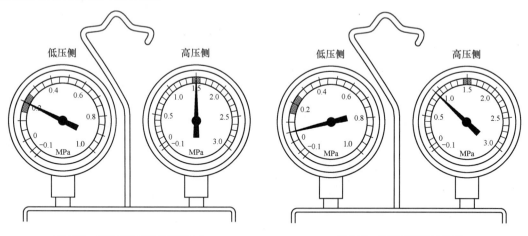

图 6-96　制冷循环系统的正常压力　　　　　图 6-97　高低压表指示均低

歧管压力表的高低压表的指示均过高（图 6-98），视液镜中看不到气泡，甚至在低转速下也看不到气泡，造成这种现象的原因是系统中制冷剂过量或冷凝器冷却不足。排除时要将制冷剂量调整合适，清洁冷凝器，同时还要检查车辆的冷却系统。

制冷时有时无，压力表在空调起动时正常，过一段时间低压表指示真空，高压表的压力也降低很多，过几秒到几分钟，表的指示又恢复正常（图 6-99），如此循环。造成这种现象的原因是系统中有水分，当系统正常制冷温度下降时，水分在膨胀阀处结冰造成冰堵，制冷循环不能进行，温度上升后，冰融化使得循环又正常进行，温度下降后又造成冰堵，如此反复。

遇到这种情况应更换储液干燥器，系统抽真空后重新加注制冷剂。

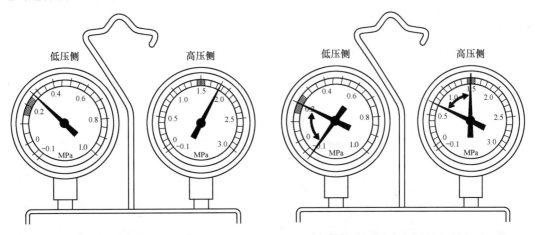

图6-98　高低压表指示均高　　　　　　图6-99　系统中有水分时的压力表显示

如果高压表指示过低，低压表指示过高（图6-100），关闭空调后，高低压表指示很快趋于一致，触摸压缩机，压缩机的温度也不高，这说明压缩机的效率不高，此时应更换或修理压缩机。此外，冷凝器冷却不足也可能造成高压表指示过低，低压表指示过高。

如果制冷循环系统内制冷剂不能循环，低压表可指示真空，高压表的压力也比正常压力低（图6-101），造成这种情况的主要原因是制冷循环系统内有堵塞情况。如果系统完全堵塞，开启空调时，由于制冷剂不循环，低压表即刻显示真空；如果未完全堵塞，低压表在开启空调时将逐渐指向真空，在堵塞部位的前后还将出现温差。堵塞的部位常发生在膨胀阀、EPR阀及管路较细的部位。膨胀阀的感温包漏气也可能使膨胀阀不能开启而造成这种情况。排除时要查明堵塞的原因，更换堵塞的部件，彻底清理制冷循环管路。

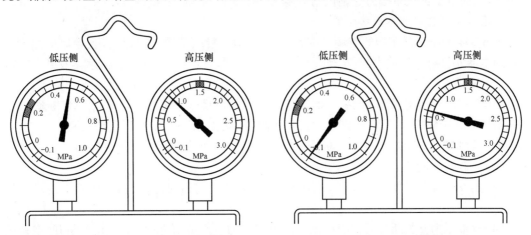

图6-100　高压表指示过低，低压表指示过高　　　　　　图6-101　高压表指示过低，低压表指示真空

在制冷剂数量正常的情况下，如果高低压表的压力均指示高于正常值（图6-102），说明制冷循环系统中有空气进入，其通常表现为低压指示越高，制冷效果就越差。出现这种情况时，应更换制冷剂并对系统进行抽真空，排除系统中的空气。

如果低压表指示过高、高压表指示正常（图6-103），低压管路结霜且制冷效果下降，这种情况往往是由于膨胀阀开度过大造成的,维修时要重点检查膨胀阀热敏管的安装情况,在热敏管正常的情况下,应考虑更换膨胀阀。

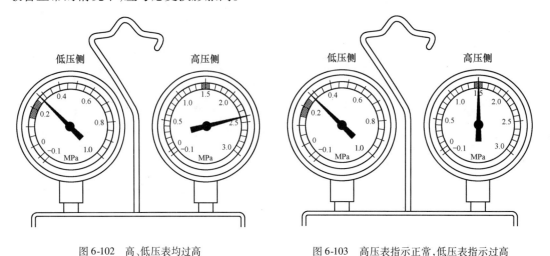

图 6-102　高、低压表均过高　　　　　　图 6-103　高压表指示正常,低压表指示过高

二、空调系统控制电路的故障诊断

汽车空调制冷系统电路控制部分因车型不同而异,其电路原理及组成也有所不同。因此,在检修汽车空调电路时,应首先理解空调的电路原理,之后才可动手检查和修理。另外,在检修汽车空调电路故障时,还应结合制冷系统综合考虑。

汽车空调控制电路的故障主要表现为系统不工作或系统中某一部分不工作,在检查时首先要研读空调控制电路的电路图,再根据电路图用万用表或试灯等工具检查电路,找出故障所在,下面以丰田某车型的空调控制电路为例说明控制电路的检查方法。

1. 阅读空调控制电路的电路图

图 6-104 为丰田某车型的空调系统的控制电路示意图,从图中可以看出,控制电路中所包含的电器元件有空调放大器;执行元件有电磁离合器及真空电磁阀等;传感器及开关有双重压力开关、转速检测传感器、点火器、热敏电阻、空调开关、点火开关、鼓风机开关等;继电器包括电磁离合器继电器、暖风继电器,保险装置包括断路器、仪表熔断丝、空调熔断丝。

研读电路图后可以发现,空调压缩机电磁离合器电路在下述情况下会被切断:

(1)鼓风机开关断开。此开关断开后暖风继电器断开,控制系统电源被切断。

(2)空调开关断开。放大器的电源被切断。

(3)蒸发器温度过低。蒸发器表面温度低于某一设定值时,放大器会切断电磁离合器电路。

(4)双重压力开关断开。在制冷循环系统中压力过高或过低时,压力开关断开,空调放大器会切断电磁离合器电路。

(5)压缩机锁止。当压缩机转速与发动机转速的差值超过一定值时,空调放大器将做出压缩机已锁止的判断,从而切断电磁离合器电路。

(6)制冷剂温度过高。当压缩机内制冷剂的温度过高时,温度开关会切断压缩机电磁离合器电路。

(7)断路器、仪表熔断丝、空调熔断丝和暖风继电器损坏。空调放大器无供电,电磁离合器断电。

(8)电磁离合器继电器。该继电器损坏会切断电磁离合器的电路。

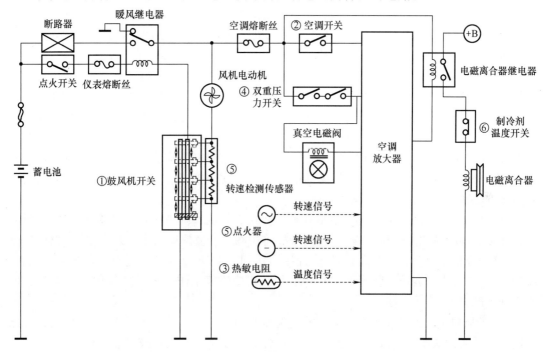

图 6-104　空调系统电路图

2. 检查电路

(1)检查电源电路。在接通鼓风机开关和空调开关后,检查空调放大器电源端有无 12V 电压,检查电磁离合器继电器线圈处有无 12V 电压,如有 12V 电压,则表明电源电路正常,否则应按照电路图逐一检查空调开关、空调熔断丝、暖风继电器、仪表熔断丝、断路器和鼓风机开关能否工作正常。

(2)检查各传感器和开关电路。用万用表检查蒸发器热敏电阻、点火器、压缩机转速检测传感器、压力开关到空调放大器的电路是否导通,按照维修手册规定的要求检测各传感器的电阻是否符合要求,检查各开关是否能在规定的情况下导通。

(3)检查电磁离合器继电器。将继电器的空调放大器控制端直接搭铁,看压缩机电磁离合器是否吸合,如能吸合说明继电器良好。

(4)检查电磁离合器。将电磁离合器的电源端子直接接蓄电池电源,检查能否吸合,如能吸合说明离合器正常。

(5)检查插接器和电路。检查各插接器的连接是否良好,检查线路情况是否良好,检查各搭铁点接触是否良好;还可模仿故障发生的情况检查接触不良的情况,如故障发生在车辆振动时,可逐一晃动空调系统的部件,晃动某一部件故障现象出现时,该部件即为故障部件;再如下雨时出现故障,可通过人为浇水模拟故障产生的环境,检查故障的部位。

(6)如果线路中有短路故障,则线路熔断丝肯定被烧断,且换上熔断丝后又会被烧断。此时应检查各连线绝缘是否破坏,而搭铁在金属上及部件内部是否有短路情况。

3. 系统部件的检查

(1) 电磁离合器。电磁离合器不吸合,应使用万用表检测电磁离合器的输入端有无12V电压,如果有电压,说明离合器可能损坏,此时应使用万用表的电阻挡测量离合器电磁线圈的电阻,应符合要求,否则应予以更换,最后还要检查离合器的机械部分是否有异常。

(2) 鼓风机。鼓风机不转,应解体检修鼓风机。拆下鼓风机线路,将蓄电池12V电压接在电动机上,看电动机是否能平稳转动,且在空载下转速应能达到7000r/min左右。如不正常,应检查电刷接触是否良好,轴及轴承是否被卡死,电动机是否被烧坏。

(3) 控制继电器。控制继电器一般为触点常开型,其故障多为继电器线圈烧坏(线圈短路或断路)、触点烧蚀、粘连、动触点卡死等。在正常情况下,当继电器线圈通电时,应能听到其触点动作的轻微声音,否则说明继电器有故障,可把它从线路上拆下,用万用表测量其线圈是否良好,如线圈完好,再用万用表测量其常开触点的电阻应为∞,否则说明粘连;如为∞,可给线圈通电后进一步检查。线圈通电后,常开触点应闭合,触点回路电阻应为零,否则说明触点烧蚀或卡死,应检修或更换。

(4) 压力开关。压力开关的检查应在制冷系统完好的情况下进行。其检查方法是:歧管压力计接到制冷系统高低压检修阀上,用纸板盖在冷凝器散热通道上,以恶化冷凝器的冷却效果,这时冷凝压力会逐渐升高,当压力表压力达到2.1MPa左右时,电磁离合器应断电,然后拿开纸板,待高压表压力降到1.9MPa时,压缩机应恢复工作。如不符合上述规定,则说明压力开关已失灵,应予更换。

(5) 鼓风机电阻及挡位开关。鼓风机电阻烧坏或鼓风机挡位开关接触不良,将会造成鼓风机不转动或无法调速等故障现象。检测时,可拆下鼓风机电阻及鼓风机挡位开关组件,用万用表测量各挡位电阻值。

(6) 空调放大器。空调放大器的故障主要有温度控制失灵,发动机怠速控制失灵,放大器输出继电器线圈烧坏、触点烧蚀和粘连等。空调放大器的检测应在制冷系统及其他电路及元器件完好的条件下进行。最简单的方法是代换法。检查放大器时可先检查放大器内部的输出继电器线圈和触点,如线圈和触点正常,再根据线路检查各元器件是否正常。

第六节 暖风系统

汽车的暖风系统可以将车内的空气或从车外吸入车内的空气加热,提高车内的温度。汽车的暖风系统有许多类型,按热源的不同可分为热水取暖系统、燃气取暖系统、废气取暖系统等。目前小型车辆上主要采用热水取暖系统,大型车辆上主要采用燃气取暖系统。

一、热水取暖系统

1. 热水取暖系统的工作原理

热水取暖系统的热源通常采用发动机的冷却液,使冷却液流过一个加热器芯,再使用鼓风机将冷空气吹过加热器芯加热空气,使车内的温度升高,如图6-105所示。

2. 热水取暖系统的组成和部件的安装位置

热水取暖系统主要由加热器芯、水阀、鼓风机、控制面板等组成,在车上的安装位置如图

6-106 所示。

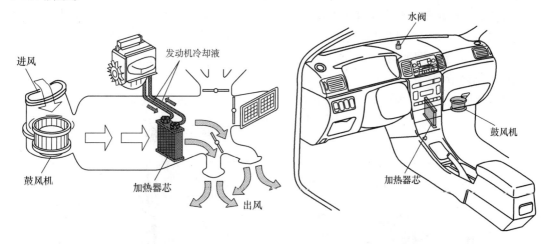

图 6-105　热水取暖系统的工作原理　　　图 6-106　热水取暖系统部件的安装位置

1）加热器芯

加热器芯的结构如图 6-107 所示，由水管和散热器片组成，发动机的冷却液进入加热器芯的水管，通过散热器片散热后，再返回发动机的冷却系统。

2）水阀

水阀用来控制进入加热器芯的水量，进而调节暖风系统的加热量，调节时，可通过控制面板上的调节杆或旋钮进行控制，其结构如图 6-108 所示。

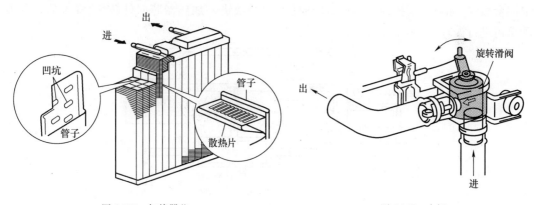

图 6-107　加热器芯　　　　　　　　图 6-108　水阀

3）鼓风机

鼓风机由可调节速度的直流电动机和鼠笼式风扇组成，其作用是将空气吹过加热器芯加热后送入车内。调节电动机的速度，可以调节向车厢内的送风量。鼓风机的结构如图6-109所示。

3. 热水取暖系统调节温度的方式

就暖风系统而言，其温度的调节方式有两种：一种是空气混合型；另一种是水流调节型。

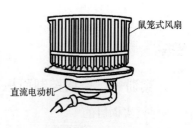

图 6-109　鼓风机

225

1）空气混合型

这种类型的暖风系统在暖风的气道中安装空气混合调节风门，这个风门可以控制通过加热器芯的空气和不通过加热器芯的空气的比例，实现温度的调节，目前绝大多数汽车均采用这种方式，其示意图如图6-110所示。

2）水流调节型

这类暖风系统采用前述的水阀调节流经加热器芯的热水量，改变加热器芯本身的温度，进而调节温度。其调节的示意图如图6-111所示。

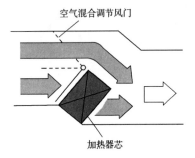

图6-110 空气混合型暖风系统

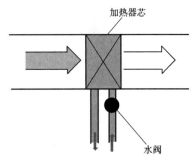

图6-111 水流调节型暖风系统

二、燃气取暖系统

在大、中型客车上，仅靠发动机冷却液的余热取暖是远远满足不了要求的，为此，在大客车中常采用燃气取暖系统。燃气取暖系统的示意图如图6-112所示，燃油和空气在燃烧室中混合燃烧，加热发动机的冷却液，加热后的冷却液进入加热器芯向外散热，降温后返回发动机再进行循环。

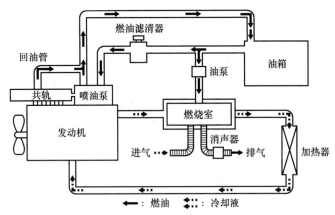

图6-112 燃气取暖系统

实训

实训一 空调控制面板和制冷循环系统的认识

一、实训目的

1. 学会操作空调控制面板；

2. 掌握空调制冷循环的各个部件的安装位置和各个部件的功能。

二、实训组织

每班分 6 组；6 个工位，3 个整车工位，3 个台架工位，每组每工位 1 学时。

三、实训准备

3 台车和 3 个空调台架。

四、安全注意事项

1. 空调面板认识不需要着车；
2. 空调台架也不需要着车；
3. 操作时应相互协作，及时提醒，防止发生事故。

五、实训步骤

1. 空调控制面板认识工位
（1）在驾驶室内看空调控制面板；
（2）分别指出温度调节、出风模式调节、鼓风机速度调节、内外循环调节和空调控制开关；
（3）画出空调控制面板的示意图，指出各个开关的功能；
（4）完成实验报告。
2. 制冷循环认识
（1）观察制冷循环的各个组成部分；
（2）说明制冷循环的各个组成部分的作用；
（3）画出制冷循环示意图；
（4）完成实验报告。

六、实训成果

能够说明空调控制面板的操作方法和制冷循环的工作过程。

实训二　空调系统的维护

一、实训目的

1. 学习空调维护的基本操作；
2. 空调性能的检查。

二、实训组织

全班分为 6 组，6 个工位，其中 3 个性能检测工位，3 个维护基本操作工位，每个工位 1 学时。

三、实训准备

6 台整车，3 个温度计和湿度计，3 个高低压表。

四、安全注意事项

1. 空调维护、性能检测需要着车，着车应注意安全；
2. 操作时应按照操作规程，不要损坏设备和车辆。

五、实训步骤

1. 空调性能检查

(1) 着车前的检查:机油、冷却液等;

(2) 起动并预热发动机到正常温度;

(3) 将空调打开,鼓风机开到最大、温度开到最低、出风口开到面部、循环方式开到内循环;

(4) 几分钟后测量出风口的温度、外界环境温度、湿度等参数;

(5) 将所测的参数与标准进行比较,确定空调的性能是否符合要求。

2. 空调系统的维护

(1) 着车前的检查:机油、冷却液等;

(2) 检查压缩机传动带;

(3) 检查管路连接情况;

(4) 安装高低压表;

(5) 起动发动机,预热到正常温度;

(6) 打开空调,维持发动机的转速在 1500～2000r/min;

(7) 检查高低压表读数,判断制冷剂数量;

(8) 更换空调滤清器。

六、实训成果

1. 空调性能检测的实验报告;

2. 空调维护的实验报告。

实训三　空调系统的检漏

一、实训目的

1. 学习利用电子检漏计检漏的方法;

2. 学习利用荧光检漏计检漏的方法。

二、实训组织

全班分为6组,6个工位,其中3个电子检漏工位,3个荧光检漏工位,每个工位1学时。

三、实训准备

6台整车,6个电子检漏计,3套荧光检漏设备。

四、安全注意事项

1. 检漏时需要着车,注意着车安全;

2. 注意制冷剂不要碰到身体的任何部位,特别是液态的制冷剂;

3. 正确使用检漏设备,戴好防护设备。

五、实训步骤

1. 电子检漏

(1) 按照要求调整检漏计的灵明度;

(2)开启电子检漏计;
(3)沿着空调制冷循环的管路慢慢进行测试,直到检出泄漏的部位。
2.利用荧光检漏计进行检漏
(1)选择适量的荧光剂吸入注射器;
(2)通过维修阀将荧光剂注入制冷循环系统;
(3)起动发动机,开启空调运行一段时间;
(4)接通荧光光源,戴上专用眼镜;
(5)沿着管路检查泄漏部位,直到发现泄漏的部位。

六、实训成果

1.电子检漏的实验报告;
2.荧光检漏的实验报告。

实训四　制冷剂的加注
略

实训五　利用高低压表判断制冷循环系统的故障
略

实训六　空调控制系统故障的诊断
略

复习思考题

一、选择题

1.蒸发器出口处的制冷剂应(　　)。
　A.全部汽化　　　　B.部分汽化　　　　C.全部液化
2.膨胀管式制冷系统中的集液器应安装在(　　)。
　A.冷凝器与膨胀管之间
　B.膨胀管与蒸发器之间
　C.蒸发器与压缩机之间
3.在加注制冷剂时,如果以液体的方式加入,(　　)。
　A.只能从低压侧加入
　B.只能从高压侧加入
　C.既可以从低压侧加入,也可以从高压侧加入
4.空调在运行中,如果低压表指示过高,高压表指示过低,说明(　　)。
　A.蒸发器有故障　　B.膨胀阀有故障　　C.压缩机有故障
5.如果低压开关断开,导致压缩机电磁离合器断电,原因可能是(　　)。
　A.制冷剂过量　　　B.制冷剂严重不足　C.鼓风机不转
6.如果发动机冷却液温度过高时,空调的控制电路可(　　)。

A. 自动接通冷凝器风扇电路

B. 自动切断压缩机电磁离合器电路

C. 自动切断鼓风机电路

7. 蒸发压力调节器的作用是(   )。

　　A. 防止膨胀阀结冰　　B. 防止制冷剂流量过大　　C. 防止蒸发器结霜

8. 如果压缩机电磁离合器不工作,可能的原因是(   )。

　　A. 环境温度过高

　　B. 膨胀阀结冰

　　C. 制冷剂严重缺乏

9. 如果制冷循环系统的制冷剂不足,接上压力表后会显示(   )。

　　A. 高低压表均显示压力过高

　　B. 高低压表均显示压力过低

　　C. 高压表显示压力低,低压表显示压力高

10. 膨胀阀或膨胀管的作用是(   )。

　　A. 提高制冷剂的压力使其易于汽化

　　B. 提高制冷剂的压力使其易于液化

　　C. 降低制冷剂的压力使其易于汽化

　　D. 降低制冷剂的压力使其易于液化

二、判断题(正确的画"√",错误的画"×")

1. 干球温度和湿球温度的差值越大,说明湿度越大。　　　　　　　　　　(   )

2. 物质在状态发生变化时所吸收或放出的热量称为显热。　　　　　　　(   )

3. 提高压强,可使液体更容易蒸发。　　　　　　　　　　　　　　　　　(   )

4. 冷凝器的作用是将制冷剂从气体转变为液体,同时放出热量。　　　　(   )

5. 热力膨胀阀在制冷负荷增大时,可自动增加制冷剂的喷出量。　　　　(   )

6. 低压开关的作用是在系统低压管路中压力过低时,切断压缩机电磁离合器的电路。

(   )

7. 冷凝器冷却不良时,可能会造成高压管路中压力过高。　　　　　　　(   )

8. 空调系统中的除霜装置的作用是防止汽车的前风窗玻璃结霜。　　　(   )

9. 空调系统正常工作时,低压侧的压强应在0.15MPa左右。　　　　　(   )

10. 在制冷系统抽真空时,只要系统内的真空度达到规定值时,即可停止抽真空。

(   )

三、简答题

1. 写出大气压、表压和绝对压强的数学表达式。

2. 干湿球温度差越大,湿度越大还是越小?如果湿度达到100%,干湿球温度计的差值达到最大还是最小?

3. 如果要使某一物质液化,应提高压力还是减小压力?如果要使其汽化呢?

4. 以水为例,画出水的三态变化示意图。

5. 如果水的状态从固态变为液态,吸热还是放热?其热量是潜热还是显热?如果用一

种物质的状态变化来吸收或放出热量,你认为单位质量的物质放出或吸收的热量越多越好还是越少越好?

6. 绘制制冷循环的示意图。

7. 如果在空气混合型暖风系统中安装水阀,其作用是什么?

8. 请将制冷循环划分为高压区域和低压区域,制冷剂在什么地方是液态,什么地方是气态?

9. 请总结出膨胀阀和膨胀管制冷循环的异同点。

10. 如何区分压缩机的进排气口?

11. 如何区分冷凝器的进口和出口?

12. 膨胀管不能调节制冷剂的流量,蒸发器出口有液态制冷剂如何处理?

13. 压缩机上不安装电磁离合器会怎样?

14. 采用热敏电阻或蒸发器温度开关的空调系统是否需要安装 EPR 阀?

15. 空调制冷循环系统中有水分,开启空调开关后会有什么现象?为什么?

16. 阅读其他车型的空调控制系统的电路图,说明其控制过程。

第七章 网络系统

学习目标

1. 能说明汽车网络系统的作用、常见类型及特点；
2. 能解释汽车网络系统常用的基本术语；
3. 能描述 CAN、LIN、MOST、FlexRay 等典型车载网络的结构及工作原理；
4. 能利用万用表、测试线、示波器等工具对车载网络进行基本测试；
5. 能结合电路图，使用诊断仪、万用表、示波器等工具对 CAN、LIN、MOST 等车载网络系统的简单故障进行诊断和排除。

现代汽车中所使用的电子控制系统和通信系统越来越多，包括发动机电控系统、自动变速器控制系统、防抱死制动系统、自动巡航系统和车载多媒体系统等，如图 7-1 所示。这些系统之间、系统和汽车的显示仪表之间、系统和汽车故障诊断系统之间均需要进行数据交换，若此巨大的数据交换量，若仍然采用传统数据交换的方法，即用导线进行点对点的连接的传输方式将是难以想象的。据统计，如采用普通线索，一个中级车型就需要线索插头 300 个左右，插针总数将达到 2000 个左右，线索总长超过 1.6km，不但装配复杂而且故障率会很高。汽车各电子控制系统在工作过程中，很多信号需要同时采集，如发动机转速信号、节气门位置信号、冷却液温度信号等。如果汽车各控制模块之间，有几个信号就需要用几条信号线的话，汽车的线路将非常庞大和复杂，如图 7-2a) 所示。如果采用汽车网络系统，通过电子控制单元（ECU）之间的数据传输，可以有效地缩短线束的总长度，减少插头、插针的数量，如

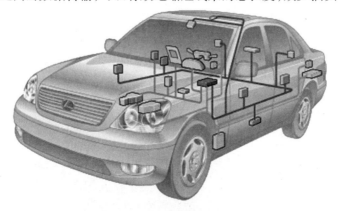

图 7-1　汽车网络系统

图 7-2b)所示。因此,现代汽车广泛使用了汽车网络系统。

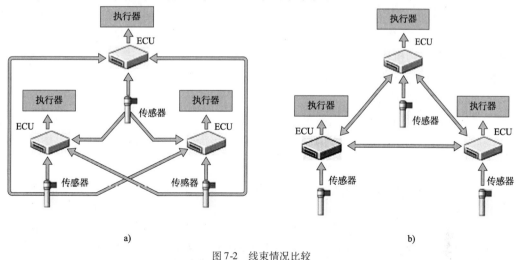

图 7-2　线束情况比较

第一节　概　述

一、汽车网络系统的作用

为了简化线路,提高各电控单元之间的通信速度,汽车制造商开发设计了新的总线系统,即汽车网络系统,把众多的电控单元(ECU)连成网络,其数据通过数据总线的形式传输,可以达到信息共享的目的。

一辆汽车不管有多少块电控单元,不管信息量有多大,每块电控单元都只需引出两根导线,共同接在两个节点上,这两条导线就被称为数据总线,如图 7-3 所示。以前各个电控单元之间好比有许多人骑着自行车来来往往,现在是这些人乘坐公共汽车,公共汽车可以运输大量乘客,因此数据总线又常被称为 BUS 线。

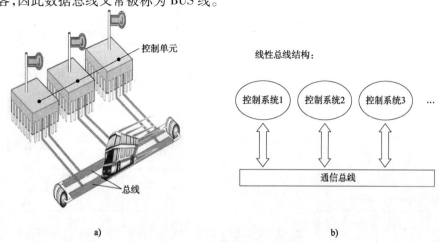

图 7-3　汽车网络系统的数据总线

汽车网络系统的出现同时也提高了汽车综合控制的准确性,利用电控单元共享的输入信息,能将原本复杂的控制过程进行简化,对汽车进行控制。例如,发动机控制单元可以直接利用来自安全气囊控制单元的碰撞信号,决定电动燃油泵控制电路是否需要被切断,从而取代了原本复杂控制机构和控制过程。

总体来说,使用汽车网络系统具有以下优点:
(1)布线简化,降低成本;
(2)电控单元之间的交流更加简单快捷;
(3)传感器数目减少,实现信息资源共享;
(4)提高汽车总体运行可靠性。

二、汽车网络系统的发展史

为了使网络技术适应汽车上特殊的环境,汽车制造公司和零部件公司确定:信息传输模式;信息传输介质,即信息总线;总线信号表示方法;信息交流协议,即指在网络之间进行数据传输所需要遵循的电子语言通信规则和格式(如编码、传输速度等)。

1986年2月Robert Bosch公司在美国汽车工程师协会(SAE)汽车工程协会大会上介绍了一种新型的串行总线——控制器局域网(Controller Area Network,CAN),它已成为目前国际上应用最广泛的现场总线之一。

随后,美国汽车工程师协会提出了J1850;日本也提出了各种各样的网络方案,并且丰田、日产、三菱、本田以及马自达公司都已经处于批量生产的阶段,但没有统一为以车身系统为主的控制方式。

而在其他国家,特别是欧洲的厂家则采用CAN,由于他们在控制系统上都可以采用CAN,从而充分证明了CAN在此领域内的先进性。在美国,通过采用SAE J1850普及了数据共享系统,在SAE中也通过了CAN的标准,明确地表示将转向CAN协议。

当对汽车引入智能交通系统(ITS)时,由于要与车外交换数据,所以,在信息系统中将会采用更大容量的网络,例如DDB协议、MOST及IEEE1394等。

主要汽车网络的名称、概要、通信速度与组织/推动单位见表7-1。

主要汽车网络基本情况　　　　表7-1

汽车网络名称	概要	通信速度	组织/推动单位
CAN (Controller Area Network)	车身/动力传动系统控制用LAN协议,最有可能成为世界标准的车用LAN协议	1Mbit/s	Robert Bosch公司, ISO(国际标准化组织)
VAN (Vehicle Area Network)	车身系统控制用LAN协议,以法国为中心	1Mbit/s	ISO
J1850	车身系统控制用LAN协议,以美国为中心	10.4kbit/s 41.6kbit/s	Ford Motor公司
LIN (Local Interconnect Network)	车身系统控制用LAN协议	20kbit/s	LIN联合体
IDB-C (ITS Date Bus on CAN)	以CAN为基础的控制用LAN协议	250kbit/s	IDM论坛

续上表

汽车网络名称	概　　要	通信速度	组织/推动单位
TTP/C (Time Triggered Protocol by CAN)	重视安全、按用途分类的控制用 LAN 协议,分时多路复用(TDMA)	2Mbit/s 25Mbit/s	TIT 计算机技术公司
TTCAN (Time Triggered CAN)	重视安全、按用途分类的控制用 LAN 协议,时间同步的 CAN	1Mbit/s	Robert Bosch 公司 CIA
Byteflight	重视安全、按用途分类的控制用 LAN 协议,通用分时多路复用(FTDMA)	10Mbit/s	BMW 公司
FlexRay	重视安全、按用途分类的控制用 LAN 协议	5Mbit/s	BMW 公司 Daimler Chrysler 公司
DDB/Optical (Domestic Digital Bus/Optical)	音频系统通信协议,将 DDB 作为音频系统总线,采用光通信	5.6Mbit/s	C&C 公司
MOST (Media Oriented System Transport)	信息系统通信协议,以欧洲为中心,由克莱斯勒与 BMW 公司推动	22.5Mbit/s	MOST 合作组织
IEEE1394	信息系统通信协议,有转化成 IDB1394 的动向	100Mbit/s	1394 工业协会

2010 年,国际 Telematics 产业联盟(ITIF)正式成立,标志着汽车信息化时代的到来。Telematics 是远程通信技术(Telecommunications)与信息科学技术(Informatics)的合成词,它整合了汽车网络技术(也包括其他移动运输工具内部的网络技术)、无线通信技术、全球定位系统(Global Positioning System,GPS)卫星导航技术,通过无线网络,随时给行车中的人们提供驾驶、生活、娱乐所必需的各种信息。

三、汽车网络系统常用的基本术语

1. 数据总线

数据总线是模块间运行数据的通道,即所谓的信息高速公路,数据总线可以实现一条数据线上传递的信号可以被多个系统(控制单元)共享,从而最大限度地提高系统整体效率,充分利用有限的资源。如果系统可以发送和接收数据,则这样的数据总线就称之为双向数据总线。数据总线实际是一条导线或两条导线。为了抗电子干扰,双线制数据总线的两条线绞接在一起,被称为双绞线。

各汽车制造商一直在设计各自的数据线,如果不兼容,就成为专用数据线。如果是按照某种国际标准设计的,就是非专用的。为使不同厂家生产的零件能在同一辆汽车上协调工作,必须制定标准。按照 ISO 有关标准,CAN 的拓扑结构为总线式,因此也成为 CAN 数据总线(CAN – BUS)。

2. CAN

CAN(Controller Area Network)即控制局域网,是国际上应用最广泛的现场总线之一。CAN 作为汽车环境中的微控制器通信,在汽车各电控单元(ECU)之间交换信息,形成汽车电子控制网络。比如发动机管理系统、变速箱控制器、仪表装备、电子主干系统中,均嵌入

CAN 控制装置。

一个由 CAN 总线工程构成的单一网络中,理论上可以挂接无数个节点。实际应用中,节点数目受网络硬件的电器特征所限制。例如,当使用 PHILIPS P82C250 作为 CAN 收发器时,同一网络中允许挂接 110 个节点,CAN 可提供高达 1Mbit/s 的数据传输速率,这使实时控制变得非常容易。另外,硬件错误检定特性也增强了 CAN 的抗电磁干扰能力。

3. 局域网

在一个有限区域内连接计算机的网络成为局域网。一般这个局域网具有特定的职能,通过这个网络实现此系统内的资源共享和信息通信。连接到网络上的节点可以是计算机、基于微处理器的应用系统或是智能装置。局域网一般的数据传输速度为 $10^2 \sim 10^5$ Kbit/s,传输距离为 100~250m,误码率低。汽车上的网络是局域网与现场总线(Field Bus)之间的一种结构,其传输速度一般为 $10 \sim 10^3$ Kbit/s,传输距离为十几米范围。

4. 现场总线

现场总线(Field Bus)是在工业过程控制和生产自动化领域发展起来的一种网络体系,是在过程现场安装于控制室先进自动化装置中的一种串行数字通信链路。该系统是用于过程自动化和制造自动化的现场设备或现场仪表互联的通信网络,是现场与控制系统的集成。

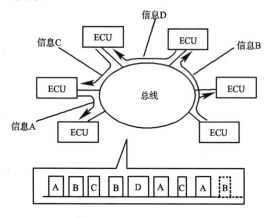

图 7-4 多路传输线路

5. 多路传输

多路传输用 SWS(Smart Wiring System)表示,是指在同一条通道上同时传输多条信息,如图 7-4 所示。事实上,数据信息是依次传输的,但速度非常快,似乎就是同时传输的。如果将 0.1s 分成若干段,许多单个的数据都能被传输——每一段时间传输一个数据,就称为分时多路传输。汽车上使用的是单线或是双线分时多路传输系统。

6. 网关

因为汽车上往往不只使用一种总线网络,所以必须用一种方法达到信息共享,而不产生协议间的冲突。例如,车门打开时,发动机控制模块也许需要被唤醒,为了采用不同协议及速度的数据总线间实现无差错数据传输,必须要用一种特殊功能的计算机,这种计算机就称为网关。

网关实际上就是一种模块,它工作的好坏决定了不同的总线、模块和网络相互间通信的好坏。一个网关必须具备有从一个网络协议到另一个协议转换信息的能力,如图 7-5 所示。网关就像一个居民小区的门卫,在他让任何客人进大门之前,他得问问客人是否为应邀前来,或者通知某位住户有人来访。对不兼容但却需要互相通信的总线和网络来说,网关模拟所起的作用就和门卫一样。

总之,网关是汽车内部通信的核心,通过它可以实现各条总线上信息的共享以及实现汽车内部的网络管理和故障诊断功能。

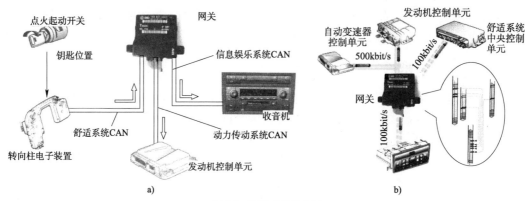

图 7-5 网关功能示意图

7. 帧

为了可靠地传输数据,通常将原始数据分割成一定长度的数据单元,这就是数据传输的单元,称为帧。一帧内应包括同步信号(如帧的开始与终止)、错误控制(各类检错码或纠错码,大多数采用检错重发的控制方式)、流量控制(协调发送方与协调方的速率)、控制信息、数据信息、寻址(在信道共享的情况下,保证每一帧都能正确地到达目的站,收方也能知道信息来自何站)等。

8. 通信协议

通信协议是通信双方控制信息交换规则的标准、约定的集合,即指数据在总线上的传输规则。简单地说,两个实体要想成功地通信,它们必须"说同样的语言",并按既定控制法则来保证相互的配合。在汽车上,要实现车内各电控单元之间的通信,必须制定规则,即通信的方法、时间和内容,以保证通信双方能相互配合,就好像现实生活中的交通规则一样,总统乘坐的车具有绝对的优先通行权,其他具有优先权的依次是政府要员的公车、警车、消防车、救护车等。但只能在执行公务时才有优先权,执行公务完毕时就无优先权可言。数据总线的通信协议并不是个简单的问题,但可举例简单说明。例如,当电控单元 A 检测到发动机已接近过热时,相对于其他不太重要的信息(如电控单元 B 发送的最新的大气压力变化数据)有优先权。

通信协议的标准蕴涵唤醒访问和握手。唤醒访问就是一个给电控单元的信号(这个电控单元为了节电而处于休眠状态),信号使之进入工作状态。握手就是电控单元间的相互确认、兼容,并处在工作状态。

目前,在汽车网络系统中采用的通信协议有多种形式,表 7-2 所示为八种典型的通信协议。

八种典型的通信协议 表 7-2

序 号	通信协议名称	推荐或实施单位
1	CAN	奔驰、英特尔、博世、SAE、ISO/TC22/SC3/WG1
2	BASIC CAN	飞利浦、博世
3	ABWS	大众
4	VAN	雷诺、标致、雪铁龙、ISO/TC222/SC3/WG1
5	HBCC	福特、SAEJ850
6	PALMENT	马自达、SAE
7	DLCS	通用
8	CCD	克莱斯勒、SAE

到目前为止,世界上尚无一个可以兼容各大汽车公司通信协议的通用标准,因此,在汽车上就形成了多种类型的多路通信系统共存的局面。

四、汽车网络系统分类

除表 7-1 中所示的不同种类的车载网络外,为方便研究的实际应用,SAE(Society of Automotive Engineers)车辆网络委员会将汽车数据传输按系统的复杂程度、信息量、必要的动作响应速度分为 A、B、C、D、E 五类。

(1) A 类是面向传感器/执行器控制的低速网络,数据传输位速度常小于 10kbit/s,主要用于后视镜调整、电动天窗、灯光照明等控制;

(2) B 类是面向独立模块间数据共享的中速网络,位速率一般在 10~125kbit/s,主要应用于车身电子舒适性模块、仪表显示等系统;

(3) C 类是面向高速、实时控制的多路传输网,位速率为 0.125~1Mbit/s,主要用于牵引控制、先进发动机控制、ABS(Anti-lock Braking System)等系统;

(4) D 类是网络智能数据总线 IDB(Intelliget Data Bus)协议,主要面向信息、多媒体系统等,根据 SAE 分类,IDB-C 为低速、IDB-M 为高速、IDB-Wireless 为无线通信,D 类网络协议的位速率在 0.25~100Mbit/s;

(5) E 类网络主要是面向乘员的安全系统,应用于车辆被动安全性领域。

通常,汽车网络结构采用多条不同速率的总线分别连接不同类型的节点,并使用网关服务器来实现整车的信息共享的网络管理,如图 7-6 所示。

车身系统(包括组合仪表、信号及照明灯组、四门集控制、车窗及后视镜等)的控制单元多为低速电动机和开关量器件,对实时性要求低而数量众多。一般使用低速的总线连接这些电控单元。将这部分电控单元与汽车动力、传动等系统分开,有利于保证动力、传动系统通信的实时性。此外,采用低速总线还可增加传输距离、提高抗干扰能力并降低硬件成本。

动力、传动等系统(包括发动机控制系统、防抱死制动系统等)的受控制对象直接关系汽车的行驶状态,对通信实时性有较高的要求,因此使用高速的总线连接这些系统。传感器组的各种状态信息以广播的形式在高速总线上发布,各节点可以在同一时刻根据各自的需要获取信息。这种方式最大限度地提高了通信的实时性。

故障诊断系统是将车用诊断系统在通信网络上加以实现的。

信息与车载媒体系统(包括数字音响系统、车载 PC、汽车导航系统及宽带无线接入网络等)对于通信速率的要求更高,一般在 2Mbit/s 以上。采用新型的多媒体总线连接车载媒体。这些新型的多媒体总线往往是基于光纤通信的,从而可以充分保证带宽。

网关是汽车内部通信的核心,通过它可以实现各条总线上信息的共享以及实现汽车内部的网络管理和故障诊断功能。

随着新技术的不断发展,在未来的汽车网络中,还将会有专门用于气囊的安全总线(Safety Bus)系统以及 X-by-wire 系统。

五、汽车网络常见的拓扑结构

1. 星形结构

星形结构在布置方面有主动式和被动式两种结构。图 7-7a)所示为被动式星形结构。

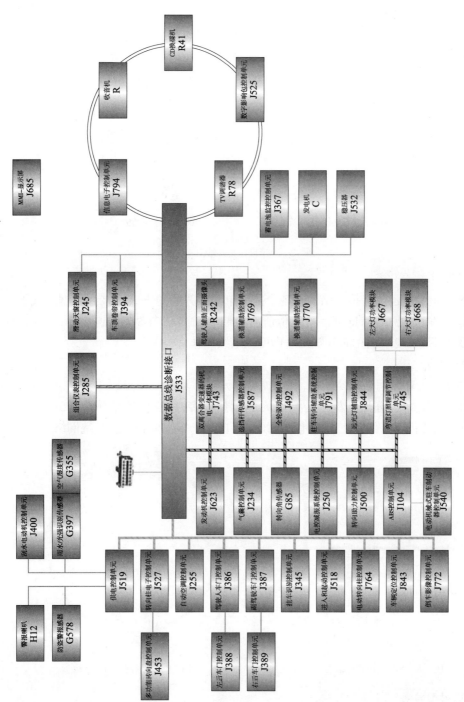

图 7-6 典型的汽车网络系统

此种结构中,各个控制单元通过中央节点连接在一起。由于所有数据传输均要经过网线节点,导线处于占用状态,网络传输速度会下降。因此这对系统的控制单元数量要加以限制。

图7-7b)所示为主动式星形结构。在此种结构中,中央节点被一个控制电脑代替。由于中央电脑(网关)的存在,数据能以较高地速率传输,而且采用点对点的布置,便于诊断,网络扩展性也较好。

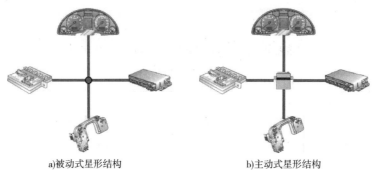

a)被动式星形结构　　　　　　b)主动式星形结构

图7-7　星形网络拓扑结构

2. 线性结构

图7-8所示为线性网络拓扑结构。各个控制单元以并联的方式连接到数据总线上。某一个控制单元发送的总线信息可以被其他所有控制单元读取。系统扩展性好,且个别控制单元发生故障后,总线系统在部分单元内仍可以继续工作。

3. 环形结构

图7-9所示为环形网络拓扑结构,每个控制单元上下均有一个控制单元与之相连,数据按照规定的方向传输。环形结构内控制单元的数量越多,总线信息循环运行的时间越长。出现断路时,系统仍可以部分使用。此种系统主要应用于多媒体和信息系统网络。

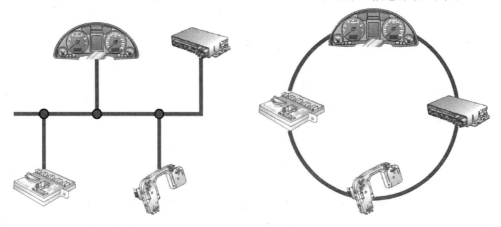

图7-8　线形网络拓扑结构　　　　图7-9　环形网络拓扑结构

4. 总线树形结构

在车载网络实际使用中,为便于布置,且方便故障检查,经常会采用总线树形网络拓扑结构。此种结构是对几种网络的综合使用,如图7-10所示。

第七章 网络系统

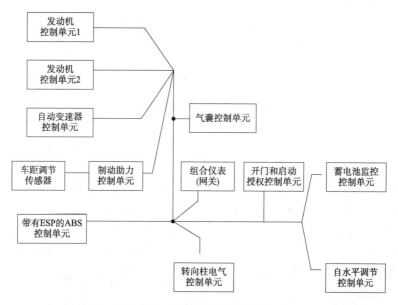

图 7-10 总线树形网络拓扑结构

第二节 汽车网络系统应用

一、CAN 总线技术应用

CAN 是 Controller Area Network 的英文缩写，中文含义为控制器局域网，是国际上广泛应用的汽车总线之一。该技术最初被用在飞机、坦克等武器电子系统的通信联络上，将这种技术用于民用汽车起源于欧洲。CAN 可以实现车载各电子控制装置单元之间的信息交换。发动机控制单元、自动变速器控制单元、仪表装备等均可嵌入 CAN 控制装置。在一个 CAN 总线构成的单一网络中，理论上允许挂接无数个节点，而实际应用中，节点数目受网络硬件的电气特性所限制。例如，当使用 Philips 公司的 P82C250 作为 CAN 收发器时，同一网络中允许挂接 110 个节点。CAN 可提供高达 1Mbit/s 数据传输速率，这使实时控制变得很容易。另外，硬件的错误判断能力也增强了 CAN 的抗电磁干扰能力。

1. CAN 总线系统的构成

CAN 总线系统由控制单元、双绞线和终端电阻组成。每个控制单元的内部都有一个 CAN 控制器和一个 CAN 收发器，每个电脑连接两条 CAN 数据总线。在系统中作为终端的两个电脑，其内部还装有一个数据传递终端电阻（有时数据传递终端安装在电脑外部），如图 7-11 所示。

1）CAN 控制器

CAN 控制器接收在控制单元中的微处理

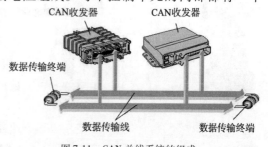

图 7-11 CAN 总线系统的组成

器的数据,处理数据并传给 CAN 收发器。同时控制器接受收发器的数据,处理并传给微处理器。

2) CAN 收发器

CAN 收发器是一个发送器和接收器的组合,它将 CAN 控制器提供的数据转化为电信号并通过数据线发送出去。同时,它接受总线数据,并将数据传到 CAN 控制器。

3) 终端电阻

终端电阻的主要作用是防止数据在传输终端被反射回来并产生反射波而使数据破坏。

4) CAN 数据总线

数据总线是用来传输数据的双向数据线,分为 CAN 高位(CAN-HIGH)和 CAN 低位(CAN-LOW)数据线。数据没有指定接收器,数据通过总线发给各控制单元,各控制单元接受后进行计算。为了防止外界电磁干扰和向外辐射,CAN 总线采用两条线缠绕在一起,两条线上的电位是相反的,如果一条线的电压是 5V,另一条线就是 0V,这样使两条线上的电压和总等于常值,使得 CAN 总线避免了外界电磁波干扰,同时 CAN 总线本身对外无辐射。双绞线抗干扰原理如图 7-12 所示。

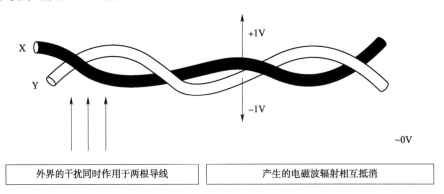

图 7-12　双绞线抗干扰原理

2. CAN 总线数据传递原理

控制单元首先向 CAN 控制器提供需要发送的数据,CAN 收发器接收由 CAN 控制器传来的数据,并转化为电信号发送到数据总线上。在 CAN 系统中,所有控制单元内部都含有接受数据总线上的数据,并将编码数据分解成可以使用的数据接收器,各控制单元判断接受的数据是否为本控制单元所需要的数据。如需要,它将被接受并进行处理,否则给予忽略,如图 7-13 所示。简单地说,CAN 数据总线中数据传递就像一个电话会议,一个电话用户就相当于控制单元,它将数据"讲入"网络中,其他用户通过网络"接听"数据,对这组数据感兴趣的用户就会利用数据,不感兴趣的用户可以忽略该数据。

举个简单的例子:发动机控制单元向自动变速器控制单元发送冷却液温度信号,自动变速器 CAN 收发器接收到由发动机控制单元传来的冷却

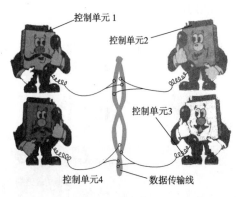

图 7-13　数据传递过程

液温度信号后,转换信号并发给自动变速器控制单元内部的控制器,在此项数据传递过程中其他控制单元也会收到冷却液温度信号,但是不一定要接受它,原因是该信号对自身不一定有用。

汽车的一些基本状态信息(如发动机转速、车轮转速、冷却液温度等)是大部分控制单元必须获取的数据,控制单元采用广播发送式向总线发送。如果在同一时刻所有控制单元都向总线发送数据,将发生总线数据冲突,此时,CAN 总线协议提出用标识符识别数据优先权的总线仲裁。表 7-3 列出了汽车各电控单元产生及发送的数据类型,及其他各单元对这些信息共享的程序。

由表 7-3 可以看出,油量位置和发动机转速信号具有较高的优先级,这是因为它们的实时性要求强,并直接影响发动机的动力性、经济性和排放性能。

汽车各电控单元产生及发送的数据类型　　　　表 7-3

优先权	信号类型	电控燃油喷射系统	电控传动系统	ABS 系统	ASR 系统	废气再循环系统	空调系统
1	实际喷油量	发送	接受	—	—	—	—
2	发动机转速	发送	接受	接受	接受	—	接受
3	油量设置	接受	—	—	发送	—	—
4	车轮转速	接受	接受	发送	接受	—	—
5	加速踏板位置	发送	接受	接受	接受	—	—
6	变速比	接受	发送	—	接受	接受	—
7	怠速设置	接受	—	—	—	发送	发送
8	冷却液温度	发送	接受	—	—	—	接受
9	空气温度	发送	—	—	—	—	接受

3. 丰田卡罗拉 GL 车型 CAN 总线系统电路图

图 7-14 所示为丰田卡罗拉 GL 车型 CAN 总线系统的电路图。系统相关电脑为:A/C 空调放大器、P/S 助力转向系统、ABS/VSC 控制电脑、ECM 发动机控制电脑、主车身 ECU、SRS 辅助气囊电脑、仪表电脑等。其中 ECM 及仪表电脑中分别设有 120Ω 电阻,其余电脑没有此电阻。此外还有 DLC3 诊断接口与 CAN 系统相连。图 7-15 所示为卡罗拉 GL 车型 CAN 总线系统组件连接图。

4. 丰田卡罗拉 GL 车型 CAN 总线系统故障诊断与检测

(1)CAN 通信系统的故障,一般有三种:第一类是电源故障,由于电源系统电压低,引起控制器无法正常工作;第二类是节点故障,多路信息传输系统的节点为网络连接的各个电控单元,因此节点故障即电控单元本身有故障;第三类是链路故障,因多路信息传输系统的链路不畅通或物理性质被改变,导致数据无法正常通信。

①电源系统故障——汽车多路传输系统的核心部分是含有通信 IC 芯片的电控单元,电控单元的正常工作电压一般在 10.5～15V,如果汽车电源系统提供的工作电压低于该值,就会使一些对工作电压要求较高的电控单元出现短暂的停止工作,进而使整个汽车多路信息传输系统出现无法通信故障。修复方法是给蓄电池充电,使蓄电池电压保持在 10.5V 以上。

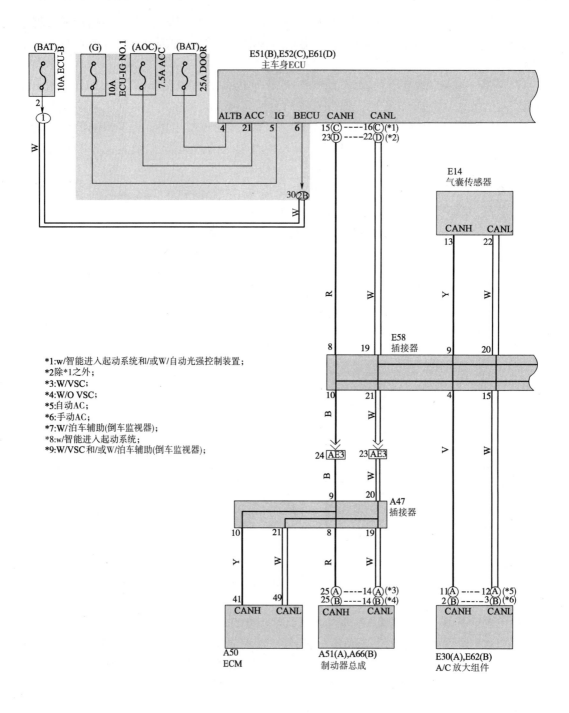

图7-14 丰田卡罗拉GL车型CAN总线系统电路图(一)

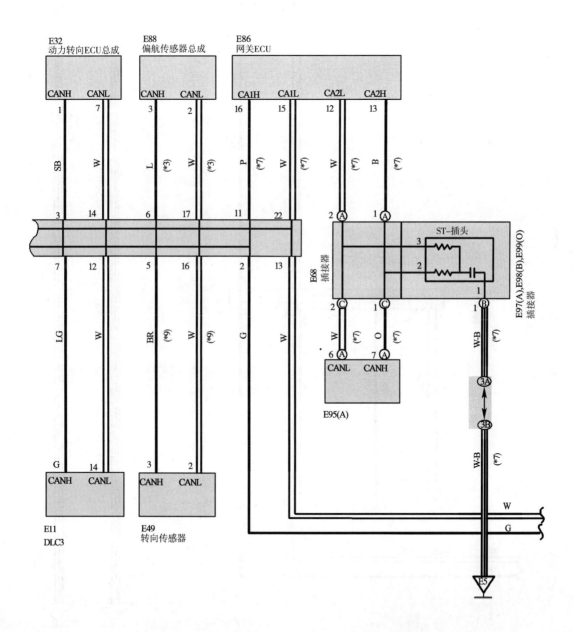

图 7-14 丰田卡罗拉 GL 车型 CAN 总线系统电路图(二)

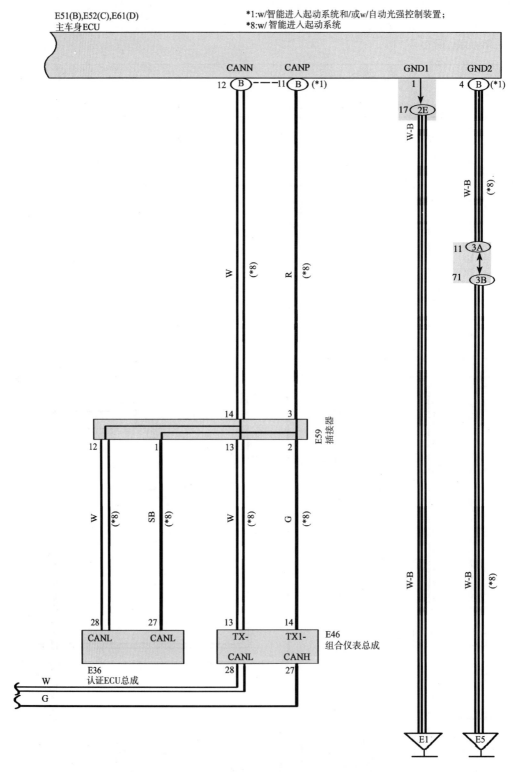

图 7-14 丰田卡罗拉 GL 车型 CAN 总线系统电路图（三）

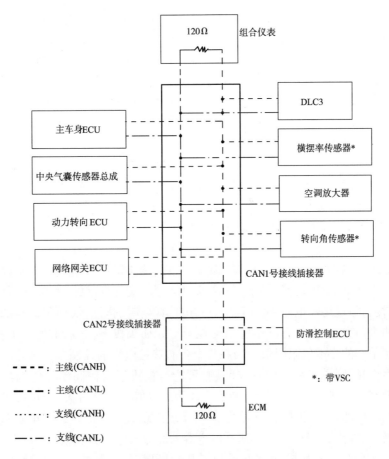

图 7-15 卡罗拉 GL 车型 CAN 总线系统组件连接图

②节点故障——节点是汽车多路信息传输系统中连接的各个电控单元，它包括电控单元的软件故障和硬件故障两种。软件故障：即传输协议或软件程序有缺陷或冲突，进而使汽车多路信息传输系统通信出现混乱或无法工作，这种故障一般成批出现，且无法维修；还有一类是新更换的节点（电控单元），没有激活或匹配软件，致使新更换的节点软件不能正常工作而出现节点故障。硬件故障：一般是由于电控单元内通信芯片或集成电路损坏，使电控单元无法工作而造成汽车多路信息传输系统无法正常工作；这种故障一般单独出现，采用更换电控单元并重新自适应匹配的方式修复。

③链路故障——链路是指各节点间的通信连接线路。链路故障即数据通信线路出现故障，如短路、断路以及线路因物理性质改变而引起的通信信号衰减或失真，这些因素常常会引起多个电控单元无法正常工作或控制系统出现错误动作。判断是否为链路故障一般采用示波器或汽车专用的光纤诊断仪，观察当前数据通信信号是否与标准数据通信信号相符。维修方法一般是修复短路、断路的双绞线线路，或消除改变双绞线物理性质的根源等。

（2）根据汽车 CAN 总线系统常见的三类故障，一般借助汽车维修设备与工具，可采用下列方法进行故障诊断检测：

①故障码诊断分析——可根据丰田专用故障诊断仪 IT2 或金德 KT600 故障诊断仪等设备调取故障码，根据故障码的提示，按照维修手册的要求，进行检测。

②数据流分析——与一般电控系统数据分析一样，CAN系统故障也会造成相关数据发生变化，以此进行故障判断检测。

③波形分析——这是判断CAN总线系统链路故障的主要手段，通过示波器，以波形图的形式检查高速CAN与低速CAN的工作情况，CAN总线仅能有两种工作状态，在隐性电位时（逻辑值为1），两者电压值很接近；在显性电位时（逻辑值为0），CANH电压值上升，而CANL电压值下降，但两者的差值约为2.5V，并有100 mV的波动。在实际检测中根据示波器的波形显示可以迅速判定总线系统的故障部位。

④读取测量数据块中的CAN通信状态——通过使用丰田专用故障诊断仪IT2或金德KT600故障诊断仪读取某控制单元数据块，可以观察有哪些控制单元与之发生信息交流以及工作状态是否正常。如果某控制单元显示1，表示正在被执行自诊断的控制单元上接收信息；如果显示0，则表示正在被执行自诊断的控制单元没有从该控制单元上接收信息，原因可能是到组合仪表之间的连线断路或没有安装该控制单元。

⑤终端电阻的测量——由于带有终端电阻的两个控制单元是相连的，所以两个终端电阻是并联的。当测量的结果为每一个终端电阻大约为120Ω，而总值为60Ω时，可以判断连接电阻是正常的，但是终端电阻不一定就是120Ω，其相应的阻值依赖于总线的结构。如果总的阻值被测量后，将一个带有终端电阻的控制单元插头拔下，显示阻值发生变化，这是测量的一个控制单元的终端电阻阻值。当在一个带有终端电阻的控制单元插头拔下后测量的阻值没有发生变化，则说明系统中存在问题，可能是被拔下的控制单元终端电阻损坏或是CAN系统出现断路。如果在拔下控制单元后显示的阻值变化无穷大，则可能是连接中的控制单元终端电阻损坏，或是该控制单元的CAN系统出现故障。测量终端电阻时应注意在断开蓄电池负极后，等待3~5min，直到所有的电容器充分放电后再测量。

⑥CAN导线维修——如果CAN导线有破损或断路时，进行焊接维修后，要用绝缘胶带缠绕维修部位，CANH与CANL导线束需合在一起安装，之间的长度之差应≤100mm，在插接器周围使绞线留出约80mm的松弛长度。如果需要在中央接点处维修，则严禁打开接点，只允许在距接点100mm以外断开导线。此外，每条CAN导线长度不应超过5m，否则导线所传输的脉冲信号会失真。

（3）卡罗拉GL车型CAN系统故障案例分析。根据CAN总线出现故障的频率，此处主要针对CAN总线系统的线路故障进行分析，CAN总线线路故障形式主要有：CANH和CANL短路、CANH对正极短路、CANH搭铁短路、CANH断路、CANL对正极短路、CANL搭铁短路和CANL断路。

按照卡罗拉维修手册所列举的故障码、故障诊断、排除方法进行故障诊断检测，比较复杂和烦琐。为此，将卡罗拉GL车型CAN总线系统的故障诊断检测思路总结如下。

①CAN系统线路发生断路或短路时的故障现象：

a. 当出现CAN总线或支线电路断路时，一般除了ECM以外，断开其余电脑CAN线路，发动机均能正常起动，但出现故障的相关系统仪表指示灯会点亮。

b. 当出现CAN总线短路时，发动机无法起动，且仪表板上ABS、P/S、A/C、SRS等多个系统指示灯同时点亮，此时可以初步确认是CAN系统出现短路故障。

②故障现象为：发动机无法起动，仪表板上多个指示灯同时点亮。

按照维修手册提示,可按如下思路进行故障诊断检测。

a. 使用丰田专用故障诊断仪 IT2 或金德 KT600 故障诊断仪进行"COMMUNICATION BUS CHECK",即 CAN 线路检查。如果系统没有故障,则相关的电脑会逐一显示出来。若有短路故障,则会造成多个电脑无法在屏幕上显示。此时可查阅维修手册,根据维修手册提示要求检查 CAN1 号接线盒中与各系统连接的 CANH 与 CANL 端子,通过测量与各系统 CANH 与 CANL 端子电阻,判断相应系统线路的短路与断路情况,接线盒各端子连接如图7-16所示。

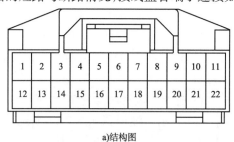

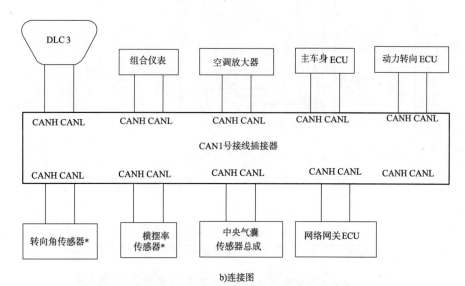

图 7-16　CAN1 号连接器端子结构及连接图

b. 在进行电路检查之前要认真看检查程序之前的"小心"和"提示",将点火开关置于 OFF 位置,让车门保持静止状态1min 以上再进行检查。根据电路图,利用万用表和测试线检查 DLC3 诊断接口的端子 6(CANH)和端子 14(CANL)之间的电阻(DLC3 即 E11 插接器)。根据维修手册所提示的三种结果,即接近 0Ω,120Ω 或 60Ω 左右。此时应查阅电路图,根据电路可知,若出现 0Ω,说明 CAN 总线中 CANH 和 CANL 有短路存在。若出现 120Ω 左右,说明主电脑(ECM 或仪表电脑)有断路。若在 60Ω 左右,需要按照维修手册进行进一步检查。对 E11-6、E11-14 与 B + 进行检查。对 E11-6、E11-14 与搭铁之间进行检查,根据检查结果进行下一步判断。DLC3 端子如图 7-17 所示。

c. 此时的检查结果为 E11-14 与搭铁之间电阻接近 0Ω,则可以判断出 CAN 总线中 CANL 有搭铁短路的地方,但还需要进一步查明短路点。

根据图 7-14,找到 CANL,通过 CANL 进行短路点查找,方法是借助测试线,万用表红表

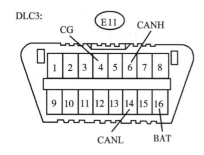

图 7-17　DLC3 端子结构图

笔连接要测试的端子,黑表笔连接搭铁点逐一进行测试。如测量结果为 E58-15 与搭铁点之间的电阻接近 0Ω,则可以判定为空调放大器线路中 CANL 搭铁短路。但是无法知道具体短路点。此时可以断开空调放大器的插接器,测量此时 E58-15 与搭铁点的电阻,若电阻接近 0Ω,说明 CANL 至 A/C 空调放大器之间的线路出现搭铁短路,若电阻为无穷大,说明 A/C 空调放大器内部 CANL 出现短路。

d. 此时电阻为无穷大,说明 A/C 空调放大器出现故障,更换后,连接好插接器,再次起动发动机,故障排除。

5. CAN 总线典型故障波形图

(1) CAN-Low 断路,如图 7-18 所示。波形图如图 7-19 所示。

(2) CAN-High 断路,如图 7-20 所示。波形图如图 7-21 所示。

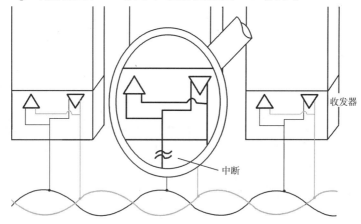

图 7-18　CAN-Low 断路

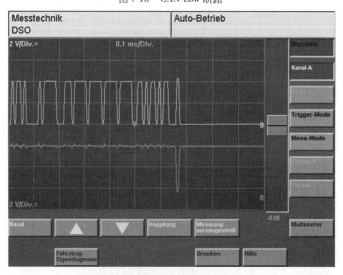

图 7-19　CAN-Low 断路波形图

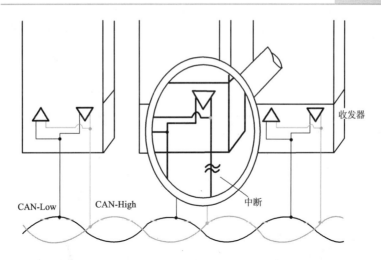

图 7-20　CAN-High 断路

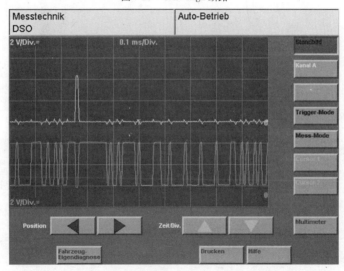

图 7-21　CAN-High 断路波形图

(3) CAN-Low 对蓄电池短路,如图 7-22 所示。波形图如图 7-23 所示。

(4) CAN-Low 搭铁短路,如图 7-24 所示。波形图如图 7-25 所示。

(5) CAN-High 与 CAN-Low 短路,如图 7-26 所示。波形图如图 7-27 所示。

二、LIN 总线技术应用

1. LIN 的发展

局部连接网络 LIN(Local Interconnect Network)是由奥迪、宝马、戴姆勒—克莱斯勒、摩托罗拉、VCT(Volcano Communications Technologies)、大众和沃尔沃等公司和部门(LIN 联合体)提出的一个汽车底层网络协议。其目的是给出一个价格低廉、性能可靠的低速网,在汽车网络层次结构中作为低端网络的通用协议,并逐渐取代目前各种各样的低端总线系统。LIN 典型的应用是车上传感器和执行器的联网。按 SAE 的车上网络等级标准,LIN 属于汽车上的 A 级网络。LIN 网络是一种典型的主—从结构网络,属于子网络的一种。LIN 在汽车上的应用举例如图 7-28 所示。从图 7-28 中可以看出，LIN 是子网络的一部分且属于一主多从结构。

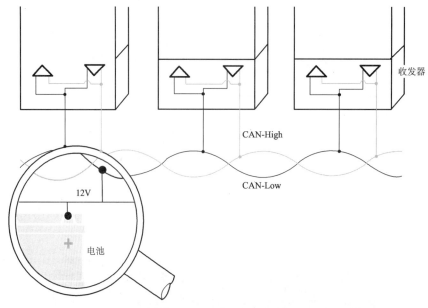

图 7-22　CAN-Low 对蓄电池短路

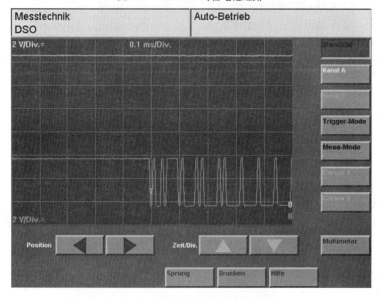

图 7-23　CAN-Low 对蓄电池短路波形图

2. LIN 的特点

LIN 协议是以广泛应用的 SCI（UART）为基础定义的，采用单主/多从带信息标示的广播式信息传输方式，网络节点根据在通信中的地位分为主节点和从节点。

LIN 系统具有以下一些特性：

（1）单主/多从结构；

（2）基于 UART/SCI 接口的廉价硬件实现；

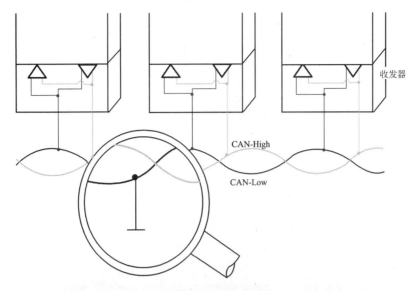

图 7-24 CAN-Low 搭铁短路

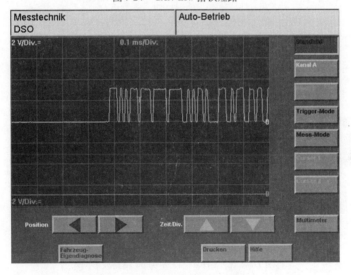

图 7-25 CAN-Low 搭铁短路波形图

(3) 从节点无振荡器的自同步功能;

(4) 保证延时和信号传输的正确性;

(5) 廉价的单总线结构;

(6) 数据传输速度 20kbit/s;

(7) 一帧信息中数据长度为 2B、4B 或 8B;

(8) 系统配置灵活;

(9) 带同步的广播式发送/接受方式;

(10) 数据累加和校验(Data-Checksum)及错误检测功能;

(11) 故障节点的检测功能;

(12) 廉价的单片元器件,传送途径(按 ISO 9141)为廉价的单线传送方式,最长可达 40m。

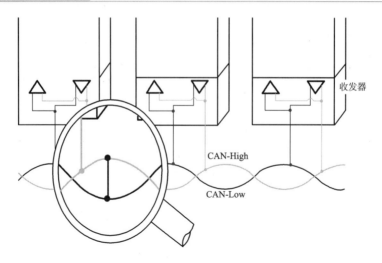

图 7-26　CAN-High 与 CAN-Low 短路

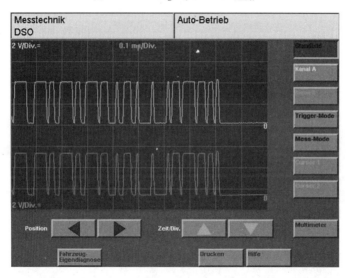

图 7-27　CAN-High 与 CAN-Low 短路波形图

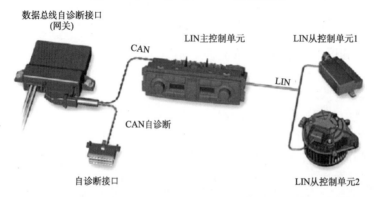

图 7-28　LIN 在汽车上的应用举例

3. LIN 与 CAN 的比较

在汽车网络中，LIN 处于低端，与 CAN 以及其他 B 级和 C 级网络比较，它的传输速度低、结构简单、价格低廉；在汽车上，与这些网络是互补的关系。由于汽车产品包括部件和整机，对价格和复杂性非常敏感，在汽车网络系统低端使用 LIN 会显现其必要性和优越性。

LIN 和 CAN 协议主要特性的对比见表 7-4。

LIN 和 CAN 协议主要特性的对比　　　　　　表 7-4

指示	LIN	CAN
媒体访问控制方式	单主方式	多主方式
典型总线传输速度(kbit/s)	2.4~19.6	62.45~500
信息标识符(bit)	6	11/29
网络典型节点数(个)	2~10	4~20
位/字节编码方式	MRZ8N1(UATR)	NRZw/填充
每帧信息数据量(B)	2、4、8	0~8
每 4 字节的发送时间(ms)	3.5(20kbit/s 时)	0.8(125kbit/s 时)
错误检测	8 位累加的	15 位 CRC
物理层	单线,12V	双绞线,5V
石英/陶瓷振荡器	无(主机除外)	有
网络相应成本(美元)	0.5	1

4. LIN 原理与协议

LIN 网络工作过程如图 7-29 所示，主控制器可以执行主任务和从任务，从控制器只能执行从任务。

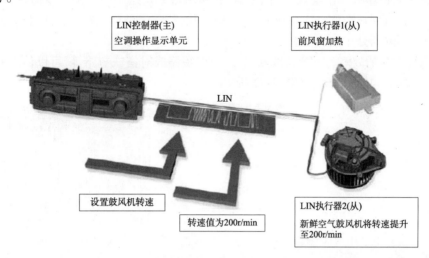

图 7-29　LIN 网络工作原理

LIN 网络中信息以帧为单位传输。每个帧包括 3 个字节的控制与安全信息以及 2B、4B 或 8B 的数据，如图 7-30 所示。每个信息帧由主节点发出的一个 13bit 显性位（低电平）开始，之后主节点接着发送同步域或标识符域（主任务）；从节点发回数据域和校验域（从任务）。

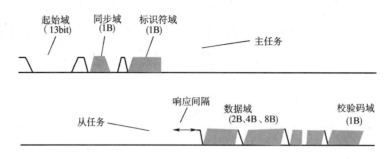

图 7-30　信息帧传送格式

LIN 系统中,除了主控制器命名外,节点不使用任何系统结构方面的信息,这使 LIN 具有很多相关的优点。在 LIN 系统中,加入新节点时,不需要其他从控制器作任何软件或硬件的改动。LIN 和 CAN 一样,传送的信息带有一个标识符,它给出的是这个信息的意义或特征,而不是这个信息传送的地址。

受单线传输媒体电磁干扰(EMI)的限制,LIN 最大位流传输速率 29kbit/s;另一方面,为了避免与实际系统定时溢出时间发生冲突,最小位流传输速度限定为 1kbit/s。在实际应用系统中,建议支持 LIN 的元器件使用如下传输速度:低速使用 2400bit/s,中速使用 9600bit/s,高速使用 19200bit/s。在 LIN 系统中,建议节点数不要超过 16 个,否则网络阻抗降低,在最坏工作情况下会发生通信故障。

每个控制器与总线的接口如图 7-31 所示。电源与 LIN 总线间二极管的作用是:当 VBAT 低时(本地控制器断电或短路等),防止 LIN 总线驱动控制器电源线(这将大大增加总线负载)。

LIN 系统支持休眠工作模式。当主控制器向网络上发送一个休眠命令时,所有控制器进入休眠状态,直到被唤醒之前总线上不会有任何活动。这时总线处于隐性状态,控制器没有内部活动,驱动器处于接收状态。

LIN 系统常见的故障为 LIN 总线断路、对电源短路或对搭铁短路等,可以使用万用表及示波器进行检测。其正常波形如图 7-32 所示。

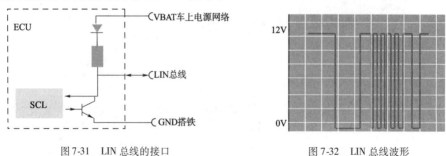

图 7-31　LIN 总线的接口　　　　图 7-32　LIN 总线波形

三、MOST 总线技术应用

1. MOST 概述

多媒体定向系统传输(Media Oriented Systems Transport),简称为 MOST。它是媒体信息传送的网络标准,到 2000 年,已有奥迪、宝马、Chrysler、菲亚特、福特、Opel、Porsche、PSA、

SAAB、丰田、沃尔沃、大众等汽车公司和博士、德尔福、Fujitsu Ten、英飞凌、摩托罗拉、诺基亚、飞利浦、西门子等几十家汽车部件公司加入1988年建立的在汽车推广使用MOST标准的合作机构。

MOST可采用塑料光缆(POF)进行信息传输。它将音响装置、电视、全球定位系统以及电话等设备相互连接起来，具有以下基本特征：

（1）保证低成本的条件下达到22.5Mbit/s的数据传输速度；
（2）无论是否有主控计算机都可以工作；
（3）使用POF(Plastic Optical Fiber)优化信息传送质量；
（4）支持声音和压缩图像的实时处理；
（5）支持数据的同步和异步传输；
（6）发送/接收器嵌有虚拟网络管理系统；
（7）支持多种网络连接方式；
（8）采用光纤时不受电磁干扰。

采用MOST进行数据传输与采用导线进行数据传输的区别如图7-33所示。

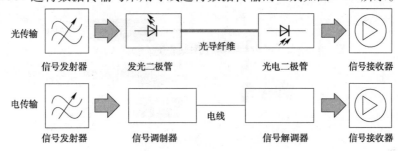

图7-33　光传输与电传输的区别

2. MOST基本结构及工作状态

采用光纤的MOST由光学控制单元和光导纤维组成，分别如图7-34和7-35所示。

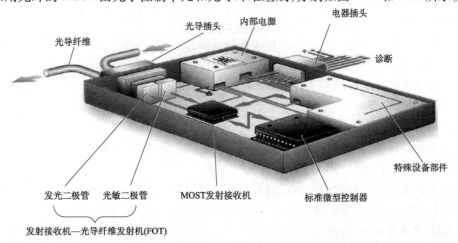

图7-34　光学控制单元

光学传输控制单元由内部供电装置、收发单元——光导发射器(FOT)、光波收发器、标准微控制器(CPU)、专用部件等组成。其中收发单元由一个光电二极管和一个发光二极管构成。

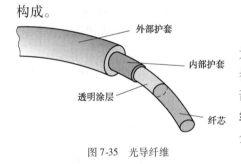

图 7-35 光导纤维

光导纤维(亦称光缆)的作用是将在某一控制单元发射器内产生的光波传送到另一控制单元的接收器。光导纤维由几层构成。纤芯是光导纤维的核心部分,是光波的传输介质,也可以称之为光波导线。纤芯一般用有机玻璃或塑料制成,纤芯内的光波根据全反射原理几乎无损失的传输。

(1) MOST 网络拓扑结构

MOST 总线系统采用环形拓扑结构,如图 7-36 所示。控制单元通过光导纤维沿环形方向将数据发送到下一个控制单元。这个过程一直在持续进行,直至首先发出数据的控制单元又接收到这些数据为止。可以通过数据总线自诊断接口和诊断 CAN 总线来对 MOST 系统进行故障诊断。

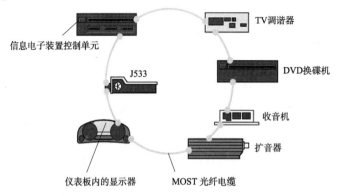

图 7-36 MOST 拓扑结构

其中 RX 表示输入信号,TX 表示发送信号。通过拓扑结构可以看出 MOST 为典型的环形网络拓扑结构。

(2) MOST 网络工作状态

MOST 系统的工作过程分为启动(唤醒)和数据传输两个阶段。如果 MOST 总线处于休眠模式,首先须通过唤醒过程将系统切换到备用模式。如果某一控制单元(系统管理器除外)唤醒了 MOST 总线,那么该控制单元就会向下一个控制单元发射一种专门调制的光信号,如图 7-37 所示。该唤醒过程一直进行到系统管理器为止,系统管理器根据传来的伺服光来识别是否有系统启动的请求。

数据传输过程中,音频和视频作为同步数据的传递,如图 7-38 所示。而图片、文本和功能作为异步数据的传递是按异步数据传递的,如图 7-39 所示。

异步数据源是以不规则的时间间隔来发送这些数据的。每个数据源将其异步数据存储到缓冲寄存器内,然后数据源开始等待,直至接收到带有接收器地址的信息组。

3. MOST 故障诊断

在奥迪和大众车型上,网关 J533 作为诊断管理器使用,也负责对 MOST 系统进行网络诊断,如图 7-40 所示。诊断导线通过中央导线连接器与 MOST 总线上的各个控制单元相连。

第七章 网络系统

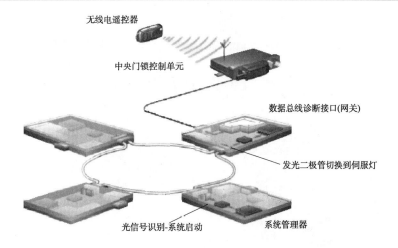

a)

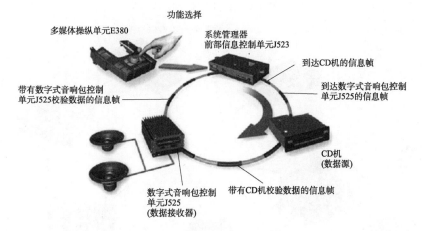

b)

图 7-37 MOST 系统的唤醒过程

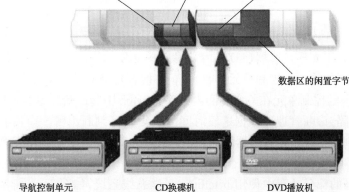

图 7-38 MOST 同步数据传输

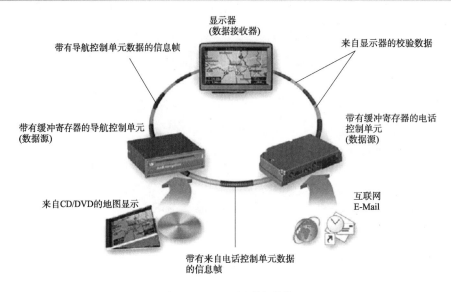

图 7-39　MOST 异步数据传输

图 7-40　MOST 诊断导线的连接

环形中断诊断开始后，诊断管理器通过诊断线向各控制单元发送一个脉冲。这个脉冲使得所有控制单元用光导发射器（FOT）内的发射单元发出光信号。在此过程中，所有控制单元从环形总线上的前一个控制单元接收光信号，检查自身的供电及其内部的电控功能。

MOST 总线上的控制单元在一定时间内会应答，环形中断诊断开始后到控制单元做出应答有一段时间间隔，诊断管理器根据这段时间的长短就可判断出哪一个控制单元已经做出了应答，并据此判断系统是否有电器故障（供电故障）以及哪两个控制单元之间的光导数据传递中断。

此外，在宝马的部分轿车中使用 byteflight 光学总线系统，如图 7-41 所示。该系统采用星形网络拓扑结构。信息传输介质是塑料光导纤维，光导纤维通过光波脉冲传输数据，具有很强的抗电磁干扰能力。数据传输速率为 10 Mbit/s。在宝马 E60 等车型中它用于被动安全系统中。

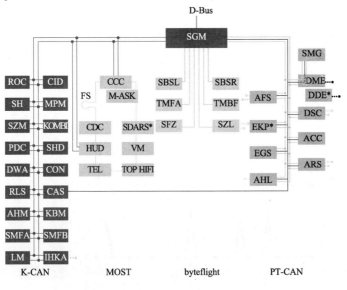

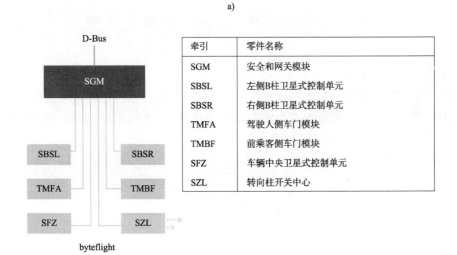

图 7-41 byteflight 光学总线拓扑

四、FlexRay 总线

1. FlexRay 概述

FlexRay 联盟是一个研发企业联合组织，由宝马、大众、博世、戴姆勒、Freescale、NXP 等公司成立于 2000 年。FlexRay 用于汽车的快速预定容错总线系统。FlexRay 总线可以实现更快的数据传输率、更强的实时控制和更高的容错运算，比如动态控制、车距控制 ACC 和图像处理功能。FlexRay 采用双线总线系统，传输速度为 10Mbit/s。

2. FlexRay 信号特征及系统拓扑结构

（1）信号特征

FlexRay 总线的两条导线,分别是"Busplus"和"Busminus"。两条导线上的电平在最低值 1.5V 和最高值 3.5V 之间变换。数据传输有三种状态（图 7-42）：

①"空闲"时,两导线的电平都为 2.5V；

②"数据 0"时,Busplus 上低电平,Busminus 上高电平；

③"数据 1"时,Busplus 上高电平,Busminus 上低电平。

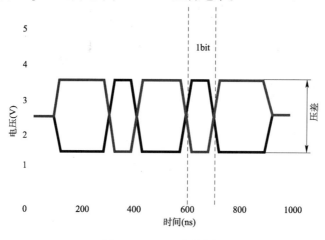

图 7-42　FlexRay 信号特征

（2）拓扑结构

如图 7-43 所示,在奥迪和宝马车型上,FlexRay 采用线性拓扑结构或星形拓扑结构。在末端的每个控制单元内一般设置有两个串联的 47Ω 电阻（总电阻为 94Ω）,如图 7-44 所示,方便系统进行故障诊断。

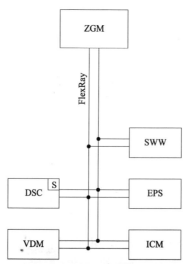

图 7-43　宝马 3 系部分轿车 FlexRay 拓扑结构

ZGM-中央网关模块；DSC-动态稳定控制系统；SWW-变道警告装置；EPS-电子助力转向系统；ICM-集成式底盘管理系统；VDM-垂直动态管理系统

第七章 网络系统

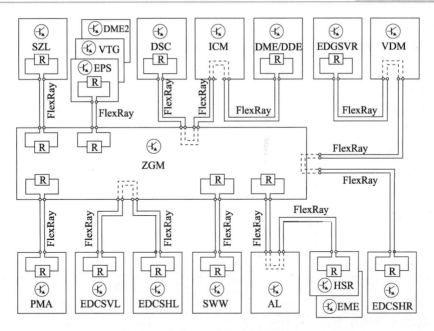

图 7-44 FlexRay 总线拓扑及终端电阻

实训

一、实训内容

汽车网络系统的故障诊断与维修。

二、实训目的

1. 能够确认故障现象;
2. 能够使用维修资料,正确选用工具;
3. 能在规定的时间内独立完成;
4. 在诊断与维修过程中应注意工作安全、5S 和职场健康。

三、实训条件

1. 车间或模拟车间;
2. 个人防护用品工具;
3. 汽车维修设备和工具;
4. 安全的工作环境和工作场所;
5. 装备车载网络系统的车辆;
6. 相关说明书、维修手册等资料;
7. 有关职场健康与安全信息;
8. 提供各类维修知识和维修资料的网页。

四、实训步骤

1. 检查汽车的网络系统(已经设置汽车网络系统故障),通过查询相关的维修资源,确认

故障现象;

2.根据维修手册确定的维修方案,正确选用维修设备;

3.使用诊断检测仪对汽车网络系统进行自诊断;

4.判断故障区域;

5.确认故障部件,提出维修方案;

6.完成维修并试车。

五、实训报告

在实训步骤进行中填写以下表格。

车型	
汽车网络类型	
行驶里程	
故障现象:	
使用的仪器和工具:	
诊断和排除故障的步骤(记录主要数据):	
故障原因和排除方法:	

复习思考题

简答题

1.按照你的理解,说一说汽车为什么要使用网络系统?

2. 说明典型汽车网络系统的组成和工作原理。
3. 汽车网络系统在汽车上的应用有哪些?
4. 解释 CAN、多路传输、数据总线的含义。
5. 什么是通信协议? 常用的通信协议有哪些?
6. 简要说明 CAN 数据总线系统的结构和工作原理。
7. CAN 通信系统的故障有哪些? 检测诊断的方法是什么?
8. LIN 数据总线系统的特性有哪些? 与 CAN 相比有何不同?
9. MOST 数据总线系统的基本特性有哪些? 在汽车上都有哪些应用?
10. byteflight 和 FlexRay 的区别和各自的特点是什么?

第八章 娱乐、通信系统

学习目标

1. 能正确描述汽车音响的组成和工作原理；
2. 熟悉普通收音机及扬声器故障码；
3. 熟悉娱乐系统音响部分、GPS 部分、电话部分外部电路图；
4. 能简单叙述卫星定位导航通信系统的功能和基本知识；
5. 会利用专用工具对汽车娱乐系统故障进行检查和排除；
6. 会通过汽车娱乐系统外部电路图进行检修。

第一节 概 述

汽车娱乐系统是一种创造舒适驾驶环境的设备(图 8-1)。现在的汽车娱乐系统主要包括收音机、DVD 播放器、车载电视、音频/视频输入端口(AUX/USB/存储卡)和喇叭等电气设备。中高级车中的高配车型上或豪华车上还装有车载电视等娱乐设备。

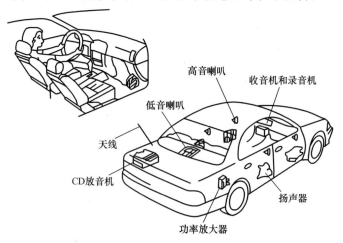

图 8-1 汽车娱乐系统中音响组成部分

一、汽车娱乐系统的特点

汽车娱乐系统的原理与家用娱乐系统是一样的，但是汽车娱乐系统是在车辆中使用,其

第八章 娱乐、通信系统

使用条件比较差,所以它要具备蓄电池供电、耐振动及防灰尘、灵敏度好、容易操作、对电气噪声不敏感、对温度变化不敏感等特点。

二、汽车娱乐系统新技术

随着人们对汽车舒适性要求的提高和电子技术的发展,汽车娱乐系统的技术含量和功能也越来越强,已经从最早的单 AM(调幅)收音机,发展至有 AM/FM(调幅/调频)收音、CD 放音,并兼容 DCCA、DAT(数字声频磁带收音机)数码音响,形成了多功能、数字化、高技术、高性能、大功率输出的 Hi-Fi 立体声音响和车载电视系统等。

第二节 汽车音响系统

汽车音响系统如图 8-2 所示。它是一种创造舒适驾驶环境的设备。汽车音响系统主要包括收音机、磁带放音机。随着数字技术的发展,新的车型通常装有 CD 播放器,用来播放录制的数字信号。

一、汽车音响组成

汽车音响的组成随车型和等级有所不同。在某些情况下,用户可以根据零售商的推荐来选择相关部件。一般由如图 8-3 所示的部分组成。

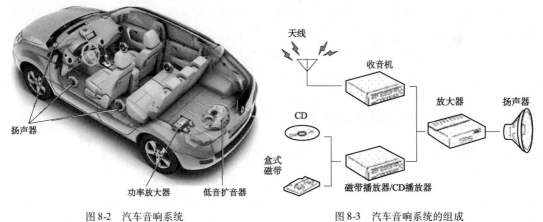

图 8-2 汽车音响系统　　　　　图 8-3 汽车音响系统的组成

1. 收音机

收音机是利用天线接收无线电台发射的无线电波,将它转变成声音信号并送到放大器。

2. 磁带和 CD 播放器

磁带放音机读取磁带上所录制的模拟信号,并将声音信号发送到放大器。此装置有自动倒带、自动检索功能等。CD 播放器读取光盘上的数字信号,CD 的声音比磁带的声音清晰,还可以快速地选择歌曲,这是 CD 播放器的一个优点。

3. 放大器

放大器将来自收音机、磁带放音机和 CD 播放机的信号放大,并将其信号送到喇叭。

4. 喇叭

喇叭将放大了的电信号转变成空气振动。实现立体声播放,至少有两只喇叭。

二、汽车音响的特点

汽车音响系统的原理与家用音响系统是一样的。但是汽车音响系统是在车辆中使用,其使用条件比较差。它要具备如图 8-4 所示的特点。

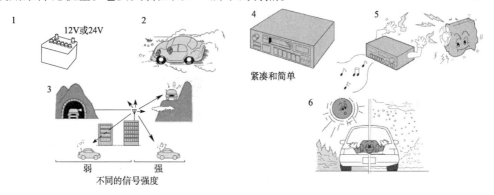

图 8-4 汽车音响的特点

（1）汽车音响系统的电源是蓄电池,此系统以 12V(24V)电压工作。

（2）汽车音响系统设计应能承受不平、颠簸路面的振动及灰尘,具有耐振动及防灰尘性能。

（3）收音机设计得非常灵敏,这样即使在车辆经过无线电波不强的区域也可以收到信号。

（4）汽车音响系统可以在驾驶人开车时很容易地操作使用。

（5）汽车音响系统对汽车中诸如点火系统、充电系统和起动系统产生的电气噪声不敏感。

（6）汽车音响系统能承受高温和低温之间的温度变化,对温度变化不敏感。

三、收音机

收音机通过接收从许多广播电台发射的无线电波中的一种来选择某一需要收听的节目。在无线电广播中,分为调幅广播 AM 和调频广播 FM。收音机接收 AM 广播和接收 FM 广播是不同的。它们通过按钮操作来切换。

1. 收音机的工作原理

收音机通过天线收到广播信号后,还必须清除电信号中的载波,如图 8-5 所示。广播电台发射的音乐和语音的信号与载波进行合成变成调制信号。因此,要把此信号转换成音乐和语音,必须去掉载波,只保留声信号。

因为收音机收到的无线电信号非常微弱,要由放大器将信号充分放大,这样使喇叭发出声音。放大器可以装在收音机中,也可以单独装,作为立体声音响的一个组件。

2. AM 和 FM 的比较

AM 是调幅的缩写,它将载波的波幅按声音信号转换。FM 是调频的简称,它将载波的

频率按声音信号的频率转换。将 AM 信号与 FM 信号比较,可以看到有以下区别:

(1)与 AM 广播相比,FM 广播有良好的音质和较少的噪声。

(2)所有的 FM 广播均是立体声广播,但 AM 广播除某些电台(或节目)外,均是单声道的。

(3)AM 广播使用中波,FM 广播使用超高频。AM 广播服务范围大于 FM 广播。

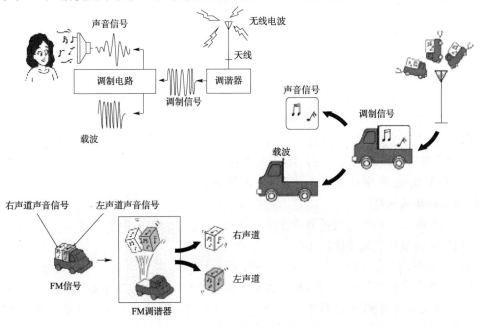

图 8-5　收音机的工作原理

3. 收音机的功能

目前汽车广泛采用的数字收音机有如下功能,如图 8-6 所示。

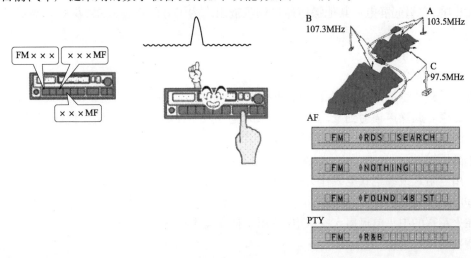

图 8-6　收音机的功能

(1)预设功能

通过将收到的广播存入预设按钮,用户只要简单地按一下此按钮便可以选择此电台。

(2)自动寻台功能(SEEK)

通过按调谐按钮,接收到的频率依次变化。当系统探测到收到的无线电波有一定强度,即停止搜索并输出此广播电台的节目。

(3)RDS(无线电数据系统)功能

RDS是一种数据发送系统,它利用FM广播的空波段,是一种用无线电文本发送各种有用数据或其他信息的信息服务。

在RDS功能中,功能最强大的是AF功能。使用此功能,可以执行网络跟踪,它能在某个节目的接收条件变差时,自动切换到播送相同节目的另一个广播电台。

(4)AF(变换频率)功能

此功能提供播放与用户正在相邻服务区收听的节目相同的电台频率信息。

(5)PTY(节目种类)功能

此功能可实现"节目内容识别",可将收到的节目分类并加以识别。例如,用户想听新闻,那么收音机可以自动搜索正在广播新闻的电台。

使用PTY功能,频率自动调谐到播送所需种类的电台。

4. 收音机接收问题

由于汽车收音机的收音质量取决于天线长度和汽车的噪声干扰,汽车收音机可以清晰接收节目的广播服务区域是比较小的。

1)噪声的影响

调幅广播容易受外界噪声的影响。如果无线电波微弱的区域发生雷电或者靠近交通信号、电力线或火车轨道,噪声就易于产生。此外,汽车音响系统容易受到音响系统所在汽车的电器元件,诸如火花塞、点火线圈和发电机产生的电气噪声的影响。

当开关通断或继电器线圈通断电时,在触点之间会产生火花,这就产生所谓的"噪声"或"干扰"。其他可能的噪声源是发动机ECU产生的脉冲电流等。这种干扰对汽车音响系统有负面影响,它引起静电和其他噪声通过喇叭输出。为了好的声音效果,我们需要对噪声进行抑制。

2)噪声抑制措施

(1)点火系统

点火线圈产生的高压通过高压线圈传送到火花塞。此高压在高压线圈和火花塞产生非常强的噪声。此噪声辐射到发动机罩,并从那里进入无线电天线。要防止此噪声的产生,需采取如图8-7所示的措施。

①高压线

使用电阻式或缠绕式电线作为高压线的芯线,可将电流中的噪声成分转化成热能。

②电阻式火花塞

在火花塞的中央电极串入一只电阻,用于抑制噪声成分。

③发动机罩搭铁

使用导电橡胶做的发动机罩垫子,将发动机罩连接到车身。

(2)喇叭

当喇叭操作时,在喇叭的触点产生电气噪声。为减小此噪声,可在喇叭的触点处并联一只可变电阻。如图8-8所示。

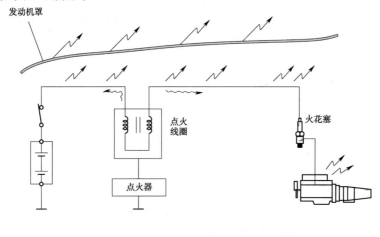

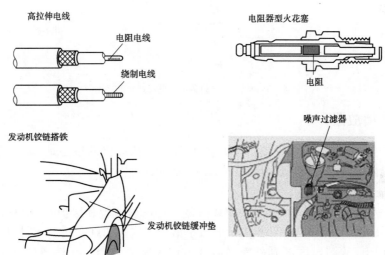

图8-7 点火系统噪声抑制措施

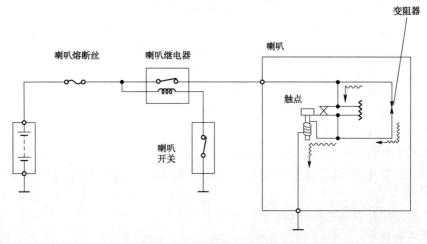

图8-8 喇叭的触点产生电气噪声

(3)刮水电动机

当刮水电动机运行时,在电动电刷处产生电气噪声。因为噪声是在电刷处产生的,可在线路中安装一只电容器,电器噪声可被电容器吸收转变为热能。

(4)转向信号闪光灯

当转向信号闪光灯在运行时,转向信号闪光灯内的继电器触点反复开和关,结果在继电器触点和线圈内产生电气噪声。可通过如图8-9所示连接一只电容器,电源线上将不再产生噪声。

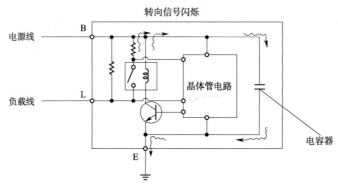

图8-9 转向信号闪光灯内的继电器产生电器噪声

四、CD播放器

现代汽车上开始越来越多地使用CD播放机。CD播放机的核心是CD机芯。它将CD盘上所刻录的音乐或声音数字信号转变成原来的模拟信号。

1. CD盘

CD盘是一种尺寸紧凑,由透明板(聚碳酸盐)、铝反射薄膜和保护膜(塑料)三层组成的唱片。声音信号被刻制成有、无凹点表示的数字信号。这些凹点宽 $0.5\mu m$、长 $0.9\sim3.3\mu m$、深 $0.11\mu m$,并形成从圆盘内部到外面逆时针方向盘旋的轨道。在轨道的开始位置(最里面),音乐数据内容(歌曲的总数、总放音时间、各歌的位置等)被刻制成读入信息。依据此信息显示磁道数和放音时间,并执行歌曲的选择和搜索。

2. CD播放器的原理

CD播放器根据激光束发射到刻在CD上凹点处的反射光强度,获得信号并转为电信号,再以此转换成声音信号。其基本结构如图8-10所示。

3. CD播放机的使用

(1)当天冷或下雨时,如果CD播放机内部结露(有水滴),则须进行通风或除湿。否则,播放机可能会跳道或不能运行。

(2)在不平整的道路上行驶时,会导致严重的振动,播放机会跳道,因此要小心。

(3)除了光盘外,不得塞入任何物体,例如将螺丝刀或其他金属物体、磁铁插入光盘装载槽口。

(4)不得使用开裂或翘曲的CD盘。

4. CD盘的使用

(1)污垢、灰尘、划痕和翘曲可以使CD播放机跳道。

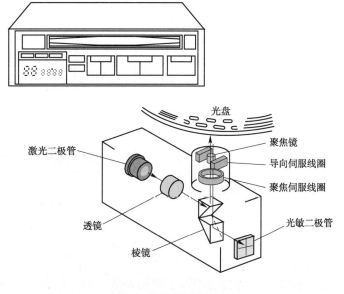

图 8-10 CD 播放器的原理

(2) 操作时要当心,特别在存取 CD 盘时。

(3) 如果触摸了播放表面(没有印刷的那面),CD 变脏将导致声音质量变差,因此务必在拿光盘时不要留下指纹。

(4) 不要将纸或其他材料贴到标签表面上,不要刮坏表面。

(5) CD 不用时,存放好。不要保存在高温和高湿度处。

(6) 不要将光盘放在汽车座位或仪表板上阳光直接照射处。

(7) 清理 CD 时,不得使用苯、唱片喷雾剂、静电去除剂等。

(8) 如果光盘弄脏,将一块软布用水浸湿从内向外擦(径向),不得沿圆周方向擦。

五、汽车音响基本电路

汽车音响的故障检修应从它的基本概念和基本线路进行。

目前,我国汽车拥有量相当大,普通型、豪华型车辆举目可见,相应车上使用的音响随着车型的不同,实际安装的应用也各不相同。从不同车上安装的汽车音响不难看到,实际应用的汽车音响种类繁多、样式各异,一般较难掌握来自不同车上安装的音响的基本概况,往往在日常维修中会被一些不同车型音响出现的不同故障难住,有无从入手维修的感觉。分析日常维修所遇到的实际困难,难以确定故障点的关键是没有对汽车音响线路有过细的了解,对局部线路的作用掌握的不是十分透彻。当然,借助维修参考资料对快速排除故障会起到帮助作用,但维修汽车音响是很难实现这一点的,因为汽车音响主要是引进产品,日常维修基本是依靠自身掌握的电子技术知识,在线路上缓慢查找,迫切希望能够找到故障点,但并不容易。

因此,认识汽车音响总体概况必须从根本开始,也就是从它的基本电路着手。图 8-11 所示是基本电路方框图之一,它是汽车音响最基本最简单的线路。从图 8-11 中可以看到,该电路主要由三个基础电路部分组成,即:

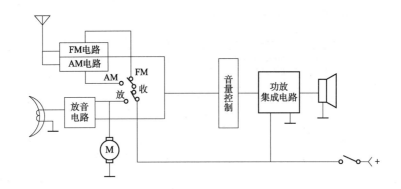

图 8-11　汽车音响基本电路

(1) 收音电路；

(2) 放音电路；

(3) 功放集成电路。

任何高难度和复杂的电路均是建立在这个电路基础上的。例如，图 8-12 所示线路均是建立在图 8-11 基础上的。"立体声解码电路"的设置为机器功能增添了新的色彩，但无论机器进行何种改进和更新，三大基本电路总是汽车音响的根本。因此，掌握汽车音响的收音电路、放音电路和功放集成电路有助于排除来自不同位置发生的故障，会起到事半功倍的作用。

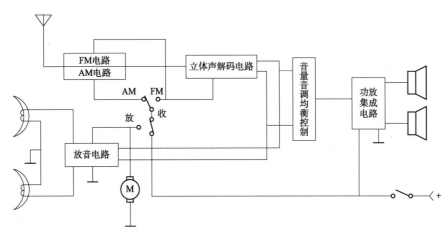

图 8-12　汽车音响改进的基本电路

另外，汽车音响电路故障基本是以供电线路出现"断路"为常见，因此掌握机器供电线路的电压走向，也是一个重要环节，这可从图 8-12 中明显看出。当机器电源开关打开以后，机内功放集成电路便处在工作状态中，电压分向主要由收、放音转换开关来完成。在常见机型中，一般 12V 高电位仅存在于机内电源位置、功放集成电路位置、收放音转换开关位置，线路故障多数出在电压分向 12V 降压点处，应该引起注意。

汽车娱乐系统中收音机主机及自动天线的外部电路图如图 8-13 所示。

娱乐系统中收放机扬声器电路图如图 8-14 所示。

第八章 娱乐、通信系统

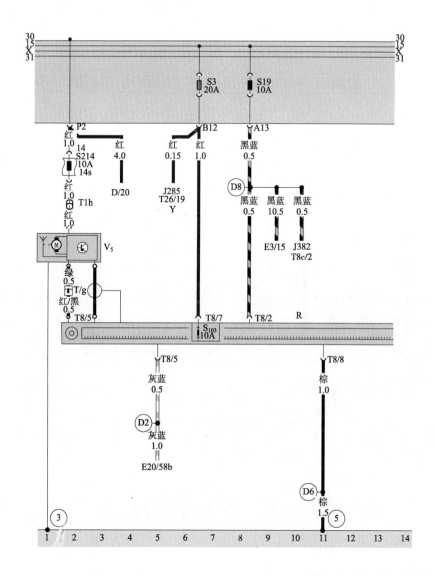

图8-13 收音机主机及自动天线电路图(通用凯越)

⑫-连接线(58b),在仪表线束内;⑯-搭铁连接线,在仪表线束内;⑱-正极连接线(30a),在仪表线束内;③-搭铁点在自动天线附近车身上;⑤搭铁点,在中央电器左侧星形塔铁爪上;D-点火开关;E3-报警开关;E20-仪表板照明调节器;J285-组合仪表控制单元;J382-放到控制单元,在中央电器上方;R-收放机;V5-自动天线;Y-数字钟;S3-内顶灯、遮阳板灯、后阅读灯、行李舱灯、点烟器、数字熔断丝,20A;S19-收放机、转向灯、防盗控制单元、熔断丝,10A;S103-收放机熔断丝(停车时),10A;S214-自动天线熔断丝,10A,在附加继电器板上;T1g-1 针插头,白色,在收放机后面;T1h-1 针插头,白色,在收放机后面;T8-8 针插头,黑色,在收放机后部;T8c-8 针插头,在防盗器控制单元上;T26-26 针插头,在组合仪表上

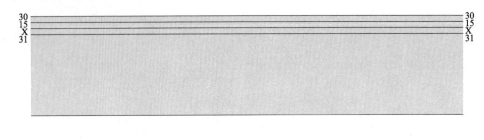
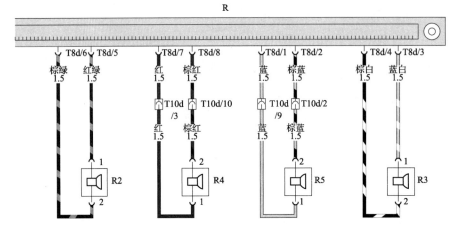
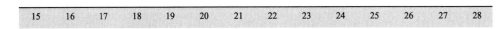

图 8-14 收放机扬声器电路图(通用凯越)

R-收放机;R2-左前扬声器;R3-右前扬声器;R4-左后扬声器;R5-右后扬声器;T8d-8 针插头,棕色,在收放机上;T10d-10 针插头,红色,在附加继电器板上(5 号位)

第三节 汽车通信系统

一、汽车通信系统简介

汽车通信系统是帮助驾驶人用以完成信息传输过程的技术系统的总称,主要借助电磁波在自由空间的传播或在导引媒体中的传输机理来实现。包括汽车导航系统、电话免提系统、驾驶室管理和数据系统等几个主要部分,主要为帮助驾驶人轻松、方便行驶,高效、安全出行。

二、汽车导航系统

汽车导航系统又叫汽车 GPS 导航系统,是指车辆道路交通信息通信系统。GPS 技术以前多用于军事上,主要用于陆、海、空导航,定点轰炸以及舰载导弹制导。该技术在海湾战争及近期反恐战争中发挥了巨大威力。GPS 是以全球 24 颗定位人造卫星做基础,向全球各地全天候地提供三维位置、三维速度等信息的一种无线电导航和定位系统。

如图8-15所示,GPS的定位原理是:用户接收卫星发射的信号,从中获取卫星与用户之间的距离、时钟校正和大气校正等参数,通过数据处理确定用户的位置。民用GPS的定位精度可达10m以内。GPS具有的特殊功能很早就引起了汽车界人士的关注,当美国在海湾战争后宣布开放一部分GPS的系统后,汽车界立即抓住这一契机,投入资金开发汽车导航系统,对汽车进行定位和导向显示,并迅速投入使用。

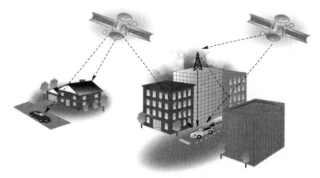

图8-15 GPS定位原理

1. 基本组成

汽车GPS导航系统由两部分组成:一部分由安装在汽车上的GPS接收机和显示设备组成;另一部分由计算机控制中心组成,两部分通过定位卫星进行联系。计算机控制中心是由机动车管理部门授权和组建的,它负责随时观察辖区内指定监控的汽车动态和交通情况。

2. 基本功能

整个汽车导航系统有两大功能:一个是汽车踪迹监控功能,只要将已编码的GPS接收装置安装在汽车上,该汽车无论行驶到任何地方都可以通过计算机控制中心的电子地图指示出它所在的方位;另一个是驾驶指南功能,如图8-16所示,车主可以将各个地区的交通线路电子图存储在软盘上,只要在车上接收装置中插入软盘,显示屏上就会立即显示出该车所在地区的位置及目前的交通状态,既可输入要去的目的地,预先编制出最佳行驶路线,又可接收计算机控制中心的指令,选择汽车行驶的路线和方向。

图8-16 驾驶指南功能

3. 基本工作过程

(1)用户输入目的地:在出发前,用户通过系统的输入方法将目的地输入到导航设备中。基于"以人为本"的设计思想,特别是考虑到安全性能要求,目前人们也在开发基于语音技术的产品。

(2)行驶路线:汽车导航主机从GPS接收机得到经过计算确定的当前经度和纬度,通过与电子地图数据的对比,就可以随时确定车辆当前所在的地点。一般汽车导航系统将车辆当前位置默认为出发点,在用户输入了目的地之后,导航系统根据电子地图存储的地图信息,就可以自动算出一条最合适的路线,作为新的路线。

(3)行驶中的导航:汽车自动导航系统的输出设备包括显示屏幕和语音输出设备。在行驶过程中,驾驶人必须全神贯注于驾驶,而不能经常查看显示屏幕,因此,一个实用而人性化的车辆自动导航系统利用语音输出,在必要时刻向驾驶人提示信息。比如,车辆按照系统推荐路线行驶到应该转弯的路口前,语音输出设备提示驾驶人:"300m 后请向左转",这样驾驶人根本不必要关注屏幕的显示,也可以按照推荐路线正确快捷地到达目的地。

三、电话免提系统

电话免提系统是专为行车安全和舒适性而设计的。其功能主要是:用语音指令控制接听或拨打电话,使用者可以通过车上的音响或蓝牙无线耳麦进行通话、收发短信、来电显示、上网、数字拨号、通信录、通话管理、设置时间和日期等功能。部分车载电话具有多频或双频和蓝牙功能,常见的有车载式、蓝牙式、车载+蓝牙式等几种。

四、驾驶舱管理和数据系统

驾驶舱管理和数据系统是指基于一台中央电脑来控制大部分车载设施和功能的智能中央控制系统,如图 8-17 所示。其作用是将车辆信息、多媒体系统、GPS 导航、空调,电话等功能整合为一体,旨在方便用户对这些配置的控制和操作。这套系统可以简单理解为,其作用相当于车内装了一个"鼠标"和"键盘",通过它们,车内乘客可以快速地启用或操控娱乐、信息、导航和电信功能。

图 8-17 驾驶舱管理和数据系统

五、导航系统外部电路

导航系统外部电路图如图 8-18 所示。

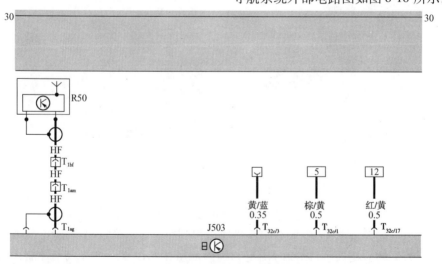

图 8-18 娱乐系统中导航系统外部电路图

T_{1ag}-1 针插头,蓝色,在导航系统的带显示单元的控制单元上,用于导航系统;T_{1am}-1 针插头,蓝色,在变速杆左侧,用于导航系统;T_{1bf}-1 针插头,蓝色,在车顶后部左侧,用于导航系统;R50-导航系统天线,在车顶上

第四节　汽车娱乐系统典型故障排除思路

一、利用金奔腾或5052专业工具检测

步骤:进入娱乐系统的通道,选择菜单,进入相应的检测方面,调取故障码。

故障码是查找故障的主要参考对象,其中收放机主机的主要故障码如图8-19所示。扬声器故障码如图8-20所示。

目录 | 示意图 | 故障 号

故障号	说明
010	机械故障
012	标准件错装
017	运转不灵活(粘连,卡住)
018	松脱(磨损,松动)
021	触点故障
022	触点/接头极性接反
023	触点/接头脱落
028	插槽/插头连接断路
038	标准件丢失
039	软件故障
040	电气故障
055	点火线圈故障
088	抛锚

图8-19　普通收放机故障码(通用凯越)

目录 | 示意图 | 故障号

故障号	说明
055	点火线圈故障
088	抛锚
L10	左侧机械故障
L12	左侧标准件错装
L15	左侧撕裂,破裂,电气断路
L18	左侧松脱(磨损,松动)
L20	左侧噪音
L22	左侧触点/接头极性接反
L23	左侧触点/接头脱落
L28	左侧插槽/插头连接断路
L38	左侧标准件丢失
L40	左侧电气故障
R10	右侧机械故障
R12	右侧标准件错装
R15	右侧撕裂,破裂,电气断路
R18	右侧松脱(磨损,松动)
R20	右侧噪声
R22	右侧触点/接头极性接反
R23	右侧触点/接头脱落
R28	右侧插槽/插头连接断路
R38	右侧标准件丢失
R40	右侧电气故障

图8-20　收放机扬声器故障码(通用凯越)

根据故障码进行针对性的维修,如更换相应的部件并清除偶发故障。

二、典型故障排除思路

针对典型故障,必须有一个明确的诊断思路,下面以汽车娱乐系统中收放机不工作故障为例:

步骤1　用直接跨线、替代法检查喇叭(R)的状况。

步骤2　若喇叭正常,用万用表结合电路图,检测信号输出端(T86/3)是否有电压(电压12V)和搭铁端(T86/4)的电阻值,看输出端和搭铁端是否正常。

步骤3　若输出端和搭铁端均正常,用万用表测量信号输出端(T86/3)和喇叭插口(1)间导线是否导通。

步骤4　若端子间导线是导通的,用试灯先查熔断丝盒中的收音机熔断丝,然后用万用表检测收音机熔断丝的电阻,最后看收音机的输入端子是否有电压,以上都正常,则更换收音机。

娱乐系统的其他组成部分(GPS、电话部分)也是参照外部电路,针对供电断路、搭铁不良、信号不良、执行原件失灵等几个方面进行故障诊断。

实训

实训　收放机的检查和维护

一、实训目的

1. 学会利用金奔腾或5052专业工具对收放机的检查;
2. 学会利用检查结果和汽车收放机的电路进行故障排除;
3. 学会对收放机和前后喇叭的拆装。

二、实训组织

1. 本实训安排4学时;
2. 本实训分组进行,人数以每组5~10人为宜。

三、实训准备

1. 通用凯越实车4辆;
2. 金奔腾或5052、万用表、音响拆卸专用工具、通用凯越维修手册、常见工具(一字螺丝刀、十字螺丝刀)各4套。

四、安全注意事项

1. 注意金奔腾或5052、音响拆卸专用工具及常用工具的正确使用方法和注意事项;
2. 在电气设备上作业之前,必须先断开蓄电池搭铁线;
3. 操作时应相互协作,及时提醒,防止发生事故。

五、实训步骤

1. 利用金奔腾或5052对汽车娱乐系统进行检测;

2. 利用万用电表和电路图查找故障部位和部件；
3. 根据故障码进行针对性的维修，如更换相应的部件及清除偶发故障；
4. 参照维修手册练习拆卸收放机和前后喇叭。

六、实训成果

1. 利用金奔腾或5052检测的故障码；
2. 查找得到的故障部位和部件；
3. 根据实训过程填写下表：

实训仪器及设备		实训日期	
根据实训简述收放机和前后喇叭的拆装步骤			
根据实训中遇到的故障简述排除故障过程	故障现象是什么？		
心得体会疑问			
教师评语			
成绩	指导教师签名		日期

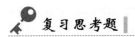

复习思考题

一、选择题

图 8-21 展示出了汽车娱乐音响系统的一般配置。将图中 1~4 与下面的名称 A~D 匹配起来。

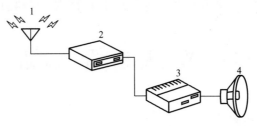

图 8-21　汽车娱乐音响系统的一般配置图

A. 收音机　　　B. 放大器　　　C. 扬声器　　　D. 天线
1.(　　)　　　2.(　　)　　　3.(　　)　　　4.(　　)

二、简答题

1. 根据娱乐系统音响部分的外部电路图，制定喇叭不响的故障检查步骤。
2. 汽车收放机常用故障码代表的含义。
3. 简述 GPS 导航的工作原理。

第九章 全车电路

> **学习目标**
>
> 1. 能正确描述大众、丰田、通用电路的特点;
> 2. 掌握大众、丰田、通用电路的识读方法;
> 3. 能简单叙述三种车型电路表示方法的异同;
> 4. 能正确描述利用电路图诊断故障的思路;
> 5. 能读懂电源系统、起动系统、前照灯、转向灯的控制电路;
> 6. 能利用维修手册分析和查找电路故障,制订维修工作计划;
> 7. 能利用维修手册,借助检测工具,确认电路故障所在部位,排除故障。

随着电子技术的发展,汽车上装用的电气设备越来越多。汽车电路中广泛采用插接器。为了便于维修和查找故障,在电路图中,插接器的插头和插座号都被清楚地表示出来,这样就使电路图显得零乱、烦琐,给读图增加了一定难度。但是,目前各大汽车公司的汽车电路图都有各自成熟的表达方法。掌握识读方法,对阅读和理解电路图十分重要。本单元以桑塔纳 2000GLi、卡罗拉和凯越为例,介绍大众、丰田、通用三种车系的电路特点及电路的识读方法,其他车型的电路特点与其相同或相近,为今后阅读汽车电路图打下基础。

第一节 典型的全车电路

一、大众车系电路图

大众汽车所用的电路图采用欧洲的 DIN 标准,其特点与其他车型都一样,采用 12V 电压、单线制、并联、负极搭铁,使用保险保护电路、继电器保护开关,用中央配电盘控制线路连接。

1. 电线颜色

大众车系电路图中电线颜色如图 9-1 所示。

2. 线号和插脚

大众车系电路图中线号和插脚如图 9-2 所示。

第九章 全车电路

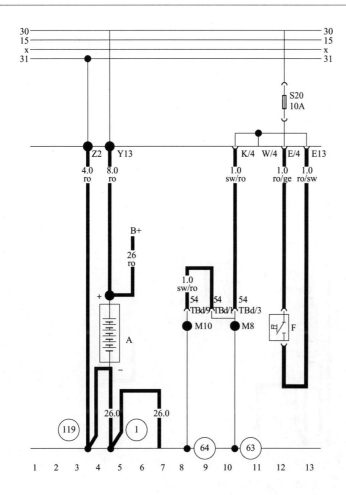

图 9-1 大众车系电路图电线的颜色

3. 电器元件的字母和数字代号

在大众汽车的电路图中通常采用一些字母加数字表示电器元件,字母所表示的器件见表 9-1。

字母所表示的电器元件　　　　　　　　　　　　　表 9-1

字　母	表示内容	字　母	表示内容
E	开关	F	触点开关
L、M、MX	灯	S	保险
V	电动机	D	点火开关
J	继电器或控制单元	H	喇叭或蜂鸣器
T	插接器	W	警告灯
G	传感器	X	牌照灯
K	指示灯、仪表板	Y	时钟、防眩后视镜
N	电磁阀	R	分滤器

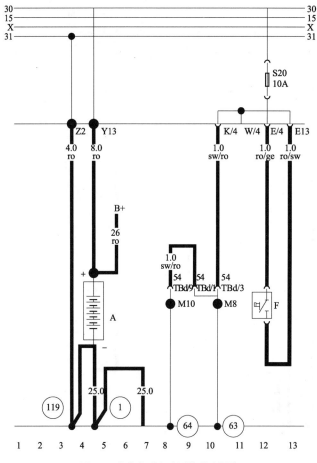

图9-2 大众车系电路图线号及插脚

30号线-常火线;15号线-点火开关控制火线;X线-点火开关控制卸荷继电器控制的火线;31号线-搭铁线;S20-保险;E13-E插头的13号脚;1.0-线径

4. 电路图中的坐标

大众车系电路图中的下方都标有坐标,在电路图中很多地方的导线端部标有矩形框,内部有数字,这表示这条导线要连接到方框中数字做代表的坐标处,如图9-3所示。

5. 电源管理系统

大众车系在近年出产的车中都配备了电源管理系统,即由电网控制单元J519来管理车载用电设备,管理的电路大致为开关将用电请求传送到J519,J519再根据电网的具体情况控制用电设备的接通或切断,其电路如图9-4所示。

6. 电路图实例

由于现在的汽车电路内容多,电路复杂,所以大众车系的电路都单独成册,有的车型电路图多达几百页,在此无法展示全部电路图,下面以速腾车的电源、起动电路为例展示大众车系的原车电路图,如图9-5所示。

二、丰田卡罗拉电路

丰田是我国汽车市场占有量最多的车种。其中文维修资料源自丰田公司原厂资料,其电路图通常都保留了丰田原厂资料的绘制风格。电路图一般都单独制作成一本独立的电路图册,图册中包括怎样使用电路图册,电路图中采用的缩写词、继电器位置图、电器线路图(线束图)、各种连接器和全车电路图。图9-6为丰田卡罗拉全车电路的部分电路图。

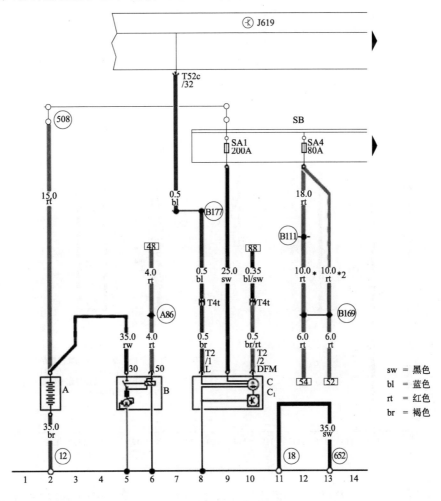

图9-3　大众电路图中的坐标

A-蓄电器;B-起动机;C-交流发电机;C1-电压调节器;J619-车载电网控制单元;SA1-熔断丝架 A 上的熔断丝 1;SA4-熔断丝架 A 上的熔断丝 4;SB-熔断丝架 B;T2-2 芯插头连接;T4t-4 芯插头连接;T52c-52 芯插头连接;⑫-发动机舱内左侧搭铁点;⑱-发动机缸体上的搭铁点;⑤⑧-螺栓连接(30),在电控箱上;⑥⑤②-变速器和发动机地线的搭铁点;Ⓐ86-连接(60s),在仪表板导线束中;Ⓑ111-正极连接 1(30s),在车内导线束中;Ⓑ169-正极连接 1(30),在车内导线束中;Ⓑ177-车内空间导线束中的连接(61);·-截至 2013 年 2 月;*2-自 2013 年 2 月起

1. 丰田车系电路图特点

(1)电路图中的电器元件用电路符号表示,电器元件的名称通常用文字直接标出。

(2)电路总图由各系统电路图组成,每个系统的电路都绘制了电源,成为一个完整的电路。通常蓄电池画在电路图的最左端,开关、继电器、用电设备在电路图的右侧。电路图的上方标出了各系统电路的区域和代表该电路的符号或文字说明。这使电路图阅读比较方便。

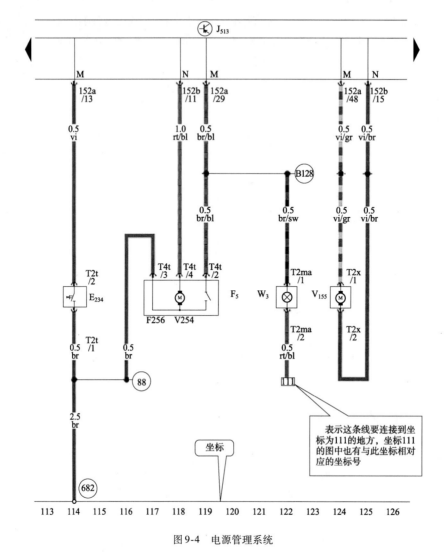

图 9-4 电源管理系统

(3) 电路图中绘出了搭铁点,并标注代号和文字说明,从电路图中了解线路搭铁点,清晰明了。

(4) 电路图中,有些车型直接标出线路插接器的端子排列和各端子的使用情况,给识图和电路故障查寻提供方便。有些车型在电路图中标出插接器的代码,根据代码可在插接器表中查出插接器端子的排列情况,便于检测。

(5) 导线的颜色用颜色代码表示,标注在线路的旁边。

2. 丰田车系电路图标注方法

丰田汽车电路图标注方法,如图 9-7 所示。

(1) 表示系统名称。电路图的上方用刻线划分区域,用文字和符号表示下方电路系统的名称。

(2) 表示配线颜色。

(3) 表示与电器元件连接的插接器(数字表示接线端子的编号)。

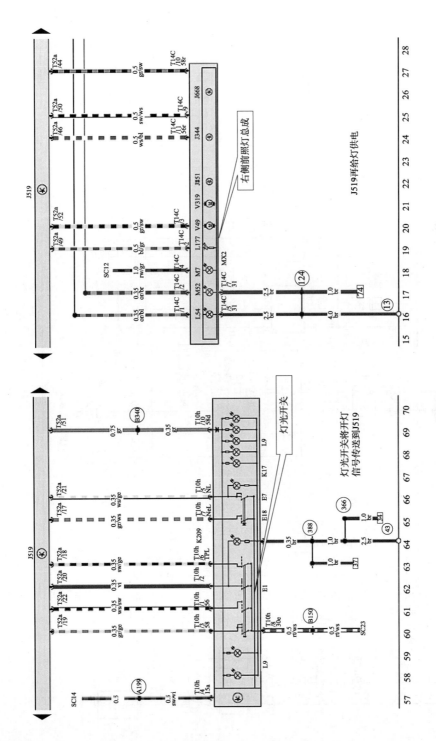

图 9-5 速腾车电源、起动系统电路图

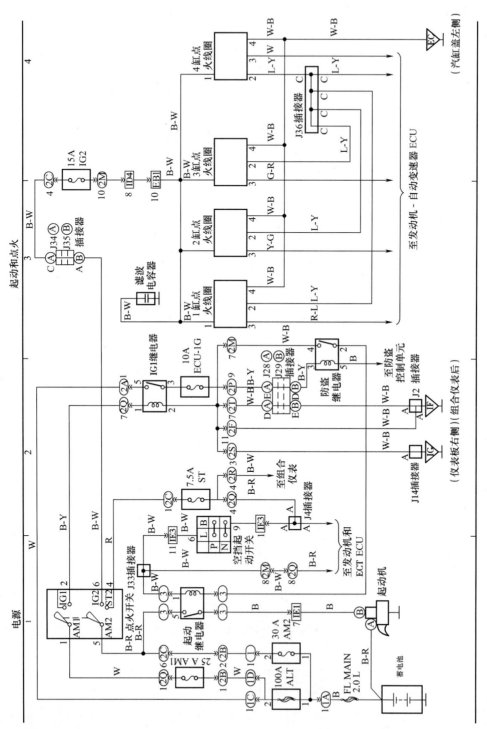

图9-6 丰田卡罗拉起动、点火系统电路图

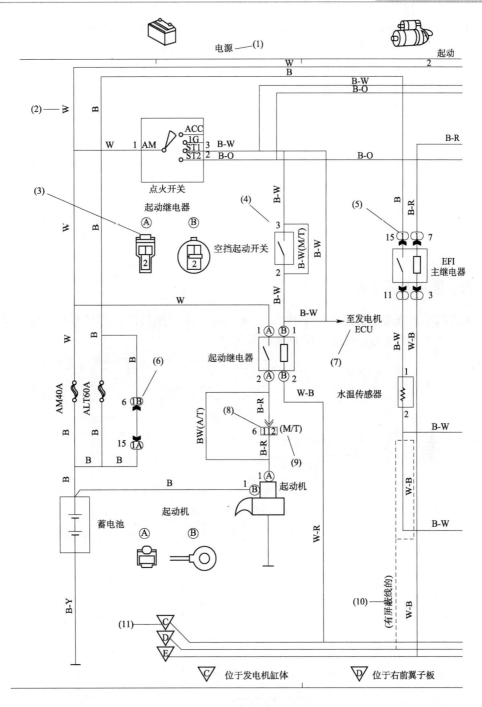

图 9-7　丰田汽车电路图标注示例

(4) 表示插接器的接线端子编码。其中插座和插头的编号方法不同,在插座编号中,顺序为从左到右,从上到下;插头则从右到左,从上到下。

(5) 表示继电器盒,图中只标明继电器盒的号码,不印上阴影,以有别于接线盒。图示继电器盒编码为1,表示 EFI 主继电器在1号继电器盒内。

(6)表示接线器盒。圆圈内的数字表示接线盒的号码,圆圈旁边的数字表示该插接器插座的位置代码。接线盒上一般印上阴影,使其与其他元件区分。不同的接线盒用不同的阴影标出,以便区分。例如图中3B表示它在3号接线盒内,数字"6"和"15"表示两条配线分别在插接器6号和15号接线端子上。

(7)表示相关联的系统。

(8)表示配线与配线之间的插接器。带插头的配线用符号"⋙"表示,外侧数字6表示接线端子的号码。

(9)当车辆型号、发电机型号或规格不同时,用( )中的内容来表示不同的配线盒插接器等。

(10)表示屏蔽的配线。

(11)表示搭铁点的位置,用"▽"表示。符号中间的字母为搭铁点的代码,C位于发电机缸体,D位于左前翼子板。

三、通用凯越电路

通用汽车是我国主要的进口车种之一,通用车系电路图与前述两种车系的电路又有明显的区别。图9-8为通用凯越充电系统电路图。

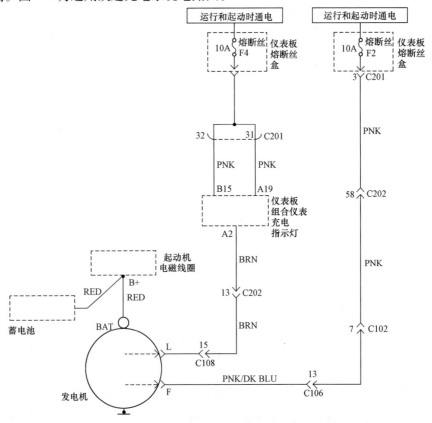

图9-8　别克凯越充电系统电路图

通用车系电路图由四类电路图组成,即电源分配简图(图9-9)、熔断丝详图(图9-10)、系统电路图和搭铁线路图(图 9-11)。

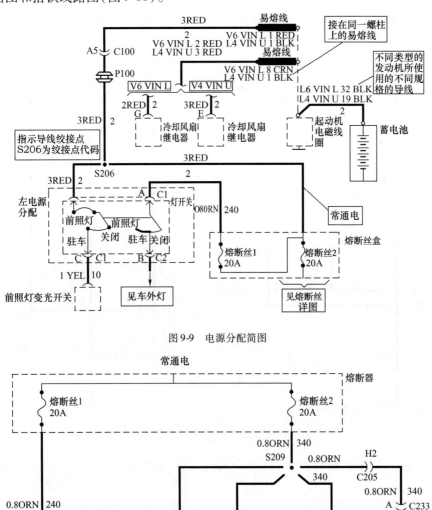

图 9-9　电源分配简图

图 9-10　熔断丝详图

1. 通用车系电路图的特点

(1)电路图中的电器元件用电路符号表示,通常用文字直接标出电器元件的名称。

(2)电路图中标有特殊的提示符号。通用车系电路图特殊的提示符号如图 9-12 所示。

①静电敏感符号:用于提醒检修人员,在检修操作时应注意该系统含有对静电放电敏感的部件。

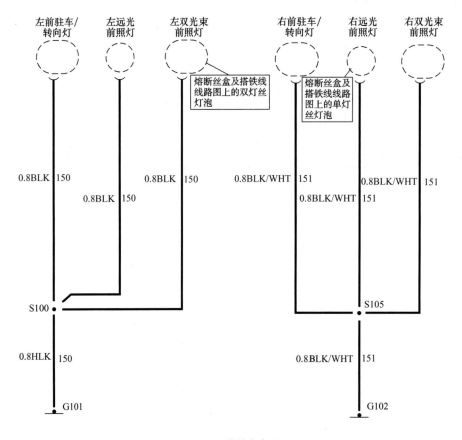

图9-11 搭铁线路图

②气囊符号:用于提醒检修人员,在检修时应注意该系统为气囊系统或与气囊系统相关。

③故障诊断符号:用于引起注意,在车载诊断(OBD Ⅱ)范围内,当电路出现故障时,故障指示灯就会亮。

④注意事项符号:用于提醒检修人员注意,还有其他附加系统维修的信息。

(3)电路图中标有电源接通说明。系统电路图中的电源通常是从该电路的熔断器起,并用黑框中的文字说明在什么样的情况下该电路接通电源,如框内标"运行或起动通电",表示该电路的电源在点火开关处于点火(RUN)和起动(START)时与电源接通;如果框内标"随时通电",表示该电路常接电源;如框内标"运行通电",表示该电路在点火开关处于点火(RUN)位置时接通;如框内标"起动通电",表示该电路只在点火开关处于起动(START)位置时接通电源;如框内标"附件和运行时通电",表示该电路在点火开关处于RUN或ACC位置时接通电源;如框内标"灯亮通电"表示该电路控制开关闭合接通电源。

(4)电路图中标有电路编号。在通用车系的电路图中,各导线除了标明颜色和截面积外,通常还标有该电路的编码。电路图上的搭铁点、插接器、密封圈和接头及线路都有可识别位置的编号,该编号与车辆的某个区域所对应。通用车系车辆位置分区示意图如图9-13所示,位置编码说明见表9-2。

第九章 全车电路

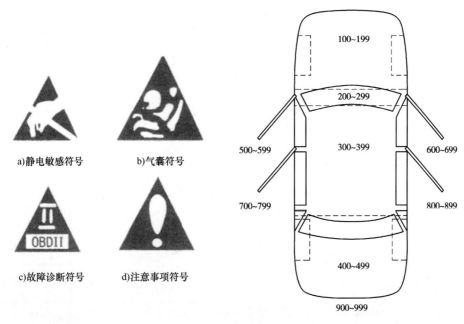

图 9-12 通用车系电路图特殊的提示符号　　图 9-13 通用车系车辆位置分区示意图

通用车系车辆位置编码说明　　表 9-2

编码	位置说明
100～199	位于发动机舱区域（全部在仪表板前） 001～099 代表发动机舱内的附加编码，仅在用完 100～199 编码后使用
200～299	位于仪表板区域
300～399	位于乘员室区域（从仪表板到后车轮罩）
400～499	位于行李舱区域（从后车轮罩到车辆后部）
500～599	位于左前车门内
600～699	位于右前车门内
700～799	位于左后车门内
800～899	位于右后车门内
900～999	位于行李舱盖或储物仓盖区域

通过电路编码可以知道该电路在汽车上的位置，以方便读图和故障查寻。

2. 通用车系电路图标注方法

现以别克凯越为例，说明通用汽车电路图的标注方法，别克凯越前后雾灯电路图如图 9-14 所示。

下列序号与图中所标序号相对应：

（1）电源标注。

（2）熔断器标注。位于发动机舱熔断丝盒，Ef8 位置，额定容量为 15A。如果标注 F 则位于乘客室仪表板下方。

（3）虚线框表示没有完全标出接线盒中的所有部分。Ef8 只是其中的一部分。

（4）线间插接器标注。右侧的"C201"表示直列线束插接器代码，其中"C"为连接插头编号，"201"表示线束位于仪表板区域。左侧的"14"表示该导线与 C202 插接器的 14 端子连接。

293

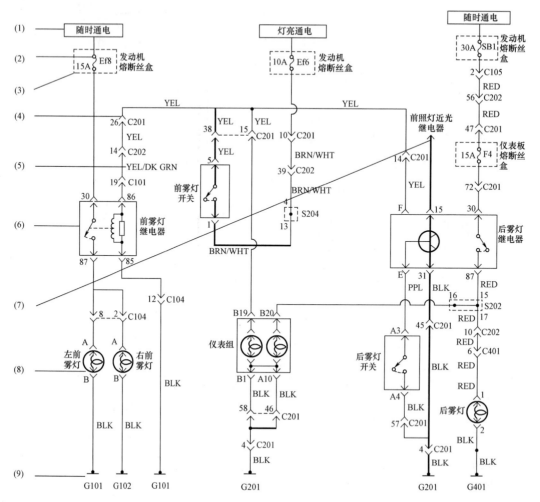

图 9-14 凯越电路图的表示方法

(5) 导线的颜色标注。YEL/DK GRN 表示带深绿色条纹的黄色导线。别克凯越导线颜色代码如表 9-3 所示。

别克凯越导线颜色代码   表 9-3

颜色代码	导线颜色	颜色代码	导线颜色
深绿色	DK GRN	粉色	PNK
浅绿色	LT GRN	橙色	ORN
深蓝色	DK BLU	紫色	PPL
黄色	YEL	灰色	GRY
红色	RED	棕色	BRN
黑色	BLK	白色	WHT
天蓝色	LT BLU		

(6) 控制元件的标注。框内元件用中文直接标出,表示前雾灯继电器。从图中看出当线圈通电时,触点闭合。旁边的数字 30、87、85、86 表示该继电器的端子号。

(7) 电路的去向标注。箭头处标注前照灯近光继电器,表示该导线与前照灯近光继电器连接。

(8)用电器标注。用中文直接标出电器元件的名称。

(9)搭铁位置标注。G101 表示该搭铁点位于发动机舱区域。

第二节　利用电路图排除故障

当电路出现故障时,在进行检查之前应首先仔细阅读电路图,读懂系统电路,清楚系统的功能,然后再根据电路图从电源开始检查直至搭铁部位,就可将故障点查出。

1. 利用电路图查找故障的方法

当电气系统出现故障时,首先应了解故障的现象,确定发生故障的条件,这样可以大致确定故障的范围。检查时应首先了解该车型电路图的识读方法,参照电路图对电源、故障系统的供电情况及故障元件本身进行检查,如果通过上述检查工作还不能确定故障原因时,就需将电路图中与故障相关的部分摘抄出来进行有针对性的故障分析,制订检测方案并逐项诊断。

电路图可以提供电气设备的基本电路、电器元件的安装位置、线束及插接器的基本情况。

在使用电路图进行故障诊断时,可按下述步骤进行:

(1)从目录中找到识读说明(通常在目录下开篇就是),了解识读规则后找到需要的电路图部分进行识读;

(2)通过阅读电路图找出故障系统电路中所包含的电器元件、线束和插接器等;

(3)通过电路图找出上述电器元件、线束和插接器在车上的安装位置及电器元件和插接器上各端子的作用或编码,必要时可以将相关电路摘抄出来,形成相对独立清晰的电路图;

(4)针对电路图对怀疑有故障的部件制订诊断方案,按照方案进行检测;

(5)根据诊断方案测得的结果,确定线束或检测点的短路和断路情况,直至查出故障的部位。

2. 利用电路图检查故障的方法

汽车电路常见的故障有正极断路、搭铁断路、对正极短路、搭铁短路和搭铁不良。

1)断路故障的检查

利用电路图进行电压检测,可找出断路点,如图 9-15 所示。汽车上用电器正常工作的条件是用电器两端有 12~14V 的电压。

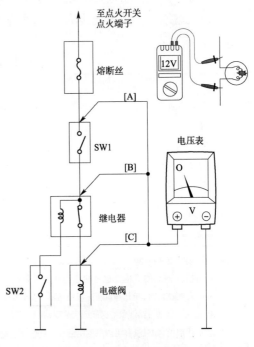

图 9-15　线路电压的检查

选择万用表直流20V电压挡,将负表笔接到正常的搭铁点或蓄电池负极上,正表笔接到插接器或零部件的供电端子上,观察电压表的读数。判断方法见表9-4。

万用表检查线路断路的方法   表9-4

开关状态	万用表连接位置	测量结果	正常值	结　　论
点火开关断开	[A]	0V	0V	线路正常
点火开关接通	[A]	12V	12V	线路正常
		0V	12V	说明电源到万用表测点[A]之间,有正极断路故障
点火开关接通 开关1接通	[B]	12V	12V	线路正常
	[B]	0V	12V	说明万用表测点[A]与测点[B]之间,有正极断路故障
点火开关接通 开关1接通 开关2接通	[C]	12V	12V	线路正常
	[C]	0V	12V	说明万用表测点[B]与测点[C]之间,有正极断路故障

注:1. 正极断路的故障点一定出在控制开关闭合后,有蓄电池电压的测量点与无蓄电池电压的测量点间;
　　2. 如果测量电压在0~12V之间,说明控制开关或线路有接触不良故障;
　　3. 正极断路故障检查也可使用测试灯代替电压表进行,故障一定出在试灯亮与不亮的测量点之间;
　　4. 接入用电器过多时,造成电路过载,可能出现断路现象,此种现象称之为正极断路,如果用电设备的搭铁端断路,故障现象和正极断路一样。

2)短路故障检查

用测试灯查找短路故障,如图9-16所示。

(1)拆下熔断的熔断丝并断开熔断丝的所有负载。

(2)在熔断丝的位置连接测试灯,根据测试灯是否点亮判断搭铁短路点,搭铁短路故障的检查方法见表9-5。

搭铁短路故障的检查方法   表9-5

开关状态	测量结果	正常	结　　论
点火开关接通	测试灯亮	测试灯不亮	说明熔断丝至SW1供电端子前有对搭铁短路故障
点火开关接通 开关SW1接通	测试灯亮	测试灯不亮	说明继电器供电端子或灯供电端子之前有对搭铁短路故障
点火开关接通 开关SW1接通 开关接SW2通 继电器触点闭合 灯供电端子断开	测试灯亮	测试灯不亮	说明电磁阀供电端子之前有对搭铁短路故障

注:1. 对搭铁短路故障点一定出在控制开关闭合后,测试灯不亮与测试灯亮两接点之间;
　　2. 对搭铁短路故障检查也可使用电压表代替测试灯进行,故障一定出在无蓄电池电压与有蓄电池电压之间;
　　3. 查看测试灯时,断开并重新连接插接器,对搭铁短路故障出现在测试灯亮的插接器与测试灯不亮的插接器之间;
　　4. 先观察出现短路现象的区间段,是否存在与其他线路的交织、与车身金属部件的相遇、挤压变形的情况发生,重点检查上述部位,如果没有可以采用沿线路走向轻微晃动故障线束,观察试灯或万用表显示变化以准确找出短路部位。

3)线路故障(搭铁不良)的检查方法

线路故障检查一般采用两种方法。

(1) 利用万用表的电压挡,沿着电路图中的线路分段检查各测试点,观察电压表有、无电压或电压数值的差异变化,判断线路是否正常。可用测试灯取代万用表检查各测试点,观察测试灯亮、灭或暗的情况,判断线路是否正常。

(2) 用万用表的电阻挡测量相应导线的通、断情况,如图9-17所示。测量时,必须断开蓄电池端子或配线,使检查点间没有电压。如果电路有二极管,则反接两根导线,再次进行检查。将正极导线接触二极管正极侧,负极导线接触负极侧时,应显示导通。如果将两根导线反接,则应显示不导通。

3. 利用电路图检查故障

利用电路图检查故障的实例:一辆丰田卡罗拉轿车在使用中发现左前照灯正常,右侧前照灯的近光和远光都不亮。故障诊断应在电源检查的基础上仔细阅读电路图,丰田卡罗拉前照灯的电路图如图9-18所示。

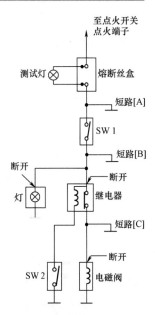

图9-16 短路故障的检测

(1) 先根据电路图分析故障可能发生的部位。包括蓄电池、FLMAIN熔断器、右侧前照灯的熔断丝、右侧灯泡、组合开关、插接器和线束等。

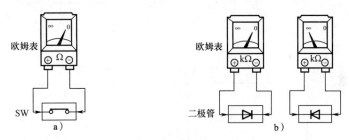

图9-17 用万用表电阻挡测量相应导线的通、断情况

(2) 根据故障的现象分析,排除非故障的原因。由于左侧前照灯无问题,所以蓄电池、FLMAIN熔断器可以排除掉,组合开关和插接器同时控制左、右前照灯的电路,左侧前照灯正常,说明组合开关和插接器也正常。

(3) 确定可能出故障的部位。故障部位只有右前照灯熔断丝、右侧灯泡和线束,如图9-19所示。

(4) 对熔断丝、灯泡进行检查。检查的结果是熔断丝烧断,如图9-20所示。

(5) 确定熔断丝烧断的原因。熔断丝烧断的原因多数是线路发生了短路,因此还需对线路进行检查,如图9-21所示。

(6) 通过检查确定短路的位置,如图9-22所示。检查时可将灯泡的插接器作为检查的部位,用万用表的电阻挡检查插接器上三个端子的绝缘情况,如果电源端绝缘情况良好,说明短路发生在下游电路,检查结果线束短路,维修后更换熔断丝,故障排除。

(7) 排除故障后前照灯的工作状态,如图9-23所示。

由此可见,汽车电路图在汽车故障诊断中的作用,能顺利地阅读汽车电路图也成为现代汽车维修人员的一种基本能力。

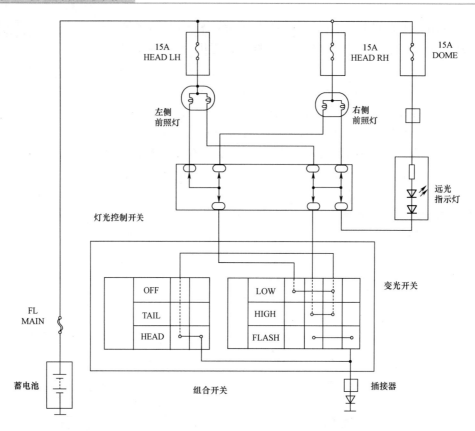

图 9-18　丰田卡罗拉前照灯的电路图

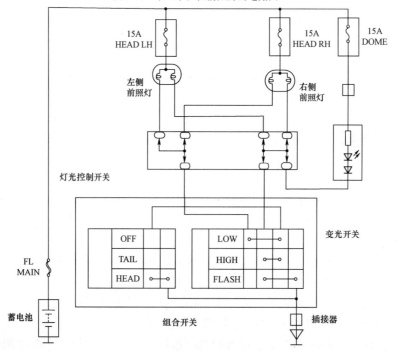

图 9-19　故障可能发生的部位

第九章 全车电路

图 9-20 检查零件确认熔断丝烧断

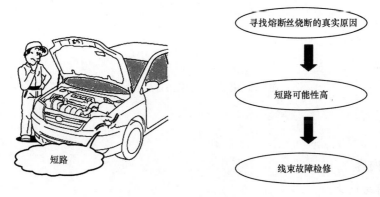

图 9-21 分析烧断熔断丝的原因

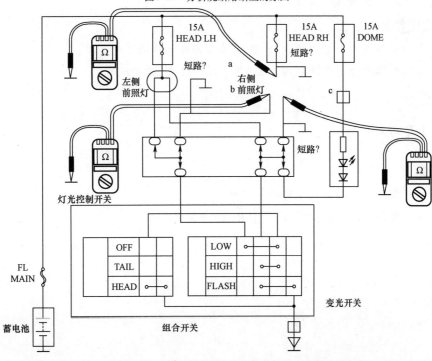

图 9-22 通过右侧前照灯的插接器检查确认故障部位

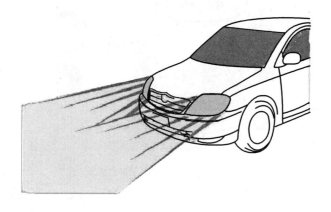

图 9-23 排除故障后检查灯的工作情况

实训

一、实训内容
1. 电路图的识读;
2. 利用电路图排除线路故障。

二、实训要求
1. 通过对典型汽车电路图的识读,能读懂各系统电路的工作情况;
2. 能根据电路图分析电路故障原因,制订维修方案,排除故障。

复习思考题

简答题

1. 指出大众、丰田、通用车系电路的特点。
2. 指出卡罗拉电路图中"∽""▽"、EB1 的含义。

参 考 文 献

[1] 姜文科.汽车音响故障检修300例[M].沈阳:辽宁科学技术出版社,2000.
[2] 栾琪文,金星波.北京现代索纳塔轿车维修手册[M].北京:机械工业出版社,2004.
[3] 林平.汽车电系故障速查快修[M].北京:电子工业出版社,2003.
[4] 岳经纬,安宁.夏利2000轿车维修手册[M].沈阳:辽宁科学技术出版社,2002.
[5] 周建平.汽车电气设备构造与维修[M].北京:人民交通出版社,2001.
[6] 崔选盟.汽车车身电气设备维修专门化[M].北京:人民交通出版社,2002.
[7] 宋进桂.怎样维修汽车防盗与音响系统[M].北京:机械工业出版社,2004.
[8] 赵仁杰.汽车电器设备[M].北京:人民交通出版社,1998.
[9] 罗峰,孙泽昌.汽车CAN总线系统原理、设计与应用[M].北京:电子工业版社,2010.
[10] 谭本忠.汽车车载网络维修教程[M].北京:机械工业出版社,2008.
[11] 李雷.汽车车载网络系统检修[M].北京:人民邮电出版社,2009.
[12] 凌永成.汽车网络技术[M].北京:清华大学出版社,2012.